泰山学者工程专项经费资助
教育部人文社科基地重大项目“两宋时期易学流衍与哲学发展”（16JJD720011）
前期成果

主编　林忠军

历代易学名著整理与研究丛书

易经异文释导读

［清］李富孙 著　吴辛丑 导读

华龄出版社
HUALING PRESS

责任编辑：董　巍
责任印刷：李未圻

图书在版编目（CIP）数据

易经异文释导读 / (清) 李富孙著 ; 吴辛丑导读. -- 北京 : 华龄出版社, 2020.10

ISBN 978-7-5169-1725-1

Ⅰ. ①易… Ⅱ. ①李… ②吴… Ⅲ. ①《周易》—研究 Ⅳ. ①B221.5

中国版本图书馆CIP数据核字(2020)第155767号

书　　名：易经异文释导读
作　　者：（清）李富孙著 ；吴辛丑导读

出 版 人：胡福君
出版发行：华龄出版社
地　　址：北京市东城区安定门外大街甲 57 号　邮　编：100011
电　　话：010-58122246　　传　真：010-84049572
网　　址：http://www.hualingpress.com

印　　刷：鸿博昊天科技有限公司
版　　次：2021 年 1 月第 1 版　2021 年 1 月第 1 次印刷
开　　本：710mm × 1000mm　1/16　印　张：16.25
字　　数：188 千字
定　　价：68.00 元

总 序

《周易》本为卜筮之书。然而生活在春秋末的孔子，从卜筮入手，以“观亓（其）德义”为宗旨，首次把《周易》纳入学术视野，以儒家独特的语言和思维对《周易》文本成书、主要概念、符号系统、卦爻辞、筮法和治易的方法等系列问题进行了系统的解说和阐发，从而实现了《周易》话语的转变，由卜筮解释转向德性的解释，以德占取代了筮占，《周易》由原来卜筮之书变成了一部内涵了博大精深内容的儒家哲学著作。《易传》成书是《周易》儒学化的重要标志。《易传》虽然未必是孔子亲作，但它与《论语》一样，代表孔子的思想。就解《易》方法而言，《易传》偏重义理兼顾象数。所谓象数方法，即以象数解易。《周易》有一套独特的阴阳符号系统，这套符号系统就是卦爻象。按照《系辞》解说，卦爻符号不仅是人们用于占筮的标记，也是系辞的重要依据，即《周易》成书，先有卦爻符号，后有文辞，文辞依易象符号而作，这就是所谓的“观象系辞”。既然卦爻辞本于卦象，表达卦象的意义，那么理解和诠释卦爻辞，则必须揭示文辞背后的易象符号、探寻象辞之间的联系。这就是所谓的“观象玩辞”。所谓义理方法，即以义理解《易》，是用现成的儒家理念解说《周易》文辞，或借《周易》文辞阐发出儒家的人文精神。依《系辞》之见，与天地合德的圣人之意，深奥玄妙，用语言无法穷尽，故圣人用模拟世界万物而画出的阴阳符号可以尽意，即所谓“立象尽意”。此“意”是“立象”之根本，“象”以“意”而立，以象尽意是《周易》解释的终极目标。由于《易传》本身包含这两种解易的思路与方法，形成了易学史上象数和义理两大不同的治《易》之路向与方法。

汉儒易学解释，以探求《周易》文本固有意义为目标，运用训诂兼顾象数方法解释《周易》。就其象数而言，他们以《易传》所提出的“观象系辞”和“观象玩辞”为据，笃信《周易》中每一句话、每一个字并非圣人随意而作，皆源于象。这是汉儒所理解的“观象系辞”。既然《周易》文本是“观象系辞”，那么，联系训诂，以象解释《易》的每一句话每一个字，成为他们易学解释的诉求，即他们所理解的“观象玩辞”。然而，《周易》作者并非以“辞”“象”一一对应而作易文本，即用已有的卦象不可能融通易辞。为了化解易文本与解释者之间的矛盾，他们极力张扬象数符号在卦爻辞形成中的主导作用，最大限度地挖掘、开显《周易》文辞背后的象数，不遗余力地探求其卦爻辞与卦爻象之间的内在联系。他们除了继承以《易传》象数解易之方法外，又多发明象数：或根据推演《说卦传》现成的八卦之象，以增加象的数量，即所谓的“以象生象”；或改变取象的方法，如互体法、卦变法、纳甲法、爻辰法、升降法、旁通法、爻体法、消息法等皆是取象常用的方法，如王弼所言“互体不足，遂及卦变，变又不足，推致五行，一失其原，巧愈弥甚”（《周易略例·明象》），即所谓的“象外生象”。若数之不足，则又取五行之数、九宫之数、纳甲之数、历律之数等，即求数于《易》外。

与此相反，以魏晋王弼为代表的玄学易，从《易传》“立象尽意”出发，关注的是《周易》文本的意义（或称义理），认为象本于意，辞本于象。故卦爻辞的作用在于说明卦象，卦象的价值在于它彰显《周易》的意义，解释《周易》的目的不是揭示系辞根据，更不是解说《周易》的文字意思，而是通过解读易辞，把握卦爻象符号，最终追求圣人之意。宋儒虽然解释易学所用的资料不同于王弼，王弼以老庄解《易》，宋儒以儒学释《易》，但是无论在解释其目标，还是解释的方法，与王弼一脉相承。即他们不同意汉儒把揭示文辞背后的象数符号和解释文字意义作为易学解释的目的，反对过分夸大象数在《周易》文本中的作用。在他们看来，这样做的结果不但不能解释出文本所包含的意义，反而掩盖或者背离了易作者的思想。宋儒将玄学易的意象关系转换为理象关系，认为理是无形的、抽象的，是宇宙之本。从先后言之，先有理后有象，有象而后有数。理和象的关系又是不分离的，二者是显微、体用、动静的关系。因理无形，故可因象以明理，假象显义。“理见乎辞，可由辞观象”，有象后有数，可以由象知数。故得其义象数在其中矣。基于此，宋儒在恢复儒学道统的背景下，提倡以理解《易》，以心解《易》，以史证《易》，其旨开显易学当中的圣人之道。当然，宋儒反对汉儒象数，不是不讲象数，相反，而是把象数置于义理之下，以象数作为工具，阐发义理。宋儒的象数，不是汉儒的象数，其内容主要指图书之学、先天后天之学、太极图之学等。元明易学主要沿袭了两宋易学传统，则属于“宋易”；清代易学重训诂与考证，则以恢复汉易为旨归，故属于“汉易”。

素有“五经之首”“大道之原”之称的《周易》，经过历代学者的阐释，在与其他文化的碰撞中融合、发展与完善，形成了博大精深、气势恢宏的易学文化之流，对中国古代政治、哲学、思想文化、科技、宗教、民俗、民族心理和价值取向等的形成与发展，产生了重大作用。

不仅如此，它以其独特的魅力深深地影响了东亚、东南亚乃至整个华人世界，成为世界文化不可或缺的重要组成部分。时至今日，易学中的三才之道、变通趋时、阴阳交感、居中守位、自强厚德、进德修业等思想观点在现代的管理学、生态学、伦理学等具有重要的学术价值。

为了深入开展对古代经典的学术研究，弘扬中国传统的优秀文化，以服务于当下多元化经济发展和新文化建构的需求，我们以历史发展为线索，着眼于象数、义理、训诂三个层面及其易学特色和影响力，从《四库全书》和《续修四库全书》等典籍中选择了15种易学名著为整理和研究对象，邀请国内几十位著名的易学专家组成学术团队，保证了此丛书水平达到预期效果和按时完成。对于这些经典加以整理和研究。每一本易学名著由“导读”和“校勘”两部分构成。“导读”，是总论性质的文字，既有一般常识介绍，又有一定学术性。内容方面，在陈述古人易学观点的同时，重点反映当今包括自己成果在内的研究成就。“校勘”是选用最好的版本作为底本，参照其他版本对易学名著进行点校和校勘，力求尊重文本，不随意改字，文字确有不同者和错误者，以“注”的形式处理。力图通过对这些易学名著的整理与导读，客观地再现易学发展的全貌，为学术研究者和广大易学爱好者提供参考。

华龄出版社社领导高度关注本丛书的出版，从选题立项到出版，给予大力支持；诸位编辑在丛书策划、出版推进和编辑等方面付出了艰辛劳动，在此一并谢忱！

林忠军于山东大学

2018年4月

目 录

《易经异文释》导读

一、李富孙的生平与著述

李富孙（1764—1844[①]），字既方[②]，一字芗沚[③]，清浙江嘉兴人。关于李氏生平与著述，史籍中以《清史稿》《清史列传》记述最详。《清史稿·列传·儒林三》记云：

李富孙，字既汸，嘉兴人。嘉庆六年拔贡生。良年来孙，良年自有传。从祖集，字敬堂，乾隆二十八年进士，官郧县知县。精研经学，以

①关于李氏卒年，多种易学辞典均定为公元1843年（如张善文编著《周易辞典》，上海古籍出版社1992年版，322页；张其成主编《易学大辞典》，华夏出版社1992年版，733页；吕绍纲主编《周易辞典》，吉林大学出版社1992年版，671页），有关论著多同之。今按，李富孙《校经叟自订年谱》始于乾隆二十九年（1764），止于道光二十三年（1843）。其受业弟子徐林衡于道光二十四年所作跋语云："先生自述年谱简要而赅，寿享八帙，同邑张孝廉（廷济）约明岁甲辰为重游泮宫之举，讵意于上届岁除晨起……遂于下午长逝。"来新夏著《近三百年人物年谱知见录》订之云："谱主卒于是年岁除，应为公元一八四四年二月十七日。"（上海人民出版社1983年版，140页）来氏之说可从。

②今人论著与工具书多言其"字既汸"，此当是据《清史稿》本传，光绪五年重刊《嘉兴府志·嘉兴列传》亦作"既汸"。今按，《李氏易解剩义》署"嘉兴李富孙既方辑"，《校经叟自订年谱》"四十七年壬寅十九岁"下记云："从祖命字既方，别字芗子。"据此，李富孙其字当以"既方"为正。

③《易经异文释》署"嘉兴李富孙芗沚著"，《校经叟自订年谱》云"别字芗子"。或以为"芗沚"是号，别号尚有"香芷""明经""校经叟"等。

汉、唐为宗，尝为《学规论》以课穷经、课经济，著有《愿学斋文抄》。

富孙学有原本，与伯兄超孙、从弟遇孙有“后三李”之目。长游四方，就正于卢文弨、钱大昕、王昶、孙星衍，饫闻绪论。阮元抚浙，肄业诂经精舍，遂湛深经术。尤好读《易》，著《易解剩义》。谓易学三派，有汉儒之学，郑、虞、荀、陆诸家精矣；有晋、唐之学，王弼、孔颖达诸家，即北宋胡瑗、石介、东坡、伊川犹是支流余裔，至宋陈、邵之学出，本道学之术，创为图说，举羲、文、周、孔之所未及，汉以后诸儒之所未言者，以自神其附会之说。理其理而非《易》之所谓理，数其数而非《易》之所谓数，而前圣之《易》道晦矣。唐李鼎祚所辑《易解》，精微广大，圣贤遗旨，略见于此。然其于三十六家之说，尚多未采，其遗文剩义，间见他书，犹可搜辑。爰缀而录之，成书三卷，又成《校异》二卷。

又著《七经异文释》，就经史、传注、诸子百氏所引，以及汉、唐、宋石经，宋、元椠本，校其异同。或字有古今，或音近通假，或沿袭乖舛，悉据古谊而疏证之。而前儒之论说，并为搜辑，使正其讹谬，辨其得失，折衷以求一是。凡《易》六卷，《尚书》八卷，《毛诗》十六卷，《春秋三传》十二卷，《礼记》八卷。同里冯登府称其详核奥博，为诂异义者集其大成。又谓《说文》一书，保氏“六书”之旨，赖以仅存。自篆变为隶，隶变为真，文字日繁，讹伪错出。或有形声意义大相区别，亦有近似而其实异，后人多混而同之。或有一篆之形，从某为古、籀，为或体，后人竟析而二之。经典文字，往往昧于音训，擅为改易，甚与本义相迕，亦字学之大变。夫假借通用，《说文》自有本字，有得通借者，有不容通借而并为俗误者。援据经典以相证契，俾世之踵谬沿讹焯然可辨，为《说文辨字正俗》八卷。同里钱泰吉谓其书大旨折衷段注，而亦有段所未及者，读《说文》之津梁也。

他著有《汉魏六朝墓铭纂例》四卷，《鹤征录》八卷、《后录》十二卷，《曝书亭词注》七卷，《梅里志》十六卷，《校经庼文稿》十八卷。[①]

《清史列传·儒林传》所记略同。清光绪年间编修的《嘉兴府志》《嘉兴县志》亦将李富孙载入列传，惟文字较为简略。许瑶光修、吴仰贤纂《嘉兴府志·嘉兴列传》[②]云："李富孙，号芗沚，嘉庆辛酉拔贡，与伯兄超孙、从弟遇孙有'后三李'之目。湛深经术，所著《七经异文释》《周易校异》《集解剩义》《汉魏六朝墓铭纂例》《鹤征前、后录》《曝书亭词注》《说文辨字正俗》均脍炙艺林，诗、古文、词刊有《校经庼集》。搜辑长水掌故续纂《梅里志》，附杨谦原书后，尤有裨文献云。"

《嘉兴府志·经籍》《嘉兴县志·艺文》对李富孙著述均有较详细载录，兹据赵惟崳修，石中玉、吴受福纂《嘉兴县志》[③]移录于下：

《周易集解剩义》三卷、《校异》二卷【庄仲方曰：取李鼎祚三十六家言《易》之未及者，自汉唐至宋，凡遗文剩义，搜辑成编。《校异》自序曰：卢氏刊本为元和惠栋所校，往往据别本改易。然资周博采众家，异同并列，未尝专主一说。况诸家师承各异，讵可私臆突改，且其所据虞本并从《释文》，亦有不尽从郑虞体例，复参错不一。兹复合旧刻诸本参校，并取唐宋《易》义所引雠勘，颇有增湝不同。明朱氏毛氏本皆据宋刻影抄，亦多讹。胡氏本尤舛脱，间有胜于诸本者。著之为《校异》二卷。案，《周易集解剩义》，石门顾氏刊入《读

①《清史稿·儒林传》，见《二十五史》第12册，上海古籍出版社 上海书店，1986年，一五一六页。

②清光绪五年（1879）刻本。

③清光绪三十四年（1908）刻本。

画斋丛书》。】

《周易异文释》六卷【未刊】

《尚书异文释》八卷【自序。略曰：所释异文只今文二十八篇，其依托晚出之古文疑而阙如，亦尊信古初之意也。】

《毛诗异文释》十六卷【自序。略曰：浏览经史以及《说文》、传注、诸子百家、汉唐石刻，不惟三家之文有与今《毛诗》异者，搜罗荟萃，细绎其谊，或异或同，一一诠解而疏证之，并依古人之文以正后儒及今本之讹，间有王氏《诗考》所未及者。】

《礼记异文释》八卷【自序。略曰：据郑注及陆氏《释文》、唐开成石经以至经传所称引者，校异考误，旁通曲证，别是非而订得失，所以阐前人之异谊，辨古今之文字音声与叚借通用之义类，俾学者廓所见闻也。案，此书硖石蒋氏刊入《别下斋丛书》。】

《春秋三传异文释》十二卷【自序。略曰：三传之文，最为错杂。兹就经史、传注、诸子百家所引以及汉唐宋石经、宋元椠本校其异同，或字有古今，或音近通叚，或沿袭乖舛，悉据古谊而疏证之，而前儒之论说并为搜辑，使正其讹谬，辨其得失，折衷以求一是。案，此亦刊入《别下斋丛书》。】

《说文辨字正俗》八卷【钱泰吉曰：自序谓世俗相承之文多违古义，今所叚借通用，《说文》自有本字，有得通借者，有不容通借而为俗误者，援据经典以相证契。大旨多折衷于金坛段氏之注，而亦有段所未及者。】

《鹤征录》八卷【后附李超孙《杂缀》一卷。】

《鹤征后录》十二卷【自序。】

《胜朝殉节列女传》【未刊。自序。略曰：采《明史》及志乘碑传

综而录之，首列后妃，以逮闾阎，先殉国难，次殉寇难，以年月为序。】

《汉魏六朝墓铭纂例》四卷【自序。案，此亦刊入《别下斋丛书》。】

《校经庼稿》十八卷【张鉴序。前八卷诗词，后十卷古体文。】

《曝书亭词注》七卷

赵惟崳修《嘉兴县志》在内容上多依许瑶光修《嘉兴府志》（在有关条文末注有“均许志”字样），而体例有所不同：许《志》除“经籍”志外还有“艺文”“金石”“丛谭”等目，“经籍”下又依《易》《书》《诗》等分别胪列，内容分散；赵《志》全书不立“经籍”目，在“艺文”志里将有关著述集中列于“李富孙”名下。此外，两《志》的文字和所称书名亦有不少差异，如赵《志》“资周”许《志》作“资州”，“所据虞本”许《志》作“所据郑虞本”，“周易异文释”许《志》作“易异文释”，“汉魏六朝墓铭纂例”许《志》作“汉魏六朝墓铭例”，“校经庼稿”许《志》作“校经庼文稿”，“曝书亭词注”许《志》作“曝书亭集词注”。两《志》文字互有增省，或为古人用字称名较随意之故。

将史传文字与方志材料结合起来考察，有助于了解李富孙著述的旨趣、方法与学术价值。比如《嘉兴县志》所述“就经史、传注、诸子百家所引以及汉唐宋石经、宋元椠本校其异同，或字有古今，或音近通叚，或沿袭乖舛，悉据古谊而疏证之”，“校异考误，旁通曲证，别是非而订得失”，其适用对象不仅仅是《礼记异文释》《春秋三传异文释》，这也是李氏作《七经异文释》的总体目标和基本方法，对人们了解李氏《易经异文释》的材料来源和研究方法不无帮助，像“音近通假”“旁通曲证”就是清代乾嘉学者治经的重要法宝，也是乾嘉考据学的一大特色，而李富孙的异文考释在清代经学研究中也算是别开生面的。

除史传与方志外，研究李富孙生平与著述最翔实的参考资料是李氏自著《校经叟自订年谱》[①]。黄秀文主编《中国年谱辞典》云：“是谱记事简要，多为文事，记及求学、治学、讲学、著述等活动；亦记及英军入侵浙东定海、乍浦、嘉兴、平湖等地事，为目击实录。谱后附道光二十四年徐林衡《跋》及谱主之子李同寿《按》语。”[②]兹将《年谱》中与《周易》及异文释有关的事项移录于下。

（乾隆）四十一年丙申十三岁

偕伯兄读书于碧山堂。时余读《周易》，先母洎姊氏篝灯夜纺，余就灯火诵次日所欲授之书。

六十年乙卯三十二岁

辑李鼎祚《易解剩义》三卷成，卢抱经学士作序，后刊入桐乡顾氏《读画斋丛书》。

（嘉庆）十八年癸酉五十岁

面临太湖，风俗俭朴，洵可卜居以栖。志注暴书亭词，重雕《周易剩义》三卷。搜辑国史馆《文苑传》事迹，陆续编成寄都门。

道光元年辛巳五十八岁

馆姑苏，刻《周易异文释》六卷。

十年庚寅六十七岁

十一月制府又寄王象之《舆地纪胜》二十四册，属校刻《李氏易

① 清道光二十四年刻本，《北京图书馆藏珍本年谱丛刊》第128册，北京图书馆出版社，1999年。

② 百家出版社，1997年，459页。

解校异》二卷。

十一年辛卯六十八岁

刻《书经异文释》二卷。

十三年癸巳七十岁

在家，精力渐衰，校梓文稿十卷，并补校《礼记》《春秋三传》异文，《七经释》告成。

十五年乙未七十二岁

主石门传贻书院，伯兄为硖川蒋君生沐延请评阅会课。刻《尚书异文释》二卷。

十六年丙申七十三岁

居家，年力益衰，不能远馆。校刻《尚书异文释》一卷成，又补刻《诗余》一卷。

十七年丁酉七十四岁

在家，蒋君属校勘丛书，重校《春秋三传异文释》十二卷。

十八年戊戌七十五岁

在家，蒋君仍属校勘丛书，重校《诗异文释》十五卷，蒋君捐赀续刻入《七经》中，并《汉魏六朝墓铭例》四卷，亦得付梓。

二十年庚子七十七岁

在家，二月为嗣子娶，时和叔亲家已于去夏病故。补刻《诗异文释》九卷成。六月，□咭唎夷船至舟山，内无备御，遂登岸，据定海，欲求和通商不成。十二月，垒土增筑定海城不去。

由上可知，李富孙九岁时就开始习读《周易》，其第一部易学著作《易解剩义》完成于清乾隆六十年（1795），第二部易学著作《周易异文释》完成于道光元年（1821），第三部易学著作《李氏易解校异》完成于道光十年（1831）[①]。《周易异文释》即《易经异文释》，简称《易异文释》。《易解剩义》即《李氏易解剩义》，又称《周易集解剩义》。《李氏易解校异》又称《周易集解校异》。

《易经异文释》虽然在清道光元年就已完成，但在李富孙生前并没有刊行，许瑶光修《嘉兴府志》录“《易异文释》六卷”、赵惟嵛修《嘉兴县志》录“《周易异文释》六卷”，均附注“未刊”二字，朱记荣《李氏易解剩义书后》云“闻芗沚所著尚有《集解校异》二卷，《异文释》六卷，未见刊行”[②]，均是其证。直至光绪年间王先谦编《皇清经解续编》始将其收入，题为《易经异文释》，遂成为常用书名。《皇清经解续编》于光绪十四年（1888）由南菁书院刻印行世，第二年上海蜚英馆又据南菁书院刻本出版石印缩本。石印本是用王刻原本每九页并成一页，缩照上石，故不算新版。《续修四库全书》所收《易经异文释》即是用南菁书院初刻本。我们这次点校所用底本为凤凰出版社（原江苏古籍出版社）2005年重印《清经解 清经解续编》所收南菁书院刻本。所附《李氏易解剩义》则以《续修四库全书》所收种学斋刻本为底本，校以《读画斋丛书》本和《藏修堂丛书》本。

二、《易经异文释》的材料来源及体例

先秦典籍中，时间最久而文字分歧最甚者莫若《周易》。清阮元《周易注疏校勘记序》云：“易之为书，最古而文多异字。”[③]在李富孙

①李佳楠、安忠义《李富孙生平及其作品考述》（载《鲁东大学学报》2017年第2期）一文谓“嘉庆十年又校订刊刻《李氏易解校异》二卷”，文中“嘉庆”当为“道光”之误。

②《槐庐丛书·李氏易解剩义》，清光绪十三年（1887）刻本。

③阮元校刻《十三经注疏》（附校勘记），中华书局，1980年，一二页。

《易经异文释》之前，比较集中反映《周易》异文的是《周易音义》和《周易注疏校勘记》。

唐陆德明撰《经典释文·周易音义》，采摘汉魏六朝《易》注三十余家，于音注义训之外，并广辑各家异文，向为治《易》者所重。据陆氏《序录》，各家《易》注为：子夏《易传》三卷，孟喜《章句》十卷，京房《章句》十二卷，费直《章句》四卷，马融《传》十卷，荀爽《注》十卷，郑玄《注》十卷，刘表《章句》五卷，宋衷《注》九卷，虞翻《注》十卷，陆绩《述》十三卷，董遇《章句》十二卷，王肃《注》十卷，王弼《注》七卷，姚信《注》十卷，王廙《注》十二卷，张璠《集解》十二卷，干宝《注》十卷，黄颖《注》十卷，蜀才《注》十卷，尹涛《注》六卷，费元珪《注》九卷，《荀爽九家集注》十卷。谢万、韩伯、袁悦之、桓玄、卞伯玉、荀柔之、徐爰、顾懽、明僧绍、刘瓛十人注《系辞》。

阮元校刊《十三经注疏》，其《周易注疏校勘记》于陆氏《释文》之外又引据“唐宋元明经本、经注本、单疏本、经注疏合本”十余家，包括唐石经、岳本、古本、足利本、钱校本、钱本、宋本、十行本、闽本、监本、毛本，“雠校各刻同异”，古代传本《周易》异文至此大体可见。

李富孙为阮元受业弟子，其撰《七经异文释》实受阮元校经之启发，《易经异文释》之作亦欲以补益阮氏之校勘，增广异文取材之源。张舜徽先生在为李氏《校经庼文稿》所撰“叙录”中写道：

阮元抚浙时，辟诂经精舍，富孙肄业其中，所学益进。而其一生为学，得诸阮氏启迪之益为多。考阮氏《揅经室一集》卷十一《诂经精舍策问》，尝以发明《春秋》学行诏诸生，富孙即有《春秋学行说》，载是集卷十。阮氏《定香亭笔谈》卷四，尝言收辑两汉六朝碑版甚多，思纂为一书以明其例，其后富孙复有《汉魏六朝墓铭纂例》之作。至于阮氏有《十三经注疏校勘记》，富孙深究其义，撰成《七经异文释》以翼之。阮氏有《畴人传》，富孙效其体，而述为《金石学录》以媲之。此皆富孙学术渊源于阮元之明征也。①

徐世昌等纂《清儒学案》亦肯定阮元对李富孙治学路向的影响，在“柳东交游”中记云：“李富孙，字既汸，号香芷，一号芗沚。嘉庆辛酉拔贡。幼承家学，壮而出游，请业于卢抱经、钱竹汀、孙渊如诸先生，饫闻绪论。阮文达抚浙，入诂经精舍，遂壹意治经。著《易解剩义》三卷，斥图书之说。《易解校异》一卷，柳东称为资州功臣，定宇直友。《七经异文释》五十卷，于诸经传本异文异诂，皆为搜集考证。”这里提到李富孙别号“香芷”，为史传中未有之信息，言其请业于卢文弨、钱大昕、孙星衍、阮元诸人，明其学术师承，与史传相合，然徐书称《七经异文释》仅为搜集考证“诸经传本异文异诂”，则未尽然，有失偏颇。《清儒学案》所录李富孙《七经异文释自序》云：

经自秦燔后，往圣之微言奥旨，澌灭无存。汉兴，幸有得于屋壁所藏，民间所献，老生所口授，诸儒抱残守缺，斤斤以名其家。故《易》有施孟、梁丘、京氏之学；《书》则欧阳、大小夏侯为今文，孔安国为古文；《诗》有齐、鲁、韩、毛四家；《礼》则有二戴、刘歆；《春秋》有《左氏》《公》《谷》三传。弟子各守师说，人殊其谊，亦经异其文。兹非有意乖违，其家法授受然也。许叔重《说文解字》，称《易》孟氏，《书》孔氏，《诗》毛氏，《春秋》左氏。然颇杂采诸家，故所引经文，一字间有互异。郑康成、范宁、何休、郭璞辈所注，其

① 张舜徽《清人文集别录》，华中师范大学出版社，2004年，302页。

引诸经，亦有不同。盖汉人去古未远，六书为小学，说字解经，罔弗洞究根原。传经者率本六书意谊，或从古文，或从假借，或以声近，或用省文，加以南北语殊，轻重差别，故有字随读变，义因文异。后人不知古训，妄为臆改，而古人之经谊几不可通矣。唐陆德明撰《经典释文》，诸家异同，采摭略备。然第及诸经训诂之说，未尝于经典外广为搜辑。富孙少而不学，长稍涉《六经》，见汉、晋诸儒之解诂各有师承，其与经文异者，不仅《释文》所载，自经传笺注及子史金石所引，往往与今文不同。循诵之暇，悉为缀缉，诠释其义，兼采后儒之说，旁通曲证，使天下穷经者，不至以古经之异文，反訾为纷歧缪误。而诸儒之家法同异，与夫古谊之仅存于今者，庶几博综条贯，廓所传习。刘歆尝谓汉时广立经文，义虽相反，犹并置之。则穷经之士，不专为一师之学者，其或亦有取于此书也夫。①

自序言“《说文解字》所引经文，一字间有互异”②，“郑康成、范宁、何休、郭璞辈所注，其引诸经，亦有不同”，说明李富孙注意到了经书之外各种材料所反映的诸经异文。其实，相比《周易音义》以汉魏六朝《周易》传注为主，《周易注疏校勘记》以《周易》传本为主，李氏《易经异文释》跳出《周易》传注的范围，跳出《周易》本经的范围，进而广泛涉猎“经传笺注及子史金石”，在异文材料范围拓展方面做了不少工作。可以说《易经异文释》吸纳了《周易音义》《周易注疏校勘记》反映的异文材料，又增补了大量子史著作、金石材料和训诂书称引的《周易》异文，是古代辑录《周易》异文最丰富的一部专书。

①徐世昌等编纂《清儒学案》，中华书局，2008 年，五六五二页。此序亦见李富孙《校经庼文稿》卷十一。

②《清代易学史》所引《七经异文释自序》“间”作“闲”，齐鲁书社，2018 年，625 页。

约略言之,《易经异文释》引证的材料大体可分为三类：第一类是和《周易》直接相关的文献，即易学著作，包括各种《周易》古传本（如阮元《周易注疏校勘记》所据诸本）和各种《周易》注解著作（如王弼《周易注》、孔颖达《周易正义》、惠栋《周易述》)；第二类是有引用《周易》文句的古书、古注，如《史记》《汉书》《说文解字》《文选注》，即《七经异文释自序》所称“经传笺注及子史金石所引”；第三类是据以考辨文字形、音、义的古书和材料，以小学书为主，如《尔雅》《广韵》《一切经音义》《说文解字注》以及碑刻资料。

《易经异文释》全书共六卷：第一卷释乾卦至否卦的异文（包括《彖传》《象传》以及《文言传》)，第二卷释泰卦至离卦，第三卷释咸卦至姤卦，第四卷释萃卦至未济卦，第五卷释《系辞上》，第六卷释《系辞下》《说卦》《序卦》。

《易经异文释》所列标目大体仿《经典释文》而确立，除少数卦名（如“坤”“谦”）为单字外，多为两字以上的短语或句子（近似传统的句读)，如“亢龙有悔”“大人造也”“明辩晢也”“刳木为舟，剡木为楫”“古者包牺氏之王天下也”。全书约有 470 个标目。

一个单字标目就是一个解释对象，多字标目也多围绕一个中心，如“亢龙有悔”释“亢”字,“乾坤其《易》之缊邪”释“缊”字,“古者包牺氏之王天下也”释“包”及“包牺”。有的多字标目本身就是一个解释对象，如“履霜坚冰阴始凝也”，李氏释云:“《魏志·文帝纪》注引作‘初六履霜’。足利本、古本‘冰’下有‘至’字。”又如“泣血涟如”，李氏释云:“《说文》心部引作‘泣涕懯如’,《后汉·寇荣传》注引作‘泣涕’,《陈球后碑》同。《淮南·缪称》‘涟’引作‘连’。”此类可谓既释句，又释字。

所谓“异文释”，大体包括两方面内容：一是指明“异文”，也就是说明各种材料所见、所引《周易》字句与标目的相异之处，重在陈述事实；二是解释“异文”，引证各种材料和说法对差异之处进行考辨，重在说理。内容安排上是先述异文，续作解释。例如：

亢龙有悔

《说文》心部引作“忼龙”，云“忼慨也”。《汉书·王莽传》作“炕龙”。（服虔注仍引作“亢”。）案：古字同音即通借用之。《五行志》云“炕阳失众”，亦与“亢”通。段氏曰：“许君作‘忼’，为孟氏《易》。忼之本义为‘忼慨’。《易》则假忼为亢。亢，高也。是亢为正字，忼叚借字。”（《异文释》一）

“亢龙有悔”为标目，引《说文》“忼龙”、《汉书》“炕龙”意在说明“忼”“炕”与“亢”不同，是为异文。案语中“古字同音即通借用之”意在说理，即说明三个形体不同的字之所以构成异文，是古字同音通用之故，引证材料有《汉书·五行志》“炕阳失众”，并引段玉裁《说文解字注》中论说为佐证。《易经异文释》中也有少部分条目只引述古籍异文，略陈相异之处，并无考释文字。

三、《易经异文释》的解释对象与种类划分

顾名思义，《易经异文释》的解释对象就是《周易》异文。但何为异文，书中并无说明。粗略地看，李富孙的解释以异文的形、音、义为主，兼及句读和校勘等方面的内容，概括起来就是析字形、辨字音、明字义和通句读。

古人著书，往往不甚注意对概念和术语的界定，以通例和共识为

写作之基石。即便像许慎《说文叙》那样对“六书”有一个明确的界定[①]，以作为分析文字的管钥，然《说文》说解中常见的“籀文”“古文”“读若”等也没有明确的定义。这是古人的习惯，今人不必苛求。李富孙撰《易经异文释》，虽然其于“异文”的内涵和外延没有做出明确说明，但人们揣摩《七经异文释自序》所谓“传经者率本六书意谊，或从古文，或从假借，或以声近，或用省文，加以南北语殊，轻重差别，故有字随读变，义因文异”，亦可对异文的成因与类型有粗略的了解。柯劭忞撰《易经异文释》提要云：“《易》异文较诸经尤多。师读不同，文以音异，义又以文异。文有今古，有通假，有传写之讹。纷纭杂揉，不易爬梳。富孙博引旁征，以释经之异文。”[②]亦是据李氏序文而做的进一步解读。如此看来，《易经异文释》还是自有其内在条例的：“或从古文”与古今字有关，“或从假借”与通假字有关，“或以声近”与通假字、通用字、同源字有关，“或用省文”与异体字有关，“传写之讹”则与错别字有关。客观上看，就古代典籍而言，古今字、通假字、异体字和讹误字的确是异文的主要品类，也是异文中最受关注、最有价值的一部分，以致有的古汉语工具书干脆就把异文限定在这几种字类里面。[③]

关于异文的类型问题，表面上看是种类划分多少的问题，实际上

①许慎《说文解字·叙》：“保氏教国子，先以六书：一曰指事：指事者，视而可识，察而可见，上、下是也。二曰象形：象形者，画成其物，随体诘诎，日、月是也。三曰形声：形声者，以事为名，取譬相成，江、河是也。四曰会意：会意者，比类合谊，以见指撝，武、信是也。五曰转注：转注者，建类一首，同意相受，考、老是也。六曰假借：假借者，本无其字，依声托事，令、长是也。”中华书局，1963年，三一四页。

②《续修四库全书总目提要》（经部），中华书局，1993年，一〇五页。

③如马文熙、张归璧等编著《古汉语知识详解辞典》“异文”条释云：“古籍中同一个词的不同写法，其中包括古今字、通假字、异体字、讹字等。”中华书局，1996年，61页。

是关乎解释对象的性质问题，即什么算异文，什么不算异文的问题，甚至还包括从什么角度观察和研究异文的问题。比如陆志韦、林焘先生《〈经典释文〉异文之分析》一文是从音韵角度考察异文，讲究字与字的对应关系，故把异文限定在“字”的范围，直云：“然则异文者，大率古人所书别字。……古者除原始象形字外，字无本义。古人之假借即今人之别字。今分析《经典释文》之异文，亦即分析古经注之别字而已。”[1]分《经典释文》异文为七类：（一）正文与异文得声声首相同者；（二）正文与异文在古音属于同一韵部者；（三）正文与异文音相似，然于音韵沿革上明知其为后起者；（四）正文与异文同字而其一为变体者；（五）正文与异文偶然形误者；（六）正文与异文意义相关因而涉误者；（七）正文与异文之关系无从解释者。该文据《经典释文》之材料立论，又以分析音韵为目的，故其所作异文分类倒也是符合实际的。又如张世禄、杨剑桥著《音韵学入门》把异文作为考订古音的重要材料，明确提出两种情形不能算作“异文”：

我们在收集、研究异文时，也必须注意不要把“形近而误”和“同义互用”两种现象当作异文。例如《淮南子·兵略》：“天下孰敢厉威抗节。”《淮南子·泛论》：“天下雄俊豪英，奋武厉诚。”这里“厉威”和“厉诚”是同一个词，但不是异文。这是“威”字先讹变为“成”字，“成”字意义不类，于是又加“言”旁而为“诚”。这种现象就叫作“形近而误”，属于校勘学的研究范畴。又如《左传·定公四年》：“吴为封豕长蛇，以荐食上国。”《淮南子·修务》：“吴为封豨修蛇，蚕食上国。”这里“长蛇”和“修蛇”看上去像同一个词，其实不是异

①陆志韦 林焘《〈经典释文〉异文之分析》，见《陆志韦语言学著作集》(二)，中华书局，1999年，552页。

文，而是因为淮南王的父亲名“长”，所以《淮南子》中的“长”字，大多改为同义词“修”。这种现象就叫作“同义互用”，属于词汇学的研究范畴；作为避讳现象，又属于历史学的研究范畴。①

“厉威”和“厉诚”“长”和“修”，在音韵学上没有研究价值，故《音韵学入门》把它们排除出去也是可取的做法，但是该书编著者不认同他们的“异文”身份则是有待商榷的。作为异文，它们在词汇训诂及校勘方面还是具有参考价值的。

今人对“异文”界说有宽严不同，像《古汉语知识详解辞典》和陆志韦、林焘先生所讨论的就是狭义的异文。拙著《〈周易〉异文校证》②于《〈周易〉异文概述》中对此有所评述，并采用广义说法，以为凡古书不同版本或不同古籍中所记内容相同或相关，而在字、词、句方面存有差异的情形均可视为异文。关于《周易》异文，我们从“字”的角度列出通假字、古今字、异体字、通用字、讹字等类，从“词”的角度列出同义词、同源词、叠音词、连绵词等类，从“句”的角度列出增减词语、词序不同、句式不同等类，而传统校勘学所称脱文、衍文、倒文等，涉及字、词、句三个层面，则别为一类。这是从现代学术角度审视各种《周易》（包括古传本和出土简帛本）异文，并结合传统做法而进行的类型区分。今从这四个方面检视《易经异文释》，均可找到相应的例证，说明这个界定和分类还是比较符合实际的，也是具有解释力度的。只不过古代的学者还没有建立起今天语言学所称“词”的概念，对“字”与“词”的关系更是一片模糊，《易经异文释》所用名目和解释自有其时代局限性，比如对“假借”“通假”“通用”

①张世禄 杨剑桥《音韵学入门》，复旦大学出版社，2009年，66页。
②吴新楚《〈周易〉异文校证》，广东人民出版社，2001年。

等术语的使用不是很严谨，对一些异文属性与关系的认定也不无可商之处，故若将《易经异文释》中的异文硬装进我们设定的框架里，也不无削足适履之感。柯劭忞《易经异文释》提要云“百密一疏，时所不免”，诚哉斯言。

根据《易经异文释》的实际情况，从反映该书所释异文的主要面貌出发，我们把有关异文分为四类，简介如下。

其一，假借通用类，包括通假字、通用字等。

苟错诸地而可矣

《释文》云：“错，本亦作措。”（下“举而错之”，《释文》同。）《系传》手部引作“措”。案：《说文》云：“措，置也。”“错，金涂也。”文义皆异，是“措”为本字。凡经典通作“错”者，皆假借字。（《异文释》五）

六爻发挥

《释文》云：“挥，本亦作辉，义取光辉。”案：“辉”“挥”音同。《文选》王粲《从军诗》“良苗实已挥”注云：“挥当为辉。”古同音字多假借通用。诸家各承师读，而义亦因文而异。（《异文释》一）

尚宾也

晁氏《易》云：“尚，京、陆绩作上。”（《小过》“已上也”，《释文》：“上，郑作尚，云庶几也。”）案：《仪礼·乡射礼》注云：“今文上作尚。”《觐礼》注：“古文尚为上。”则“上”为古文，“尚”今文。经典上、尚二字通用。（《异文释》二）

其二，义同通用类，包括同义词、同源词等。

俯以察于地理

《释文》云：“察，一本作观。”案：“观”与“察”义相近，与上并

作“观”，亦通。(《集解》本“以”作“则”。)(《异文释》五)

圣人作而万物睹

《释文》云:“作，马融作起。郑云：作，起也。”案:《说文》“作”亦训“起”，字异而义同。(《异文释》一)

夫《易》开物成务

《释文》云:“一本无‘夫易’二字。开，王肃作闿。”案：上文已云“夫易”，故此二字本或无之。《说文》云:“闿，开也。”《诗·大东》笺“闿置官司”,《释文》云:“字亦作开。”二字音义同。《众经音义》(十三)引《声类》:“闿，亦开字。”(《异文释》五)

莫熯乎火

《说文》日部引作“莫暵于离”。(《韵会》引作“火”。)《释文》云：“徐本作暵，云：热暵也。”(暵一作熯，非。)案:《说文》暵、熯皆云干也，音义并同。惟许氏火作离，故暵从日。《周礼·女巫》疏云:“暵，热气也。”今本作火，故熯从火。王肃云“火气也”，义略有别。[1](《异文释》六)

其三，字形变异类，包括古今字、异体字(或体、别体、俗体)、隶变、省文、讹文(形似)等。

何校灭耳

《释文》云:“何，本亦作荷。王肃云：荷，担。”(《大畜》“何天之衢”、《文选·鲁灵光殿赋》作“荷”，注引郑义同。)足利古本作“荷”。(《象》《系辞》同。)案:《诗》“百禄是何”,《左氏》隐三年传引作“荷”。《说文》:“何，儋也。”俗通假作“荷”，何、荷古今字。(《异文释》二)

---

①王力《同源字典》云:“‘暵、熯’实同一词。”中华书局，1982年，547页。

女承筐无实

《释文》云："筐，郑作匡。"（宋本筐、匡二字互易。）案：《说文》云："匡，饭器筥也。"筐，或体字。（《异文释》四）

旅人先笑后号咷

《汉·孝成许皇后传》作"咲"（一仍作"笑"），师古曰："咲，古笑字。"案：《说文》无咲字，今竹部笑字本阙，为徐铉所增。《唐韵》引《说文》云："喜也。从竹从犬。"李阳冰刊定从竹从夭，是"咲"为别体字。（《异文释》四）

德合无疆

《释文》云："疆或作壃。下同。"案：《说文》云："畺，界也，或作疆。"是"壃"又为俗体。（《异文释》一）

为蚌

《释文》云："蚌，本又作蜯，同。"案：《说文》云："蚌，蜃属。"《释器》《释鱼》释文并云："蚌，本作蜯。"蜯，俗作字。（《异文释》六）

城复于隍

《释文》云："隍，子夏作堭，姚信作湟。"晁氏《易》云："古文作皇。"案：《说文》云："隍，城池也。有水曰池，无水曰隍。"引《易》文同。《广雅》："堭，壂也。"《文选·七发》注云："湟，城池也。"堭、湟是别体字。皇，省文。（何氏曰："古用谐声字，多只用偏旁，盖从省也。"）（《异文释》一）

乘其墉

《释文》云："墉，郑作庸。"晁氏《易》云："庸，古文。"案：《诗》"以作尔庸"，《毛传》云："庸，城也。王制，附于诸侯曰附庸。"《正义》亦云："庸，城也。"《说文》："墉，古文作□。"此作"庸"，古

字从省。(《书大传》“天子贲庸”注云:“墙谓之庸。”亦从省。)(《异文释》二)

与日月合其明

《后汉·邓□传》注引作“齐其明”。案：经文上下皆言“合”，此引作“齐”，或为字之讹。(《异文释》一)

日月运行

《释文》云:“运，姚作违。”案：违与运，声近形似之讹。(《异文释》五)

原始反终

《释文》云:“郑、虞作‘及终’。”案:《乐记》“克殷反商”注云:“反当为及。”“及”与“反”，以字形相似而淆耳。(《异文释》五)

曰闲舆卫

《释文》云:“曰，刘云：犹言也。郑人实反，云：日习车徒。”《集解》本作“日”。案:《士丧礼》注云:“古文曰为日。”盖曰、日字形相似。虞云:“离为日。”据义郑读为长。(《异文释》二)

其四，文句相异类，包括句读不同、结构不同、字词增减、字词移位（颠倒、错位）等。

其唯圣人乎

《释文》云:“王肃本作‘愚人’，后结始作‘圣人’。”案：王弼本作“圣人”,《正义》以此句属下读。王肃作“愚人”，是以此句属上读，义并通。(《异文释》一)

羸其瓶是以凶也

《集解》本作“井羸其瓶”。案：荀云:“井谓二，瓶谓初，初欲应五，今为二所拘羸，故凶。”上句注云“故未繘”，是荀以“井”字属

下读，与诸家异。(《异文释》四)

云上于天

《释文》云:“王肃本作‘云在天上’。”案：肃、弼本文虽异，而义皆通。(《异文释》一)

比之匪人

《释文》云:“王肃本作‘匪人凶’。”案:《魏志·王肃传》云:“肃善贾、马之学而不好郑氏，撰定父朗所作《易传》。”此当即其父所传之本。(《异文释》一)

利御寇

蔡邕《明堂月令论》引作“利用御寇。”足利古本同。案：蔡引作“利用”，古本当如此，或亦涉《象传》之文。(《异文释》一)

大亨贞

《释文》云:“本又作‘大亨利贞’。”足利古本有“利”字。案：荀注作“利贞”，辅嗣注云:“故大通利贞，乃得无咎。”是元本当有“利”字。(《异文释》二)

所归妹也

《释文》云:“或作‘所以归妹’。”案：辅嗣注无“以”字。(《异文释》四)

雷电噬嗑

《玩辞》引汉石经作“电雷”。(张氏清子引同)案：晁公武云:“六十四卦、《大象》无倒置者。”程、朱说同。据宋衷、侯果俱作“雷电”。宋在后汉时，亦不与石经同。(《异文释》二)

小狐汔济濡其尾

《春申君传》引作“狐涉水，濡其尾。”案：汉初是或别本如此。

或史公以训诂窜易之。(《异文释》四)

总体而言,《易经异文释》的异文类型与李氏《诗经异文释》《春秋左传异文释》等保持一致，也与清代其他古籍异文考释著作大致相同，代表了清代学者对异文的基本认知。

四、《易经异文释》的学术价值及当代意义

李富孙生于乾隆二十九年，卒于道光二十三年，历高宗、仁宗、宣宗三帝，与阮元、卢文弨、钱大昕、孙星衍等均有交游，其治学受阮元影响甚深，本属乾嘉学派一员无疑。然乾嘉学派名家大家实在太多，阮元的弟子也太多，群星璀璨之下，李富孙略显暗淡无光，所以，无论是普通的学术史，还是比较专门的经学史、小学史，甚或研究乾嘉学派的专著，里面都没有给予李富孙相应的地位。此或如林佳楠、安忠义二位所言:“李富孙作为嘉兴梅会李氏在乾嘉时期的经学代表，虽有‘后三李’之称且广交名士，但其人其作始终未受学界重视，这可能由于他未曾出仕，潜心为学，多往返于著书校订与授学之间。”[①]凭心而言，若论小学，李富孙远不及段玉裁、钱大昕、王念孙等人在文字、音韵、训诂上有独创性贡献；若论易学，李富孙也比不上王夫之、黄宗羲、惠栋、张惠言、焦循诸人精研《周易》，自成一家之言。但是，在清代易学史上，甚至在整个中国《周易》研究史上，李富孙还是做出了他的独特贡献，应该占有一定地位的。我们可以这样说，尽管李富孙对《周易》本经以及易学原理没有进行深入研究（没有著

① 李佳楠、安忠义《李富孙生平及其作品考述》,《鲁东大学学报》2017年第2期。按，文中“梅会”疑为“梅里”之误。

述），但他继承了《周易音义》《周易集解》以来重视《周易》文本校理和训诂研究的传统，所撰《易经异文释》及《李氏易解剩义》解决了《周易》文本与训释中的一些疑难问题，促进了后来《周易》研究的开展，至今仍然具有学术参考价值，是易学史上独树一帜的具有深远影响的著名学者。

尽管过去对李富孙及《易经异文释》重视不够，研究不深，《易经异文释》也一直没有现代标点整理本，但近来出现了一些可喜的现象，如林忠军、张沛、赵中国等著《清代易学史》[①]专设"李富孙的易学训诂"一节评述其易学成就，丁四新撰《楚竹书与汉帛书〈周易〉校注》[②]引李富孙之说达百余例之多[③]，侯乃峰《〈周易〉文字汇校集释》[④]征引《易经异文释》共计155条，"易学名著导读丛书"将《易经异文释》纳入重要《易》著范畴予以推介，均说明学界开始重视李富孙及《易经异文释》的易学地位和学术价值，以往被冷落、忽视的情况有了改变。

全面认识和公正评价《易经异文释》的价值与贡献，是易学史研究的内容和任务，尚需学界同仁的共同努力。这里，我们仅结合整理过程中的点滴体会，举其荦荦大者表之如下。

其一，全面辑录传世文献中的《周易》异文，成为继陆德明《周易音义》、阮元《周易注疏校勘记》之后古代《周易》异文的集大成者。

如前所述，李富孙于《周易》传注与诸传本之外，博览经传笺注

①齐鲁书社，2018年。
②上海古籍出版社，2011年。
③此据《清代易学史》说法，见该书下册630页注②。
④侯乃峰《〈周易〉文字汇校集释》，台湾古籍出版有限公司，2009年。

及子史金石文献，不但扩大了文献搜罗范围，也丰富了《周易》异文的材料宝库。后来不少研《易》者或直接从《易经异文释》中取材，或以《易经异文释》作为材料指引，据以进行文本校勘和异说论辩，促进了《周易》研究工作的开展。如李镜池先生撰写《周易校释》时就对《易经异文释》中的异文材料多有引用，兹录二例于下。

盱——纡——汙——旴（旭）

《释文》云："盱，《子夏》作纡，京作汙，姚作旴，云：日始出。引《诗》'旴日始旦'。"李氏《异文释》："《释诂》：'訏，大也。'《释文》：'訏本又作盱。'郑云：夸也。子夏诸家本皆以声转形似而异。"①

用圭——用桓圭

《释文》："王肃作'用桓圭'。"李氏《异文释》："按《周礼》：'公执桓圭。'故虞云：'圭，桓圭也。'而王肃则直作桓圭矣。"②

辑录异文异训，为《周易》研究提供材料和便利，可说是《易经异文释》最主要的贡献和最大的价值所在。

其二，李富孙对《周易》文本的校勘以及对字词的考释多有可取之处，有的几成定论，具有重要学术价值。

如《易经异文释》卷二"剥之无咎"条云：

《释文》作"剥无咎"，云："一本作'剥之'，非。"晁氏《易》云："京、刘、荀爽、一行皆无'之'字。"案：古本当无"之"字。与"讼元吉""无妄往吉"一例。以"之"字连下"无咎"读，爻无此例。绎辅嗣注似亦同。唐石经作"剥之"，依今《正义》本也。

马王堆汉墓帛书作"剥无咎"，又为李富孙说法增一佐证。丁四新

①李镜池《周易校释》(1949)，见《李镜池周易著作全集》(二)，中华书局，2019年，714页。按，文中所引"郑云夸也"今整理本作"郑义略同"。

②《李镜池周易著作全集》(二)，770页。

先生以为“今本有‘之’字，盖涉《象传》而衍”，并引《易经异文释》为参证。[①]又如李镜池《周易校释》“需”字条云：“胡一桂《易学启蒙翼传》引《归藏》，需作溽。李富孙《易经异文释》：‘溽转平声读若儒，与需音相近。’引杨用修《古易》云：‘溽字同濡。’池按：以需为濡是对的。”[②]李富孙对《周易》异文的考释不仅于易学研究有助益，也是清代小学研究的重要成果，推进了异文及训诂研究的开展。

其三，广泛征引清代段玉裁、惠栋等人的著述，反映了当时小学和易学研究的最新成果。

李富孙撰《易经异文释》，不仅广录各种异文，而且兼存各家说法，尤其是对清代小学家、易学家的研究成果有大量引证，反映了最新的研究进展。用今天的话语系统来说，就是李富孙站到了学术的最前沿，掌握了最新的研究资料和信息。兹引李镜池《周易校释》一例为证：

童——僮

《释文》：“童如字，字书作僮。郑云：‘未冠之称。’《广雅》云：‘痴也。’”李富孙《易经异文释》：“《说文》云：‘童，男有罪曰奴，奴曰童。僮，未冠也。’是古以童为奴仆，僮为幼少，今俗所用正相反。段氏曰：‘今人童仆字作僮，以童为僮子字，盖经典皆汉以后所改。’”池按甲文、金文，童妾等字从辛，有罪愆之人也。许氏谓奴曰童是也。未冠之僮，即《诗》“狂僮之狂也且”之僮。[③]

其四，运用了科学的研究方法，从形、音、义诸角度考察、解释

①丁四新《楚竹书与汉帛书〈周易〉校注》，上海古籍出版社，2011年，235页。
②李镜池《周易校释》(1970)，见《李镜池周易著作全集》(三)，中华书局，2019年，881页。按，此处“杨用修《古易》”今点校本作“古音”。
③李镜池《周易校释》(1949)，见《李镜池周易著作全集》(二)，中华书局，2019年，690页。

异文，为《周易》异文研究提供了新的范式。

李富孙生逢经学的昌盛时代，其治学深受乾嘉名师大家的影响，在异文考释中可谓采用了当时最时髦、最有效的研究方法，比如比较互证、以声音通训诂。李富孙广泛搜集《周易》别本、经籍传注以及子史金石所见异文，又引据《说文》《广韵》以及清代小学研究的最新成果，所做的工作与顾炎武以来的考据派一脉相承。而对经学家王念孙、段玉裁等，李富孙不仅引用其研究成果，更把他们倡导的“因声求义”法作为考释《周易》异文的法宝，书中随处可见的“假借”“假借字”等标注就是运用这一方法的结果。在清代，王夫之、宋翔凤均著有《周易考异》，都以《周易》异文为研究对象，然若就材料之详备、体系之周密而言，首推第一者当为《易经异文释》，而李富孙则是古代研究《周易》异文最有系统性的学者[①]。

在历史上，李富孙的《易经异文释》作出了它应有的贡献，为人们校正《周易》文本、考订《周易》字词句原义提供了不少材料和便利，在把异文研究确立为易学研究的重要内容以及从异文入手研究《周易》文本演变方面也起到了“模范带头”作用。时至今日，在有多种简帛《周易》面世、异文材料大量增加的情况下，《易经异文释》作为古代传本《周易》异文的集成之作，仍然具有相当重要的参考价值，我们甚至可以这样说，正是由于简帛《周易》异文的大量出现及有关研究的需要，人们才开始重视从《易经异文释》中汲取异文资料，才重新发现并审视《易经异文释》的学术价值与当代意义。

① 陆志韦、林焘先生有云：“清人考订周秦声母，除谐声字外，几全以异文为资料，然率皆断章取义，任意取舍。其于异文之研究较有系统者，似仅李富孙、赵坦、朱骏声等数家而已。”见《陆志韦语言学著作集》（二），中华书局，1999 年，553 页。

说到李富孙《易经异文释》在当代易学研究中的重要意义，我们认为有三点值得予以关注。

第一，《易经异文释》汇聚了古代各种传世材料中的异文，十分便于用来与简帛《周易》进行文本比较和问题辨析。

随着简帛异文的大量发现，人们开始思考《易经异文释》所录古代传本异文的地位和价值问题。我们认为，如今研究《周易》异文，简帛材料无疑是最重要的，但是传世本异文也是量大且复杂多样的，而且可以说是简帛异文存在的前提，因为没有传世本之存在，就无以见简帛本之特异。将“纸上之材料”（传本异文）与“地下之新材料”（简帛异文）结合起来考察，方可落实王国维在《古史新证》中所倡导的“二重证据法”①。从这个意义上说，《易经异文释》所存异文又是研究简帛《周易》异文的极佳比对材料，李富孙所作考释又是简帛异文研究不可或缺的参考资料。饶宗颐先生在《新经学的提出——预期的文艺复兴工作》一文中写有如下一段话：

在整理简帛经典的过程中，最令人困扰的是“异文”的复杂性。陆德明当杨隋统一南北，总结六朝人的训诂工作，编著《经典释文》一书。我曾建议应该利用简帛的新材料，参考清代学者对异文的研究成果，去重编一部新的《经典释文》。这不仅是语文方面的贡献，实际上也是某一语汇的探讨，是文化史重点问题来龙去脉的综合性研究的

① 王国维《古史新证》云：“吾辈生于今日，幸于纸上之材料外，更得地下之新材料。由此种材料，我辈固得据以补正纸上之材料，亦得证明古书之某部分全为实录，即百家不雅驯之言，亦不无表示一面之事实。此二重证据法，惟在今日始得为之。虽古书之未得证明者不能加以否定，而其已得证明者不能不加以肯定，可断言也。”见《古史新证——王国维最后的讲义》，清华大学出版社，1994 年，二页。

基础。[①]

饶宗颐先生提到整理简帛经典异文，新编《经典释文》，需要“参考清代学者对异文的研究成果”，而李富孙作为清代“异文之研究较有系统者”，其著述自然是绕不过的参考书——这或许可以作为《易经异文释》的当代意义的最好诠释。

第二，李富孙研究异文的方法和态度，在当下仍然具有指导意义和启示作用。

如前所述，李富孙遵循乾嘉大儒倡导的“因声求义”法以研究《周易》异文，这一方法至今仍然没有过时。林忠军等著《清代易学史》有一段文字评论《易经异文释》十分精到，兹转录于下，以供参酌。

> 李氏于书中不仅发挥了博闻多识、旁征博引的特长，且凝聚了他研究《说文解字》所积累的一整套关于文字、音韵、训诂的方法，其校正之细、解释之精，非一般谙熟经史传注的学者所能企及。值得注意的是，《易经异文释》是基于传本文献所作的内证，这对当下上海博物馆楚竹书《周易》及马王堆帛书《周易》的整理、训释亦有学术参考意义。其校释异文、解决文字训诂问题的方法，更值得后学进一步研究、继承和发扬。[②]

至于说李富孙治学的态度，则秉承了乾嘉学派求真务实的学风，重视充分占有材料，不尚空谈，且不存门户之见。其《七经异文释自序》有云：“刘歆尝谓汉时广立经文，义虽相反，犹并置之。”就是他尊崇汉学、不立门户的宣示。

① 见陈韩曦主编《梨俱预流果：解读饶宗颐》，广东高等教育出版社，2006 年，9 页。

② 林忠军、张沛、赵中国等著《清代易学史》，齐鲁书社，2018 年，630 页。

第三,《易经异文释》中辑录的古代解《易》之训诂,在当代仍然具有重要参考意义。

《易经异文释》除广录传本《周易》异文外,亦转录不少古书、古注所见异说异训,对人们解读《周易》不无参考价值。《七经异文释自序》言“兼采后儒之说”并及“诸儒之家法同异”,《清儒学案》明指《七经异文释》搜集“异文异诂”,均说明“异诂”与“异文”一样,都是李富孙重点关注的对象。若把《易经异文释》内容按价值分类,大致有异文、异诂和李氏自己训释三类。三类之中,所录异文常为人们引用,最受重视,而容易被忽视的,正是《易经异文释》所录存的“异诂”。这些前人解《易》的不同说法和观点,当然是各有千秋,或瑕瑜互见,要在人们如何看待和取资。在我们看来,有些《周易》训诂和文本解读中的疑难问题,古人早就给出了正确的答案,但后人或视而不见,或根本不予理会,定要固执一见,牵强附会,以致异说纷纭,莫衷一是。这个问题表面上看是对《周易》文词见仁见智,其实和上面所谈学风或治学态度很有关系,故我们不烦辞费,试举二例说明之。

恒其德贞

《缁衣》引作“德侦”。案:注云:“侦,问也。问正为侦。妇人以问正为常德则吉。”疏云:“侦,正也。”《周礼·天府》注云:“问事之正曰贞。”郑司农云:“贞,问也。”是贞、侦二字通。此篇为公孙尼子所作,《汉·艺文志》注云:“七十子之弟子,其所见《易》当有作侦者。”《说文》新附有此字。(《异文释》三)

此条中,“贞”与“侦”为异文,“贞,问也”(“侦,问也”)与“侦,正也”为异训。“贞”为《周易》常见词,从古至今,论者无数，要之不外“正”与“问”二解，余解“贞正”“贞固”“事之干”等均与“正”训同类。伍华主编《周易大辞典》“贞”字条列“占问”“正”“贞固”“常”“该当”“乾四德之一”等六个义项[①]，因为该书释义原则为“述而不作、诸说并存”，带有集释性质，故无可厚非。吕绍刚主编《周易辞典》据孔颖达《周易正义》、司马光《温公易说》、程颐《易传》、朱熹《周易本义》和郭雍《家传易说》将《周易》170例“贞”字分为两类：“一训正”，“一训固”[②]。该书全然没有顾及古今《易》著中有解“贞”为“问”的情况，可看作当今持“正固”说的典型代表。其实，“问”乃“贞”的本义，《说文解字》卜部云：“贞，卜问也，从卜，贝以为贽。”此义在甲骨卜辞和《周易》卦爻辞中是得到充分印证的，高亨《周易古经今注》云：“贞本卜问之义，故其字从卜。用龟以卜而问事，既谓之贞，则用蓍以筮而问事，自可谓之贞，故《周易》贞可训为筮问，以常用之词释之，即占问也。”[③]拙文《从语法角度看〈周易〉“贞”字的训诂》[④]对此问题有申论，我们是坚决主张将《周易》经文中的“贞”解释为“占问”的。浏览当今《易》著，持“正固”说者仍大有人在，或许人们会感到奇怪，无论从早期语言材料、训诂专书、经籍传注还是《周易》经文辞例看，“贞”解为“问”都是有理有据的，为何有的学者就偏偏对有关事实视而不见，固守旧说呢？我们认为，这里面除了态度问题，更重要的恐怕是关系到对《周易》性质的认定问题，因为如果承认“贞”是表“卜问、占问”义的话，那就等于承认《周易》是卜筮书，所谓《周易》是哲学书的

① 伍华主编《周易大辞典》，中山大学出版社，1983 年，284 页。
② 吕绍刚主编《周易辞典》，吉林大学出版社，19 页。
③ 高亨《周易古经今注》（重订本），中华书局，1984 年，112 页。
④《语文月刊》1991 年第 9 期。又见吴新楚《〈周易〉异文校证》，广东人民出版社，2001 年。

论断就釜底抽薪了。这就是因为门户之见而摒弃了古人、今人对《周易》“贞”字的正确解释，这种态度当然是不可取的。

丧羊于易

《释文》云：“易，陆作埸，壃埸也。”案：《汉·食货志》：“瓜瓠果蓏殖于疆易。”张晏注云：“至此易主，故曰易。”《诗·载芟》传云：“畛，埸也。”《释文》作“易”，云：“本又作埸。”《说文》“埸”为新坿字，是古从省作“易”。《管子·富国》注云：“易与埸同。”以“易”为“畺易”，视郑、王义较长，但亦不必改字。（《异文释》三）

此条中，“易”与“埸”为异文，“壃埸”“畛埸”与“至此易主，故曰易”为异训，“至此易主”之“易”用的是“变易、变换”义。《大壮》卦王弼《注》云：“羊，壮也。必丧其羊，失其所居也。能丧壮于易，不于险难，故得‘无悔’。”楼宇烈《校释》云：“‘易’，平易、容易之意，与下‘险难’对言。”[①]朱熹《本义》云：“‘易’，容易之意，言忽然不觉其亡也。或作‘疆埸’之‘埸’，亦通。《汉·食货志》‘埸’作‘易’。”[②]后来朱熹的观点发生了变化，《朱子语类》卷七十二云：“‘丧羊于易’，不若作‘疆埸’之‘易’。《汉·食货志》‘疆埸’之‘埸’正作‘易’。盖后面有‘丧羊于易’，亦同此义。今《本义》所注，只是从前所说如此，只且仍旧耳。”[③]很明显，朱熹是根据“易”之异文“埸”而作出有关判断并修正自己观点的。到了清代，王念孙又以精审的考证进一步证成其说：

凡《易》言“同人于野”“同人于门”“同人于宗”“伏戎于莽”“同

①楼宇烈《周易注校释》，中华书局，2012年，129页。
②朱熹《周易本义》，见杨世文 李勇先 吴雨时编《易学集成》（一），四川大学出版社，1998年，594页。
③黎靖德编、王星贤点校《朱子语类》，中华书局，1986年，1825页。

人于郊”“拂经于邱”“遇主于巷”，末一字皆实指其地，“丧羊于易”“丧牛于易”，文意亦同。《荀子·富国篇》：“观国之治乱臧否，至于疆易而端已见矣。”《周颂·载芟》传曰：“畛，易也。”《汉书·礼乐志·安世房中歌》：“吾易久远。”晋灼曰：“易，疆易也。”汉沛相杨统碑：“疆易不争。”魏横海将军吕君碑：“慎守畺易。”是古“疆埸”字多作“易”，故《说文》无“埸”字。[①]

许嘉璐先生《经义述闻·弁言》在引述“丧羊于易”条与“比吉也”条有关文字后赞之曰：“广综博取，无偏无党，消化之，升华之，王氏之胸怀于此可见一斑。此亦乾嘉之为乾嘉，王氏之为王氏也。”[②]这里需要补充说明两点：一是《经义述闻》是把“丧羊于易、丧牛于易”总归为一条的；二是我们为避免文字重复，省去了《经义述闻》引用《释文》和《朱子语类》的有关文句，许嘉璐先生所称“消化之”“升华之”，正是指王氏对《释文》“易，陆作埸，壃埸也”和《朱子语类》“不若作‘疆埸’之‘易’”的消化和升华。如果说朱熹主要是基于异文立说的话，那么王念孙则在此基础上进一步从辞例、古注以及古今用字几方面作了申说：“末一字皆实指其地”是说处于“动词＋名词＋于＋某”格式中的最后一字都是具体指某地，用今天的语法学术语表达，就是介词“于”后的单个名词都是具体指动作发生的地点或处所；中间引古注是证明“易”本有“疆界”义，在“畛，易也”中是用作训释词，在“易，疆易也”中是用作被训释词；“古‘疆埸’字多作‘易’”则说明“易”与“埸”为古今字，上古表“疆界”义只用“易”形，后乃增土旁作“埸”形。

① 王引之《经义述闻》卷一，江苏古籍出版社，1985年，24页。
② 见《经义述闻·弁言》，江苏古籍出版社，1985年，9页。

由此我们可以看到，王氏注意到了文字形体使用的时代差异，还特别讲究文例体现出来的用词规律性，其训释做到了“揆之本文而协，验之他卷而通”[①]。古今学者服膺王氏考证，不仅在于其结论可信，更在于其材料翔实，方法科学，学风朴实。我们认为，有关这个“易”字的歧义纷争，到王氏父子作出考证后基本上就可以平息了。“丧羊于易”，意指在边境地区丢失了羊，或如黄寿祺、张善文《周易译注》所译“在田畔丧失了羊”[②]。

然而，有关“易”字的故事在20世纪却有出乎意料的转变。1929年，顾颉刚先生在《燕京学报》第六期发表了《〈周易〉卦爻辞中的故事》一文（后收入《古史辨》第三册），其中《王亥丧牛羊于有易的故事》在引述王国维《殷卜辞中所见先公先王考》中的三则材料和王氏一节断语后说：

静安先生谓《天问》中的“有扈”乃“有易”之误，因为后人多见有扈，少见有易，又同是夏时事，所以改写的。又谓“有狄”亦即“有易”，古时“狄”“易”二字本来互相通假，其证甚多。

既然明白了这件事情的大概，再来看《大壮》和《旅》的爻辞，就很清楚了。这里所说的“易”，便是有易。这里所说的“旅人”，便是托于有易的王亥。[③]

顾颉刚先生的文章发表后，在学术界产生了很大的影响，至今仍

①王引之《经传释词·自序》，岳麓书社，1984年，1页。
②黄寿祺 张善文《周易译注》，上海古籍出版社，1989年，283页。
③刘梦溪主编《中国现代学术经典·顾颉刚卷》，河北教育出版社，1996年，235页、236页。

有不少人接受其观点，像李镜池[①]、高亨[②]、胡厚宣[③]等学术大家都认同其说，李学勤先生赞其“征引宏博，论证详密，为学者所遵信”[④]。

关于这一公案，估计若干年内不会有定谳，对于老一辈学者的研究我们也不敢妄议其非。不过，出于学术公心，我们觉得有几个事实还是有必要予以指出，以供大家参考和研判。

其一，顾先生在《王亥丧牛羊于有易的故事》中有引述王弼《周易注》和朱熹《周易本义》有关注文，但没有提及王念孙考证“丧羊于易”的文字。我们认为，若能先指出王氏考证谬误，继而创发新说，则比较妥当。

其二，王国维《殷卜辞中所见先公先王考》论“有狄”与“有易”关系甚详，直言“有狄亦即有易也，古狄、易二字同音，故互相通假”[⑤]，可谓甲骨卜辞与传世文献互证的佳例。但是，该文及《殷卜辞中所见先公先王续考》并无一字提及《周易》或“丧羊于易”“丧牛于易”。而顾先生所下断语“这里所说的‘易’，便是有易”，则是直接把《周易》所见之“易”与《山海经·大荒东经》、真本《竹书纪年》中的“有易”划上等号，缺乏佐证材料和逻辑勾连。且非如陈成国《周易校注》所称是“建立在卜辞与传统文献的可靠材料与科学研究的基础之上”[⑥]，因为《王亥丧牛羊于有易的故事》中并无引证一条甲骨卜辞。

①李镜池《周易通义》，中华书局，1981年，68页、113页。
②高亨《周易古经今注》(重订本)，中华书局，1984年，258页、328页。
③胡厚宣 胡振宇《殷商史》，上海人民出版社，2003年，31页。
④李学勤《周易溯源》，四川出版集团巴蜀书社，2006年，2页。
⑤傅杰编校《王国维论学集》，云南出版集团公司 云南人民出版社，2008年，25页。
⑥陈成国《周易校注》，岳麓书社，2004年，85页。

其三，我们认为，“易”与“狄”可通假，“有易”也可读为“有狄”，但《周易》“丧羊于易”之“易”不可径读为“有易”。为什么？这是因为，王念孙考证“丧羊于易”的几个立足点如异文、辞例、古注等，依然没有被推翻。此外，我们还想特别提醒大家注意一个极普通而又被忽略了的事实：在上古时代，朝代名、国名、部族名的前面往往加“有”字作为词头（前缀），如“有夏”“有虞”“有扈”“有莘氏”等①。《山海经》（“王亥托于有易”）、《竹书纪年》（“殷王子亥宾于有易”“有易之君绵臣杀而放之”“殷主甲微假师于河伯以伐有易”）中的“有易”均冠有词头“有”，故作国名理解无疑。而“丧羊于易”之“易”单用，在形式上与“有易”有明显差异。

综合以上分析，我们认为《易经异文释》所引古训“贞，问也”“易，壃埸也”仍然牢不可破，而李富孙慧眼如炬，其所作“以‘易’为‘畺易’，视郑、王义较长”的判断不失为先见之明。

总而言之，清代李富孙的《易经异文释》是以当时最齐全的资料，最科学的方法，并吸纳时人最新的成果，对《周易》异文进行了综合性、开拓性的研究，其材料和观点至今仍有重要参考价值，并将长葆学术魅力。

①参王力主编《古代汉语》（校订重排本）第二册，中华书局，1999年，467页。

《易经异文释》六卷

易经异文释一（乾卦至否卦）

嘉兴李富孙芗沚 著

夕惕若厉

《说文》夕部引作"若夤"，云"敬惕也"（晁氏说之古《易》引同）。骨部仍引作"厉"。案：许君称"《易》孟氏，《书》孔氏，《诗》毛氏，《春秋》左氏，皆古文"，然往往杂采诸家本，故前后所引亦有不同。（惠氏栋《周易述》改作"若夤厉"，全书多有据他书所引擅易经文，不免专辄之病。）钱氏大昕曰："《说文》有同称一经而文异者，盖汉儒虽同习一家而师读相承，文字不无互异。如《周礼》，杜子春、郑大夫、郑司农三家与故书读法各异，而文字因以改变，此其证也。"（段氏玉裁《说文》注本，"夤"字仍改作"厉"，云汉人引《易》"夕惕若厉"，不暇枚举，此引者说从夕之意也。学者往往误会于是，改"厉"为"夤"。）

飞龙在天

《史记·孝武纪》云："乾称蜚龙。"《封禅书》同。案：《说文》云："蠹，臭虫负蠜也，或作蜚。"《殷本纪》："蜚鸿满野。"《正义》曰："蜚，古飞字。"（《汉书·宣帝纪》《五行志》师古注并同。）《孟子》"飞廉"，

《秦本纪》作“蜚”。《史》《汉》“飞”字多用“蜚”。《索隐》曰：“蜚亦飞字。”《韩勑后碑》云：“蜚于仓天。”是汉时相承，并假“蜚”为“飞”矣。（《广韵》云：“飞，古通用蜚。”）

亢龙有悔

《说文》心部引作“忼龙”，云“忼慨也”。《汉书·王莽传》作“炕龙”（服虔注仍引作“亢”。）。案：古字同音即通借用之。《五行志》云“炕阳失众”，亦与“亢”通。段氏曰：“许君作‘忼’，为孟氏《易》。忼之本义为‘忼慨’。《易》则假忼为亢。亢，高也。是亢为正字，忼叚借字。”

反复道也

《释文》云：“复，本亦作覆。”（《复》“反复其道”，《释文》：“本又作覆。”）《白虎通·天地》引作“覆”。案：《说文》云：“复，往来也。”“覆，覂也。”覂，本谓反复也，古字通。

大人造也

《释文》云：“造，刘歆父子作‘聚’。”案：《汉书·刘向传》引作“聚”，云：“贤人在上位，则引其类而聚之于朝。”是文义并异。师古注曰：“言圣王临驭万方，则贤人君子皆来见也。”此即姚信、陆绩等以“造”为“造至”之说，未合“聚”字义（何氏焯曰：“飞龙以喻贤人。”颜注亦非向引《易》本意。）。钱氏曰：“聚、造，声相近。”（古书声相近之字，即假借通用。）

善之长也

《左氏》襄九年传作“体之”（下文“嘉会”作“嘉德”。）。案：夫子言“述而不作”，此言“四德”即述穆姜之语，惟“体”字、“德”字为异。然昭十二年传子服、惠伯所称，亦作“善之长”，是亦古相传之文也。《左氏》疏云："与《易文言》唯二字异耳，其意亦不异也。元是体之长，以善为体，知亦善之长也。身有美德，动与礼合，嘉德足以合礼也。"朱氏震曰："以今考之，则古有是言矣。"

君子体仁足以长人

《释文》云："京房、荀爽、董遇本作'体信'。"案：《说文》"信"古文作"㐰"，与"仁"字形相似，故易淆尔。

利物足以和义

《释文》云："孟喜、京、荀、陆绩作'利之'。"案：王弼传、费直本、孟、京诸家作"利之"，义亦通。

不成乎名

《释文》作"不成名"，云"一本作'不成乎名'"。案：《正义》云"不成就于令名"，当亦有"乎"字。唐石经、岳氏珂本并同。汉刘向典校书，言："施、孟、梁邱三家或脱'无咎''悔亡'，唯费氏经与古文同。"今《释文》与《正义》本字句互有脱衍。惠氏《古义》举数条，谓当从定本。其余增省异处尚多，并李鼎祚本及晁氏《易》所引，亦有不同。无甚关于经义者，不复备释。（惠氏校李氏《集解》作"不易世不成名"。明朱氏睦㮮依宋本并有"乎"字。惠氏所校每多改易旧本，未可尽据。虞翻《系辞》注二语无"乎"字，然虞所称《易》文，往往有删语助字。）

確乎其不可拔

《释文》云："確，《说文》云高至。"（《系辞》"夫乾確然"，《说文》冂部引作"隺然"。郑氏《易赞》引同。）案：《说文》云："确，磐石也。"（段氏本删"石"字）徐铉以为今俗之"確"字。《玉篇》云："確，亦作塙，土坚不可拔，又碻同。"（《众经音义》（十）云："確，字书作碻。”又（十三）云：“《埤苍》作塙，同。”）然《说文》引《系辞》作“隺”。此依《释文》所称，注义当亦作“隺”。今作“確”，转写者误加偏傍耳。(《尔雅·释诂》“硈”邢疏引以为此“確”字。钱氏曰：“《说文》‘塙’，即‘確乎其不可拔’之‘確’。”）惠氏曰：“王弼《易》多俗字，確皆当从《说文》作隺或作礭。见《郑烈碑》。”（富孙按：碑云：“秉礭然之大节。”当亦为隶变字。《众经音义》〔廿四〕引《广雅》云：“礭，坚也。”）段氏曰：“《释文》所引是陆所据《易》，二字皆作隺，而今本俗误也。许意隺训高至，塙训坚不可拔。”《文言》字作隺而义从塙,《系辞》乃义如其字。今俗作確，乃确字之变耳。（陆氏《系辞》不云《说文》作隺，盖《释文》固作隺。然浅人改为从石。许书有确无確。）

可与几也

李鼎祚《集解》本、山井鼎《考文》引足利学古本、足利本“与”下并有“言”字。案：崔憬云：“可与言微也。”则崔本有“言”字。山井鼎所称往往与古书合，当为旧本之遗。惟经文语助字与今本多寡甚伙，其有舛异，不足据，兹不复引。（爻辞“或跃在渊”，足利古本“或”作“惑”,《象》《文言》同。“惑”与“或”字虽通，当是臆改。）阮中丞师曰：“此言字与李氏《集解》及孔《疏》合,《疏》中共论二字，正释言字也。”

圣人作而万物睹

《释文》云：“作，马融作起。郑云：作，起也。”案:《说文》“作”亦训“起”，字异而义同。

贵而无位

《汉·五行志》引此三句“无”皆作“亡”。(《蛊》“考无咎”,《丰》

“折其右肱，无咎”，并引作“亡”。）案:《说文》云:“橆，亡也；无，奇字橆。（宋本作‘无’,《释文》引有‘也’字。）通于元者,（‘元’字依宋本，旧作‘无’，误。）虚无道也。”今俗橆皆作無，乃橆之隶变。(《说文》：橆，丰也。此蕃橆字。)《周易》从奇字作“无”。《史》《汉》多借“亡”为“無”字。

穷之灾也

晁氏《易》云:“之，郑作志。”（惠氏郑《易》木作,《释文》误。）案：古经文字因篆隶转写讹变，多以形声相似而异。“志”与“之”亦声之转。

乾始能以美利利天下

晁氏《易》云:“能，郑作而。”(《屯》“宜建侯而不宁”,《释文》:“郑读而曰能。”《履》“眇能视，跛能履”,《集解》引虞说，“能”皆作“而”。《归妹》“跛能履，眇能视”并同。）案:《礼运》注云:“耐，古能字。(《乐记》注同）传书世异，古字时有存者，则亦有今误矣。”《正义》曰:“古之能字，皆作耐字。后世耐悉作能。今书虽存古字为耐，亦有误不安‘寸’，直作而字。《易·彖》：利建侯而不宁。及刘向《说苑》，能字皆为而也。”是因以致异，故“而”与“能”恒相杂。《吕览》（不屈士容）、《淮南·原道》注云:“而，能也。”亦以音近而通。段氏曰:“古音能与而同。假而为能，亦假耐为能。”

六爻发挥

《释文》云:“挥，本亦作辉，义取光辉。”案:“辉”“挥”音同。《文选》王粲《从军诗》“良苗实已挥”注云:“挥当为辉。”古同音字多假借通用。诸家各承师读，而义亦因文而异。

问以辩之

明闽本、监本“辩”作“辨”。案：《释文》、唐石经、宋本、岳氏本并作“辩”。（《同人》“君子以类族辨物”、《系辞》“辨物正言”，石经皆作“辨”。《未济》“辨物”，汉《孔彪碑》作“辩”。）《说文》：“辨，判也。”“辩，治也，从言在辡之间。”治者，理也。二字义别。今经传转写多乱之。（《集解》朱氏本经内并作“辩”。）卢氏文弨曰：“此似当作辨，然经典每通用。”

与日月合其明

《后汉·邓骘传》注引作“齐其明”。案：经文上下皆言“合”，此引作“齐”，或为字之讹。

与四时合其序

《论衡·感虚》引作“其叙”。案：《说文》云：“叙，次弟也。”“序，东西墙也。”是“叙”为本字，经传亦多叚“序”为“叙”也。

其唯圣人乎

《释文》云：“王肃本作‘愚人’，后结始作‘圣人’。”案：王弼本作“圣人”，《正义》以此句属下读。王肃作“愚人”，是以此句属上读，义并通。

坤

《释文》云：“坤，本又作巛。巛，今字也。”（卢氏本《释文》从雅雨堂本，坤改作巛，下巛字并改坤。《系辞》“盖取诸乾坤”，《后汉·舆服志》引作“乾巛”。）案：巛字《说文》不录。《隶释·华山庙碑》云“乾巛定位”，如此作（《三公山碑》《韩勑后碑》同），则为隶体。《大戴记·保傅》坤字作巛。《诗·采薇·笺》释文云：“坤本亦作巛。”（《左氏》昭廿九年传“其坤曰”，《释文》同。）《天作·笺》释文坤作巛，《广雅》亦有巛字。此皆从隶体。《乾凿度》以八卦之画为古文天、地、风、山、坎、火、雷、泽字。是古坤作☷，此即转横画而为巛耳。（毛氏居正曰："古字乾作☰，坤作巛，各象其卦。陆氏以巛为今字，误。"张氏照曰："音义当作坤，今字也。陆氏之意盖谓巛古坤字。今书坤者，乃今字也，无以巛为今字之理。"富孙按：《释文》所载经注犹多仍汉隶旧体。《孟郁修尧庙碑》《成阳灵台碑》又作巛。毛氏谓巛乃偏傍用字，非是。盖字中断不连，卢本不误。）

德合无疆

《释文》云："疆或作壃。下同。"案：《说文》云："畺，界也，或作疆。"是"壃"又为俗体。

乃终有庆

《汉书·律历志》"乃"引作"迺"。案：《说文》云："乃，曳，词之难也。""卤，惊声也，或曰往也。读若仍。"乃隶变作乃，卤今作迺。《诗·绵》《公刘》篇迺、乃二字并用。《释诂》注云："迺即乃，《史》《汉》多用此字。"（段氏曰："迺与乃音义俱别。《诗》《书》《史》《汉》发语多用迺字，而流俗多改为乃。《释诂》曰：仍、迺、侯，乃也。以乃释迺，则本非一字可知矣。"）

地势坤

《汉书·叙传》云："坤作墬埶。"。张晏注引亦作"埶"。案：《说文》"墬"为籀文"地"字。势字，大徐《新坿》云："经典通用埶字。"盖埶本"埶穜"字，古多通假用之。

履霜

《释文》云："郑读履为礼。"案：《序卦》曰："履者，礼也。"《仲尼燕居》云："言而履之，礼也。"《释言》："履，礼也。"二字义同，故古皆通用。郑读“履”为“礼”，祭器，云“礼也者，犹体也”。《释名》：“礼，体也。”《说文》云：“霜，丧也。”虞《象》注云：“坤为丧。阴气在初，体霜之象。”

履霜坚冰阴始凝也

《魏志·文帝纪》注引作“初六履霜”。足利本、古本“冰”下有“至”字。案：《后汉·鲁恭传》引此，与今本同，则许芝所引乃约举传文。郭京本又无“初六”字，更非古本也。（郭京之书甚妄，惠氏尝辨之。）

臣弑其君

《释文》云：“弑或作杀，音同。”案：《公羊》隐四年传注云：“弑者，杀也。”《左氏》隐四年经释文：“弑本又作杀。”《汉·五行志》注云：“杀亦读曰弑。古字通。”（《公羊》经《释文》又云：“二字从式、从殳，不同。字多乱。”）

由辩之不早辩也

《释文》云：“辩，荀作变。”（《革》“大人虎变”，晁氏《易》云：“京作辨。”）《潜夫论》引同，“早”作“蚤”。案：《礼运》“大夫死宗庙谓之变”注云：“变当为辩。”《孟子》“则不辩礼义而受之”，《音义》引丁云：“辨本作变，于义当为辨。二字有别。”《广雅》曰：“辩，变也。”（庄子《消摇游》“而御六气之辩”《释文》同。）《楚辞·九辩》注云：“辩者变也。”是辩、变义通，荀即随义异字。《尚书》“于变时雝”，汉《孔庙碑》作“于卞”，亦音相近。晁氏云：“辩，古文变字。”晁氏之称“古文”，多未可据。早作蚤，古字叚借。惠氏曰：“初失位变之，早则无是祸矣。”（此见惠氏《集解》本评注。下条同。）

盖言顺也

《春秋繁露》引作“逊也”。案:《书》“五品不逊”,《说文》引作“愻”,云“顺也”,伪孔传训同。《诗》“诒厥孙谋”笺云:“孙,顺也。”(《释文》:“郑音逊。”)《聘礼记》《内则》《学记》《缁衣》注皆同。古多以“孙”为“孙顺”字,后别作“逊”,亦音近义同。惠氏曰:“逊犹驯也,驯犹顺也,古文通用。”

阴疑于阳必战

《释文》云:“疑,荀、虞、姚信、蜀才作凝。”案:《诗》“靡所止疑”,王氏《诗考》引齐诗作“止凝”。《正义》云:“疑,音凝。”《说文》:“凝,水坚也。”“疑”读为“凝”,故荀、虞诸家本作“凝”。《中庸》:“至道不凝。”《释文》云:“凝本又作疑。”盖凝与疑,亦声近形似而易乱耳。(《荀子·解蔽》注:“疑或为凝。”)晁氏云:“疑,古文凝字。”恐亦非。

为其嫌于无阳也

《释文》云:“嫌,郑作溓。”(此从《音训》,雅雨本、庐本同。)惠氏、郑《易》作“慊”,旧本作“谦”,误。《诗·采薇》笺云:“十月为阳,时坤用事,嫌于无阳,故以名此月。”《正义》引郑《易》注云“慊”(旧作“嫌”,误。《玉海》作“溓”。),读如“群公溓”之溓。(旧并作“慊”,段氏曰:“《公羊》文十三年传‘群公溓’,旧本疏作‘溓’,今作‘廪’,误。”)古书篆作立心与水相近,读者失之,故作“慊”。溓,杂也。阴谓此上六也。阳谓今消息用事,乾也。上六为蛇,得乾气杂似龙。彼说坤卦,以上六爻辰在巳为义。巳至四月,故消息为乾,非十月也。且《文言》“慊于无阳”为心边“兼”,郑从水边“兼”,初无嫌字,知与此异。)荀、虞、陆、董作“嗛”(宋本作

“兼”),《集解》引荀注作“为其兼于阳”(惠校本经文改同)。《汉上易》引郑同。晁氏《易》云:“九家作兼”。案:古本皆作“兼”,或作“慊”。王弼乃改作“嫌”。《说文》云:“慊,疑也。”则与“嫌”字后一义同。《坊记》注云:“慊或为嫌。”郑读为“溓”,溓,杂也,与“兼”字义略同。《荀子·荣辱》注云:“嗛与慊同。”诸家皆以字形相似而异。《九家易》云:“阴阳合居,故曰兼。”(旧作“嫌”,误。)《汉上》引郑无“无”字,绎其义正合。(惠氏《易述》作“兼于阳”,云:“荀、郑、虞、陆、董皆同。”)

动乎险中

汉《刘修碑》作“俭中”。(《否·象》“君子以俭德避难”,《集解》引虞云:“俭或作险。”《后汉·李膺传》注引作“险德”。)案:《左氏》襄廿九年传“险而易行”杜注云:“险当为俭字之误也。”《汉·地理志》云:“鲁地俗险啬义亦作俭。”是古二字多通假用之,然以偏旁相涉,亦易淆耳。

雷雨之动满盈

《集解》引荀虞说,“盈”作“形”(惠校本经文亦改作形)。案:形、盈声之转,义亦通。(惠氏曰:“形,俗讹盈。盈、满同义。‘满’下不合叠‘盈’字。”)

天造草昧

《汉书·叙传》作“屮昧”。案:《说文》云:“屮,草木初生也。古文或以为草字。读若彻。”“艸,百草也。”“草,草斗栎实也。”是艸为草木字。《汉书》多从古文作“屮”。今经典皆通作“草”,非是。

君子以经纶

《释文》作“论”,云:“郑如字,谓论撰《礼》《乐》《诗》《书》、施政事。”黄颖云：“经论，匡济也，本亦作纶。”《正义》云：“刘表、郑元以‘纶’为‘论’字。”案：纶、论，并从仑声。《说文》：“仑，理也。”字以同音相乱。《论语》疏云：“论者，纶也，轮也，理也，次也，撰也。”是论字义晐定本，作论为长。（荀读“论”为“伦”。）晁氏曰：“经，常也。论，理也。直作纶，非。”段氏曰：“凡言语循其理得其宜谓之论。《易》君子以经论、《中庸》经论天下之大经，皆谓言之有伦有脊者。”（富孙按：《中庸》注云：“大经谓六艺而指《春秋》也。”是亦依经论解《释文》。论，本又作纶。）

磐桓

《释文》云：“磐，本亦作盤，又作槃。”《尔雅·释言》释文引作“般桓”。（《渐》“鸿渐于磐”，《史记·武帝纪》《封禅书》《汉·郊祀志》并作“于般”。）《集解》本作“盤”。《后汉·种岱传》作“槃桓”，注引同。案：《说文》“槃”，籀文作“盤”。《汉·文帝纪》云：“盤，石之宗。”此通为磐字。《礼记·投壶》曰：“宾再拜受，主人般还，曰辟。”《释言》曰：“般，还也。”马云：“槃桓，旋也。”荀云：“盤桓者，动而退也。”此般之本义。《书·盘庚》《左氏传》（庄十四年、襄九年）、《书大传》皆作“般”。“有若甘盤”，《燕世家》亦作“般”。《释水》“钩盤”，《释文》云：“般，李本作股”。（《说文》：“般，古文作舩。”）汉《张纳碑》云“股桓弗就”，《仲秋下旬碑》亦作“股桓”。是般为古文（晁氏云：“古文作般。”）股，隶省；盤，通用字；盤，借字。惠氏曰：“古盤字皆作般，与股同。此与渐六二磐字皆当作盤。”

屯如邅如

《说文》马部引作“乘马驙如”。《释文》作“亶”，云“亦作邅”。（此据宋本补，吕氏《音训》引同。）《汉书·叙传》注引作“亶如”。

案:《说文》云:“驙，马载重难行也。”“驙，駗驙也。”此屯、亶之异文，当为孟易“乘马”二字偶涉误下句耳。（惠氏《易述》改作下句。）班固《幽通赋》云:“纷屯亶与蹇连兮。”师古注引《易》同。是旧本如此。(《后魏书》比干墓文亦作“屯亶”。《集韵》云:“屯亶，难行不进貌。”）今作邅，俗字。臧氏琳曰:“《说文》无邅字。走部:趁，䟴也；䟴，趁也；邅如字当作驙。许义与融说合，则马亦当作驙。盖古驙借作䟴字，邅以偏旁相近而误也。”段氏曰:“俗本作邅，叶林宗抄宋版《释文》、吕氏《音训》皆作亶，不误。许所据《易》，盖上句作‘駗如驙如’，‘乘马’字当为误文。”（又《说文》“趁䟴”即《易》“屯如亶如”。）

乘马班如

《释文》云:“班，郑本作般。”案:《春秋》僖七年“曹伯班”，《公羊》作“般”。《左氏》僖廿八年传“宋门尹般”，《晋语》作“班”。襄十八年传“有班马之声”，哀廿四年传“役将班矣”，《释言》注、《释文》并引作“般”。《说文》云:“般，辟也，象舟之旋。”《广雅》云:“班，赋布也。”《子夏传》、马、虞、王肃皆谓“班如”为不进，则作“般”为正。班与般，古字通用。惠氏曰:“班当从郑作般，古文班。”（富孙按:晁氏云“般古文作班”，非是。）臧氏曰:“马云班旋不进义当作般。马读班为般，与郑本合。古般、班字通。陆云如字，此误也。”

匪寇婚媾

《释文》云:“媾本作冓。郑云:犹会，或作构，非。”案:《说文》云:“媾，重婚也。”（马融同）引《易》作“婚媾”。陆绩云:“媾本作冓，此从省。”晁氏云:“冓，古文。”惠氏曰:“当从郑本作昏冓。”

即鹿无虞

《释文》云:“鹿，王肃作麓，云山足。”案:《书》“纳于大麓”，魏《受禅碑》作“大鹿”。《春秋》僖十四年“沙鹿崩”,《谷梁传》曰:“林属于山，为鹿。”(《说文》林部、《汉·五行志》并引作“麓”。)范宁注云:“鹿，山足。”《左氏》昭二十年传曰:“山林之木衡鹿守之。”疏引林衡叙官注云:“衡，平也，平林麓之大小及所生者。此置衡麓之官守山林之木。”是古麓字多省假作鹿。辅嗣因《象》言“从禽”，谓“虽见其禽，而无其虞”。疏以鹿为兽，并依文生训。段氏曰:“凡山足皆得称麓，亦假借作鹿。”虞翻曰:“山足称鹿。(案,《集解》旧本作‘麓’。)鹿林也。”

君子幾

《释文》云:“幾，郑作机，云弩牙也。”案：三与五不相应，故即鹿无虞，然君子之动，未可轻躁，欲张弩牙以猎禽，见其形执，不如舍止也。此与王弼以幾为语辞较长。惠氏曰:“君子张机不能获禽，不如舍者，舍拔而已。言无所获。”

泣血涟如

《说文》心部引作“泣涕𢙢如”,《后汉·寇荣传》注引作“泣涕”,《陈球后碑》同。《淮南·缪称》“涟”引作“连”。案：雨无正《毛传》云:“无声曰泣血。”《说文》:“涕，泣也。”义同。《释文》“涟”引《说文》云:“泣，下也。”是陆氏本当亦作𢙢。《氓》释文又云:“涟，泣貌。”或同音通用。《淮南》又作涟，从省。惠氏曰:“涟，本波澜之字,《说文》引作𢙢，或古从立心，篆书水、心相近，故误为涟。”(《毛诗》“泣涕涟涟”亦当从心连声。)

匪我求童蒙

《释文》云："童，字书作僮。郑注云：未冠之称。"（《旅》"得童仆""丧其童仆"，《集解》本并作"僮"。）案:《说文》云："童，男有罪曰奴，奴曰童。""僮，未冠也。"是古以童为奴仆，僮为幼少。今俗所用正相反，经传多淆杂，莫能諟正矣。《九经字样》云："男有罪曰童，古作僮子。今相承以为僮仆字。"段氏曰："今人'童仆'字作僮，以童为'僮子'字，盖经典皆汉以后所改。"（富孙案：经典多有为经师改易，兼杂隶体、通借之字，故互有异同，与《说文》古谊鲜合。）

再三渎

《说文》黑部"渎"引作"黩"，云"握持垢也"。（《系辞》"下交不渎"，《后汉》朱穆、韩稜、延笃传并引作"不黩"。）《集解》引崔憬曰："渎，古黩字。"案:《说文》云："渎，沟也。"经典通借为渎亵字。据《说文》，"渎亵"当作"嬻媟"，嬻与黩义亦别。今俗并通用。段氏曰："许所据《易》作黩，郑注云：'渎，亵也。'若依郑义，则黩为叚借字，渎为正字。黩训握垢，垢入于握持，是辱也。古凡言辱者皆即黩。"

童蒙求我

《释文》云："一本作'来求我'。"《吕览·劝学》注引同。（卦辞足利古本"蒙"下亦有"来"字。）案：王弼卦、彖注并云："童蒙之来求我。"则弼旧本当有"来"字，不误。惠氏曰："《正义》脱来字。"王氏念孙曰："蔡邕《处士圈叔则碑》：'童蒙来求，彪之用文。'是汉魏时经文多有'来'字。"

以往吝

《说文》辵部"吝"引作"遴"，云"行难也"。（《说卦》为"吝啬”,《释文》:“吝,京作遴。”)口部仍引作吝。案:《汉地理志》云:“民以贪遴。”师古曰:“遴与吝同。”《杜钦传》“不可以遴”、《王莽传》“性实遴啬”注并同。是汉人多假“遴”为“吝”也。惠氏曰:“史书遴本吝字(见《汗简》),此《易经》古文。”段氏曰:“许《易》称孟氏,或兼称他家,或孟《易》有别本,皆未可知也。”

包蒙

《释文》作“苞”,(卢氏曰:旧本作包,钱氏影宋本作苞,明监本、雅雨本同。)郑云:“苞当作彪,彪,文也。”晁氏《易》云:“京房、郑、陆绩、一行皆作彪,唐石经作苞。”(《泰》《否》卦同。《泰》“包荒”,《释文》:“苞本又作包,下卦同。”《否》“系于苞桑”,《集解》本作“包”,《系辞》同。《后汉·臧宫传》注引同。《姤》“包有鱼”,项氏《玩辞》引子夏、虞翻皆作“苞”。)案:《说文》云:“勹,裹也,象人曲形有所勹裹。”“包,象人怀妊。”“苞,草也。”是包裹字,古作“勹”,今经典作“包”或叚作“苞”(古本多从艸),皆以同音通用也。彪、包,声相近,古音尤幽部亦转读萧宵肴豪部,义通。段氏曰:“《诗·斯干》《生民》传曰:‘苞,本也。’此苞字本义,假借为包裹。近时经典凡训包裹者,皆径改为包字。郭忠恕之说误之也。”

勿用取女

《释文》云:“取,本又作娶。”《集解》本同。(《咸》“取女吉”,《释文》本亦作娶,下同。《姤》“勿用取女”,陆本作娶,足利古本同。)案:《说文》云:“娶,取妇也。”经典多叚取为娶。晁氏云:“取,古文。”

顺以巽也

《释文》云:“巽,郑云当作逊。”(《巽》“巽在床下”,《广韵》引作

"逊于"。）案:《说卦》曰:"巽。入也。"（《序卦》同）《说文》云:"逊，遁也。"（《释言》文）"巽，具也。"《正义》云:"巽亦顺也。"是与上顺义复。《书》"巽朕位"，马云:"巽，逊也。"（逊一读作让）《广雅》始训"巽"为"顺"。（《书》伪传训顺。《疏》以为《说卦》文，误。）据许义，逊者，逡遁、退让之意。巽、逊音同，巽训为入，故郑以为当作逊。《文选·魏都赋》"巽其神器"注云:"逊与巽同。"（《彖传》于乾坤七卦体皆言其义，惟巽举其名，并不言顺，《井》《鼎》巽字为入之本义，《家人》《萃》《渐》象传亦言巽。）

击蒙

《释文》云:"击，马、郑作繫。"晁氏《易》引荀爽、一行本同。案:《说文》云:"毄，相击中也，如车相击。"《考工记·庐人》:"毄兵同强。"《疏》云:"殳长丈二而无刃，可以毄打人，故曰毄兵。"是与击义相同。《司门》"祭祀之牛牲毄焉"、《校人》"三皁为毄"，此用为"係"字。《擊辞传》释文云:"字从毄。若直作毄下系者，音口奚反，非。"（《说文》:"繫，繫䌳也，一曰恶絮。"）则古字当作"毄"，后人或加"手"或加"系"，故有不同，其字形又相似。汉《郭仲奇碑》云"鹰偫电毄"，此正以毄为击也。

利御寇

蔡邕《明堂月令论》引作"利用御寇。"足利古本同。案：蔡引作"利用"，古本当如此，或亦涉《象传》之文。

需有孚

胡氏《启蒙》引《归藏易》，"需"作"溽"。《释文》云:"需，郑读为秀。解云：阳气秀而不直前者，畏上坎也。孚又作專。"案：溽转平声，读若儒，与需音相近。杨用修《古音》云:"溽字同濡。"郑读需为秀,《说文》獳读若槈，是需有槈音，与秀声亦相近。秀为禾实下垂之象，故云“不直前也”。尃、孚，音同。《说文》:“尃，布也。”古字叚借义亦通。(何氏楷曰:“古《归藏易》今亡，惟存六十四卦名，又阙其四。”此书疑假托。《订诂》所载字恐难尽据，依《释文》不详录。) 惠氏曰:“儒行饮食不溽。郑注云：恣滋味为溽，溽之言欲也。故《象》言饮食宴乐。古文《易》不可考，然溽字不为无说。”

位乎天位

《释文》云:“位乎之位，郑音涖。”唐石经“乎”作“于”。案:《周礼·肆师》注云:“故书位为涖。”杜子春云:“涖当为位，书亦或为位。”《谷梁》僖三年:“公子季友如齐涖盟。”传曰:“涖者，位也。”(文七年、昭七年传并同) 范注云:“盟誓之言素定，今但往其位而盟。”《广雅》云:“位，涖也，是涖与位义通。”《释文》涖又音类，合音亦最近。《论语》“孝乎惟孝”，汉熹平石经作“于”，古并通用。(《吕览·审应》注云:“于，乎也。”)

云上于天

《释文》云:“王肃本作‘云在天上’。”案：肃、弼本文虽异，而义皆通。

需于沙

《释文》云:“沙，郑作沚。”(旧本作沚，误。) 何氏《订诂》引孟喜本“沙”下有衍字。案:《说文》“沙”重文“沚”，云:“潭长说沙或从𣥂。”今郑作“沚”，正从潭说。《诗·凫鹥》疏引郑《易》注云:“沚，接水者。今本直作沙，亦字之讹。”(惠氏曰:“沚当据古文《易》。”惠氏士奇曰:“汉人多识字，唐人略识字，今人不识字。”是作沚、作沙，皆以后人不识沚字。)《穆天子传》云:“天子东征，濁于沙衍。”注云:

“沙衍，水中有沙者。”依此，《象传》衍字属上读，则爻当亦有衍字。

致寇至

《释文》云：“寇，郑、王肃本作戎。”（《象》“自我致寇”，足利古本作“致戎”，《解·象》“自我致戎”，《释文》本又作“致寇”。《系辞》“致寇至”，《释文》：“徐或作戎。”宋衷云：“戎误。”）案：戎与寇义略相近，诸家当皆作寇。（下虞注云“离为戎”，是虞亦作戎。）晁氏《解·象》注云：“其失自虞始。虞前皆依爻作寇。”

有孚窒

《释文》云：“窒，马作咥，云读为踬，犹止也。郑云：咥，觉悔貌。”案：窒、咥皆从至声，马读咥为踬，训“犹止”，与“窒”义略同。《毛诗传》“咥谓笑”，郑云“觉悔貌”，当即就本义而引伸之，盖以笑若有觉悔之意也。

患至掇也

《释文》云：“掇，郑本作惙，云忧也。”案：惙与掇字形相似，疏引王肃云“若手掇拾物然”（荀义同），不如郑义为长。

或锡之鞶带

《释文》：“鞶，徐云王肃作槃。”带，《释文》作“帶”，云“亦作带”。案：《左氏》定六年传：“定之鞶。”《释文》云：“鞶又作盘。”盘、槃字同。《谷梁》桓三年传：“诸母般申之。”注云：“般，囊也。”《释文》云：“般，一本作鞶。”般即古“槃”字，是与“鞶”并通。《诗》：“五楘梁辀。”《释文》云：“本又作鞪。”则从“木”、从“革”亦通。汉碑带作**帶**，楷变作帶。晁氏云：帶，篆字，非。《说文》无此体。

终朝三褫之

《释文》云：“褫，郑本作拕，徒可反。”（惠校《集解》本改作

“拕”。）案:《说文》云:“褫，夺衣也。”《淮南·人间》注云:“拕，夺也。”是“拕”与“褫”义同。(《说文》:“拕，曳也。”《论语》:“加朝服，拖绅。”此“拕”之本义。晁氏读为“拕绅”字。）钱氏曰:“古读褫如拕。”《说文》:“褫，读若池。池即拕之讹。拕、夺，声相近。”段氏曰:“拕者，褫之叚借字。”

丈人吉

《集解》引崔憬云:“《子夏传》作大人，谓王者之师。”案:大、丈二字形相似，故转写易溷。(《左氏》哀十一年、十三年传《释文》并云:“丈夫，本或作大夫。”)《释文》引郑作“丈人”。(晁氏曰:“扬雄作丈人。”）李鼎祚曰:“此《彖》云‘能以众正，可以王矣。’知为王者，必大人也。岂以丈人而为王者哉？作大人是也。”吴氏澄曰:“‘丈’字，盖‘大’字之讹。”

否臧凶

晁氏《易》云:“否，荀、刘、一行作不。”案:《论语》“子所否者”,《孔子世家》作“不”。《说文》云:“否，不也。”义本同，声亦相近。“不”又读方久切，古与否多通用。顾氏炎武曰:“按不字古音丕，从一为丕，从口为否。然古字多通用，其未然之词皆曰不，转而上声则曰否。”

王三锡命

《释文》云:“锡，郑本作赐。”案:《释诂》曰:“锡，赐也。”《公羊》庄元年“王使荣叔来锡桓公命”传曰:“锡者何？赐也。”《仪礼·燕礼》注云:“古文赐作锡。”(《觐礼》注:“今文赐作锡。”）是锡、赐古今字之异。段氏曰:“凡经传云锡者，赐之叚借也。”

承天宠也

《释文》云："宠，王肃作龙，云宠也。"案：龙为古文宠字。《诗》"为龙为光"毛传云："龙，宠也。""何天之龙"笺云："龙当作宠。"古人训诂，音义相兼。龙训为宠，即读为宠。《左氏》昭十二年传："宠光之不宣。"即《诗》之龙光也。段氏曰："龙，即宠之叚借。"

田有禽

《释文》云："禽，徐本作擒。"《白虎通》云："禽者何？鸟兽之总名。为人所禽制也。"《曲礼》"不离禽兽"疏云："禽者，擒也。言鸟力小，可擒捉而取之，故得通名禽。"是"禽"已赅"擒"义。擒即《说文》"捦"，为后加偏旁俗字。(《鲁语》"展禽名获"、《左》僖廿二年传"不禽二毛"不从手。《白虎通·号》引作"擒"。）荀、虞、资州并解作"擒"，依字谓"禽兽"亦通。(《井·象传》崔憬注云："禽，古擒字，禽犹获也。"卢氏曰："既假言田猎，则假言禽兽亦可。古擒并作禽，即训为擒，亦不必改字。")

有他吉

《释文》作"它"(《中孚》"有它"同），云"本亦作他"。《集解》本、唐石经、足利本、古本、宋本并作"它"。（下仿此）案：《说文》云："佗，负何也。""它，虫也。上古草尻，患它，故相问无它乎。"隶变"佗"为"他"，以为彼之称，则非负何本义。古只作"它"。《士虞礼记》注云："今文他为它。"《玉篇》云："它，古文佗字。"

比之匪人

《释文》云："王肃本作'匪人凶'。"案：《魏志·王肃传》云："肃善贾、马之学而不好郑氏，撰定父朗所作《易传》。"此当即其父所传之本。

王用三驱

《释文》:“驱，徐云：郑作敺。”《文选·东京赋》薛注引同。案：《说文》:“驱，马驰也，古文作敺。”是郑从古文。惠氏曰:“康成传费氏《易》，费本皆古字，号‘古文《易》’，当从之。”(《汉书》驱皆作敺。)

邑人不诫

唐石经初刻“诫”作“戒”。(《系辞》“小惩而大诫”，石经初刻同。) 案:《说文》云:“诫，敕也。”“戒，警也。以戒不虞。”据虞义、弼注似作“戒”字(《泰》虞注作“戒”)。石经后改作“诫”，当从正义本。

小畜

《释文》云:“畜，本又作蓄。”(《大畜》《序卦》“比必有所畜”、《释文》并同。) 案:《说文》云:“畜，田畜也。”《鲁郊礼》从兹田作“蕃”。蓄，积也。《诗》“我有旨蓄”,《释文》云:“本亦作畜。”《王制》“国无九年之蓄”,《释文》并作“畜”。《谷梁》庄廿八年传同。是“蓄积”字古通作“畜”。《汉·景帝纪》注师古曰:“畜，读曰蓄。郑训养也。”则不从蓄字。

舆说辐

《说文》车部引作“舆脱輹”，云:“輹，车轴缚也。”《释文》云:“辐本亦作輹，音服。”《集解》引虞作“车说辐”。(惠校本改作“輹”，经文同。)《玩辞》引《释文》云:“《子夏传》、虞本作輹。”今本脱。《大畜》“舆说輹”,《释文》:“輹，或作辐。一云车旁作复，车下缚也。”《集解》引虞云:“坤为车为腹，腹或作輹。”(惠氏曰:“腹，古文輹。”《大壮》“壮于大舆之輹”,《释文》:“本又作辐。”) 案:《释文》“輹”下引马云："车下缚也。"郑云："伏菟。"《说文》曰："轐，车伏兔也。"是与輹为二物。《考工记》郑司农注："轐，伏兔也。"疏云："伏兔，汉时名，今人谓之车屐是也。"《释名》云："輹似人屐，伏菟在轴上，似之。"又曰："輹伏于轴上。"《易》疏引郑注云："谓舆下缚木，与轴相连钩心之木。"是以轐、輹为一。《说文》："辐，轮轑也。"《老子》云："三十辐共一毂。"辐非可脱之物。今本作辐，传写之讹。项氏安世曰："辐以利轮之转，輹以利轴之转。然辐无说理，必轮破毂裂而后可说。若輹，则有说时，车不行则说之矣。《大畜》《大壮》皆作輹字。"顾氏曰："《左传》僖十五年'车说其輹'，注：'輹，车下缚也。'《正义》引《子夏传》云：'輹，车下伏兔也。'今人谓之车屐，形如伏兔，以绳缚于轴，因名缚也。"熊朋来云："輹谓輈上伏兔。《考工记》'輈人为輈，自伏兔至轨七寸'，即此輹也。故《易》亦云'说輹'。"段氏曰："《说文》轐、輹迥然二物。戴东原氏以轐、輹实一字，其下有革以缚于轴。按，马说与许合，其非轐明矣。"（富孙又案：《说文》："轛，车伏兔下革也。读若闵。"盖伏兔本在舆底，以叉衔轴，则舆不动。其形似屐，伏兔下有革以缚之。《广雅》："轛，伏兔也。"据许书，伏兔名轐，缚轴为輹，其革名轛，故轛字厕于轐与轴輹之间。是许分析言之，其实即为一事，故诸家多统言之，惠氏士奇谓輹与轐通，戴氏以轐、輹为一字，江氏永以伏兔又名輹。段氏必析为二，不知其所缚者即伏兔，皆袭旧说而未悟也。桂氏馥妄谓郑本作轐，尤非。）

血去惕出

《释文》："血，马云：'当作恤，忧也'。"案：恤与血字形本相似，马意作恤，与惕同义。惠氏曰："古文恤作血。"

有孚挛如

《释文》云："挛，《子夏传》作恋，云：'思也。'" 案：《说文》云："挛，系也。" 心部无恋字。女部"娈"训"慕"，即今之"恋"字。《汉·外戚传》云："上所以挛挛顾念。" 读与"恋"同。挛、恋形声相近，义亦通。惠氏曰："《隶释·汉唐公防碑》（案，碑云'妻子挛家'）及《景君碑》（碑云'路遐挛亲'）皆以挛为恋，知古文恋字作挛也。"（富孙案：汉隶于同音之字往往任意通用，此六书假借，非必尽合古文。洪氏适曰："汉人简质，字相近者辄用之。"）

尚德载

晁氏《易》云："德，《子夏传》、京、虞作得。"（《剥》"君子得舆"，《释文》："得，京、董作德。"《集解》引虞同。《升》"君子以顺德"，《释文》："姚本作得。"）案：《说文》云："德，升也。"《周礼·大卜》"三曰咸陟"注云："陟之言得，读如'王德翟人'之德。""陟"训为"得"，读如"德"，与《说文》义同。盖古不以"德"为道悳字。《乐记》云："德者，得也。" 故德与得经传多通用。钱氏曰："古文德与得通。"《公羊传》"登来之也"，齐人语以得为登，登与升同义。

月幾望

《释文》云："幾，《子夏传》作近。" 晁氏《易》引京、刘、一行本同。（《归妹》"月幾望"，《释文》："幾，荀作既。"《中孚》"月幾望"，《释文》："京作近，荀作既。" 晁氏云："孟、一行作既。孟云：'十六日也。'"）案：《释诂》云："幾，近也。"《诗》郑笺、《礼记》注、《左传》杜注、《国语》韦注、《史记》索隐、《汉书》颜注皆训"幾"为"近"，是文异而义同。古文又读"近"为"既"，《诗》"往近王舅"郑笺读"近"如"彼记之子"之"记"。（《释文》："近，音记。"）幾、既亦声之转。（惠氏曰："《毛传》：近，已也。近，音近既。'既'有'已'义，故读从之。毛居正《六经正误》以'往近王舅''近'即《说文》'辺'字。"）顾氏曰："古书近、幾同为一字。"

不咥人

《文选·西征赋》注引郑本作"噬"，云"啮也"。案：《赋》云："履虎尾而不噬"，是从郑本。噬、咥声相近，义同。（《集解》引荀注"亨"下有"利贞"，惠校本据增。）

履帝位而不疚

《释文》云："疚，陆作疾。"案：《说文》云："疾，病也。"疒部不载疚字。（宀部："灾，贫病也。"）《曲礼》注云："忧，或为疚。"《释文》："疾本又作疚。"二字义并通。

跛能履

《释文》云："跛，依字作彼。"（旧作破，误。）案：《说文》云："跛，行不正也。""彼，蹇也。"二字义异。依上文"眇"字当作"彼"，"跛"为假字。钱氏曰："《说文》'彼'，即'跛能履'之跛。"

愬愬终吉

《说文》虎部引作"虩虩"，云恐惧也。《释文》马本同。（《震》"震来虩虩"，《释文》："荀作愬愬。"）案：《说文》"愬"为"诉"或字。虩，一曰蝇虎。《吕览·慎大》引作"愬愬，履虎尾"，高诱曰："愬，读如虩。"盖古书假借，本无其字，依声托事，故诸家所从多不同。《子夏传》作"愬愬"，云恐惧貌。马、郑用费氏《易》，许用孟氏《易》，其字虽异，而训皆同。虩、愬声相近，以依声假字，故得并通。

视履考祥

《释文》云："祥，本亦作详。"（《大壮》"不详也"，《释文》："详，郑、王肃作祥，善也。”《集解》本、足利本同。）晁氏《易》云：“郑、荀作详。荀云：‘审也。’”《丙子学易编》云：“古本或作详。”案：《书·吕刑》“告尔祥刑”，《后汉·刘恺传》引作“详刑”。《周礼》注（《大宰》《大司寇》）引《书》度作“详刑”。《孟子》“申详”，《檀弓》作“申祥”。《左传》成十六年《正义》云：“详，祥也。”古字祥、详多通用。徐氏锴曰：“祥之言详也。天欲降以祸福，先以吉凶之兆。详，审告悟之也。”（案：虞并训祥为“善”，郑、王亦同。是与详、审义异。）惠氏曰：“古祥字皆作详。石经《尚书》及《左传》《公羊》犹然。”段氏曰：“详，经传多假为祥字。”

后以财成天地之道

《释文》云：“财，荀作裁。”《汉·律历志》同，荀悦《汉纪》（七）引作“君子裁成，辅相天地之宜”。（《系辞》“化而裁之”，《释文》：“裁本又作财。”《集解》引翟同。）案：《说文》云：“财，人所宝也。”“裁，制衣也。”郑氏《易》注云：“财，节也。”与《释言》“财，节也”训同。财、裁古今字。《史》《汉》二字并通用。《释言》疏引此云：“裁、财音义同，然财为假字。”（虞注如字解）荀悦所引，当是以意省改耳。

以其彙

《释文》云：“彙，古文作蒷。董作夤，出也。郑云：‘勤也’。（庐氏曰：‘《音训》云：董作蒷，出也。郑作夤，勤也。’今本似有脱文。）傅氏云：‘彙，古伟字，美也。’”案：《释兽》：“彙（《说文》作𢑥），毛刺。”《释文》云：“彙本亦作㣇。”则㣇与彙通。《释诂》曰：“谓，勤也。”《释木》“谓榇”，《释文》云：“谓，舍人本作彙。同。”是彙、谓亦通，故郑训为“勤”。（邵氏晋涵以《释诂》簹当作蒷，为古文彙，恐非。）“夤”与“彙”字形相似，傅氏以为古“伟”字，其声近也。

盖诸家师承各异，而文义亦因不同。惠氏曰："彙当从古文。"（何氏曰："古文作蒷，从艸，可知𠦪字溷而为彙。"江氏声曰："据《类篇》，当云古文作𠦪。"）段氏曰："《说文》：𠦪，草木𠦪孛之貌。蒷即𠦪之异者，彙则假借字也。"又曰："彙，彙虫也，俗作蝟。"郑注："彙，勤也。"以为"谓"之假借也。王弼云："类也。"以为"会"之叚借也。

征吉

足利古本"征"作"往"。（《损》"利贞征凶"，《震》"矍矍征凶"，古本同。）案：《诗》"征以中垢"，《韩诗外传》作"往"，二字形相似，义尚通。

包荒

《说文》川部引作"包巟"，云"水广也"。《释文》云："荒，本亦作巟，音同。郑读为康，云虚也。"（晁氏"虚"引作"大"。）晁氏《易》云："字书又作㠩。"（象数无田秽之荒。今人犹有水巟之语。其失自王弼始。）案：虞翻曰："在中称包巟，大川也。失位变得正，体坎。坎为大川。"（惠校本经文改作"巟"。）虞氏世传孟氏《易》，故与《说文》合。翟元曰："荒，虚也。"与郑同。《释诂》："漮，虚也。"《释文》："郭云本或作荒，荒亦邱墟之空无。"郭注引《方言》："漮之言空也。"《诗》"酌彼康爵"笺云："康，空也。"漮、康二字音义同，而荒与康亦通。《集韵》："㠩与巟同。此俗体。"惠氏曰："《谷梁传》云，四谷不升谓之康。康是虚荒之名，其义同也。"

无平不陂

王逸《离骚》注引作"不颇"。案：《书》"无偏无陂"，《吕览·贵公》《史记·宋世家》并引作"颇"。《释文》云："旧本作颇，至唐明皇始改颇为陂。"是王逸所据亦当为古文。惠氏曰："是古《易》本作颇，故《释文》又音破河反。”

勿恤

《说文》目部引作“勿邮”。案:《说文》恤、邮并训“忧”，音义皆同。段氏曰:“古书多用邮字，后人多改为恤。疑古只有邮，恤其或体。”

象曰无往不复

《释文》作“无平不陂”，云“一本作‘无往不复’”。足利古本“一”上有“无平不陂”四字。晁氏《易》引宋衷同。案：定本作“无平不陂”，依上爻辞当从之。宋衷本并有二句，亦通。

六四翩翩

《释文》作“篇篇”，云:“《子夏传》作翩翩，向本同，古文作偏偏。”案:《子夏传》云:“翩翩，轻举貌。”《诗》“旟旐有翩”，《释文》云:“本亦作偏。”偏、篇皆以同音通用。王弼本当作“篇篇”，故《释文》从之。(《序录》云以王为主）今本乃依《子夏传》也。(虞本同。)

城复于隍

《释文》云:“隍，子夏作堭，姚信作湟。”晁氏《易》云:“古文作皇。”案:《说文》云:“隍，城池也。有水曰池，无水曰隍。”引《易》文同。《广雅》:“堭，壂也。”《文选·七发》注云:“湟，城池也。”堭、湟是别体字。皇，省文。(何氏曰:“古用谐声字，多只用偏旁，盖从省也。”)

不可荣以禄

《集解》引虞作“营”，云:“营或作荣。”案:《汉书·叙传》云:“不营不拔。”应劭注引《易》与今本同。汉《度尚碑》云:“匪禄是荣。”《娄寿碑》云:“不可荣以禄。”(或引作营)《费凤碑》:“不营荣禄。”是汉时二字互异。虞传孟氏《易》则作“荣”，为费《易》，皆以音同形似而易杂尔。

畴离祉

《释文》云：“畴，郑作古𠷎字。”案：《释诂》曰：“畴，谁也。”郭注引《易》同。《释文》云：“畴，本又作𠷎。”《说文》：“𠷎（今本作𠷎，误。），谁也，从𠷎，为古文畴。”（畴，隶体，《说文》本作“𠷎”。）是郑作“𠷎”与《说文》合。𠷎、畴古今字。王逸《楚词注》云：“二人为匹，四人为畴。”《国策》高注、《汉书》韦注皆云：“畴，类也。”故《疏》云“谓畴匹”，此𠷎字引伸之义。

易经异文释二（泰卦至离卦）

嘉兴李富孙芗沚 著

乘其墉

《释文》云：“墉，郑作庸。”晁氏《易》云：“庸，古文。”案：《诗》“以作尔庸”，《毛传》云：“庸，城也。王制，附于诸侯曰附庸。”《正义》亦云：“庸，城也。”《说文》：“墉，古文作𩫏。”此作“庸”，古字从省。（《书大传》“天子贲庸”注云：“墙谓之庸。”亦从省。）

大车以载

《释文》云：“车，蜀才作舆。”晁氏《易》云：“《子夏传》作舆。”（《贲》“舍车而徒”，《释文》：“车，郑、张本作舆。”《剥》“君子得舆”，《释文》：“董作车。”《集解》引虞云：“坤为车。”《大壮》“壮于大舆之輹”，《集解》引虞作“车”。《困》“困于金车”，《释文》：“本亦作舆。”

《说卦》“其于舆也”，虞亦作“车”。）案：《诗》“我出我车”，《荀子大略》引作“我舆”；“出车彭彭”，《史记·匈奴传》引作“出舆”。《论语》“在舆”，《汉·律历志》作“车”，“夫执舆者为谁”，汉石经作“执车”。古“车”读如“居”，后转读尺奢反，非古音也。（《释文》云后汉时始有居音，非是。）车、舆声转义同，经传多通用。（《大畜》“舆说輹”，《释文》：“舆本或作轝。”案：《吕览·慎大》“武王未下轝”、《封禅书》“乘轝”，皆作此字，是又“舆”之别体。惠氏曰：“轝、舆，古今字。”）

公用亨于天子

《释文》云：“亨，许庚反，通也。众家并香两反。京云献也，干云享宴也，姚云享祀也。”（《随》“王用亨于西山”，《释文》：“亨，许庚反。陆许两反，云祭也。”晁氏《易》云：“京、虞、陆、一行作享。”《益》“王用享于帝”，《释文》：“享，王廙许庚反。”《升》“王用享于岐山”，《释文》：“亨，许庚反。〔荀、崔同〕马、郑、陆、王肃许两反，马云‘祭也’，郑云‘献也’。”《鼎》“亨饪也”，《释文》：“亨本又作亯，同普庚反，煮也。”）案：《说文》云：“亯，献也。篆文作亭。”是亯为籀古文，旧音许两、普庚、许庚三切，后隶从亭变作亨。古亨通之亨、享献之享、烹饪之烹，皆只作亨字，故诸家各从所读释之。项氏曰：“《大有》《随》《益》《升》皆言‘用亨’。古文亨即享字，今独益作享。读者俗师不识古字，独于‘享帝’不敢作‘亨帝’也。”段氏曰：“据元应书，亯者籀文，小篆作亭，故隶书作亨。作享，小篆之变也。”

匪其彭

《释文》云：“彭，子夏作旁，虞作尫。姚信云：‘彭，旁。’徐音同。”（朱本、钱本、徐皆作俗，《音训》引同，不误。）《集解》引虞云：

"尫或作彭。（惠校本经文改尫作为。）作旁声，字之误。"案：《说文》云："彭，鼓声也。"《玉篇》云："盛也。"引申为凡壮盛之义。故干云："彭亨，骄满貌。"王肃云："壮也。"旁、彭，声相近字。《诗》"四牡彭彭"，《说文》引作"騯騯"。"百两彭彭"，汉《司马季德碑》作"旁旁"，是彭、旁古通用。（《诗》"驷介旁旁"，王云："强也。""驷騵彭彭"，笺云："马又强。"训义同。）王弼注云："常匪其旁，旁谓三。"则亦作"旁"。《正义》本作"彭"，仍训"旁"尔。（段氏曰："《诗》'出车彭彭''四牡彭彭'即《郑风》'驷介旁旁'之异文。"）虞作"尫"，别为一义，或是孟《易》。

明辩晳也

《释文》云："晳，王廙作晣（旧作'晰'，误。），同音。又作哲字。郑本作遰，云：读如'明星晢晢'。陆本作逝，虞本作折。"《集解》本（惠校本改"折"）、唐石经作"晢"。（今俗本作"晳"，误。）晁氏《易》云："徐、李、刘遵作晢。"案：《说文》云："晢，昭晢，明也。"《洪范》"明作晢"（今本作"哲"），郑注曰："君视明，臣昭晢。"晢本从日，谓日之光。人之明晢亦同义，故又作哲。王廙作"晣"，即移日于左旁耳。虞又从省作折。郑作"遰"，仍读如"晢"，义同。陆作"逝"，《说文》："逝，往也。""遰，去也。"《夏小正》注："遰训往。"则"逝"与"遰"亦通。

谦

《释文》云："谦，子夏作嗛，云：嗛，谦也。"案：《说文》云："嗛，口有所衔也。"与谦字义别。《汉·艺文志》云："《易》之嗛嗛。"师古曰："嗛与谦同。"《司马相如传》注、《文选·魏都赋》注并云："嗛，古谦字。"《汗简》云："《史记·乐书》及冯焕残碑皆以嗛为谦，此并通借字。”（晁氏曰篆无嗛字，非。惠氏《易述》作“嗛”，云乾上之三盈为嗛，在人为谦。）钱氏曰：“古书言旁字与口旁字往往相通，故谦或为嗛。”（李阳冰书《谦》卦谦字凡二十见，无一同者。）段氏曰：“嗛，叚借为歉字。商铭‘嗛嗛之食’‘嗛嗛之德’是也。亦叚借为谦字，如《子夏传》《汉书》谦卦作嗛是也。”

天道亏盈而益谦

《释文》云：“亏，马本作毁。”《说苑》引同。案：《释诂》云：“亏，毁也。”《说苑》作“毁”，是古本有作“毁”，音近而义同。

鬼神害盈而福谦

《释文》云：“福，京本作富。”案：《郊特牲》曰：“富也者，福也。”《诗·瞻卬》传云：“富，福也。”《召旻》笺亦训富为福。《释名》又云：“福，富也，其中多品如富者也。”福、富，声之转，义同。《刘修碑》云：“鬼神富谦。”当亦从京《易》本。

君子以裒多益寡

《释文》云：“裒，郑、荀、董、蜀才作捊，云取也。字书作掊，《广雅》云：‘掊，减。’”《玉篇》手部引作“掊”，云“犹减也”。本亦作裒，唐石经作褎。案：《释诂》：“裒，聚也。”《释文》云：“古字作褎，本或作捊。”《说文》云：“捊，引取也。”（段氏本“取”作“坚”，云：“裒者，捊之俗。”）“掊，杷也。”掊、捊声相近。裒聚与掊减，义虽异而理并通。钱氏曰：“《说文》无裒字，捊即‘裒多益寡’之裒。褎从衣从采。采与孚同。”则褎亦与捊通。又曰：“褎之为裒，亦隶体之变。”（富孙案：《造桥碑》云：“一以裒贤君。”此以裒为褎。顾氏谓石经误作褎，未尽然。）

扐谦

《释文》云:“扐，义与麾同。郑读为宣。”晁氏《易》云:“京房作挥。”《义海撮要》《汉上易》引同。案:《说文》云:“扐，一曰手指扐也。”“麾，旌旗所以指麾也。”《后汉·刘盆子传》注云:“扐与麾同。”京作“挥”。《淮南·览冥》注云:“扐，挥也。”《乾文言》王肃注云:“挥，散也。”是义亦同。郑读为“宣”，当取显著之义。《韩诗》“赫兮宣兮”云:“宣，显也。”《毛诗》作“咺”，亦云“威仪容止宣著也”。段氏曰:“扐谦者，溥散其谦，无所往而不用谦。”是挥与扐义通。

利用侵伐

《释文》云:“侵，王廙作寝。”案:《说文》寑，籒文作𡩟，與𠈈字形相似易淆，义亦可通。

而四时不忒

《释文》云:“忒，京作貣。”（旧本作“贷”。）案:《说文》云:“忕，失常也，”“忒，更也。”（段氏曰:“左部：差，忒也。凡有过失改，常谓之忒。本无忕字，此浅人妄增。”）貣，从人求物也。二字义异。《洪范》“衍忒”，《宋世家》引作“貣”，《管子》书皆以“貣”为“忒”，此同音叚借字。

殷荐之上帝以配祖考

《释文》云:“殷，京作隐。荐，本又作薦，同。”（《观》“盥而不荐”，《释文》:“本又作廌，同。”）或作廌，非。《汉·艺文志》“配”引作“享”。案:《诗》“如有隐忧”，《文选》注引《韩诗》作“殷忧”。汉《刘熊碑》云:“勤恤民殷。”此以殷为隐。《汉·扬雄传》注师古曰:“殷读曰隐。”殷、隐，声之转。《说文》“薦”今作“荐”，是隶体。“配”作“享”，文异而义通。

介于石

《释文》云:“介，古文作砎。郑云:‘谓磨砎也。’马作扴，云触小石声。”(《系辞》“介于石”,《释文》:“众家作砎，徐云、王廙古黠反。”)《白虎通·谏诤》引作“介如石”。案:《晋·桓温传》云:“砎如石焉。”《伏滔传》:“得之于砎石。”《孔坦书》云:“砎石之易悟。”《宋·谢晦传》:“非砎石之圜照。”此皆从古文。《说文》:“扴，刮也。”《广韵》云:“扴者，揩扴物也。”是与“磨砎”义略同。《白虎通》所引当涉《系辞》之文。段氏曰:“扴于石，谓摩磢于石也。”

盱豫

《释文》云:“盱，子夏作纡，京作汙，姚作盱，云日始出。引《诗》‘盱日始旦’。”晁氏《易》云:“陆绩作纡。”案:向秀云:“睢盱，小人喜悦之貌。”王肃云:“盱，大也。”郑云:“夸也。”王弼亦曰:“睢，盱。”此并从目旁。《释诂》:“訏，大也。”《释文》云:“訏，本又作盱。”郑义略同。子夏、诸家本皆以声转形似而异。

由豫

《释文》云:“由，马作犹，云:‘犹豫，疑也。’”案:郑云:“由，用也。”《荀子·富国》注云:“由与犹同。”犹、由古多通用，惟文异而训有不同。(《楚辞·惜贤》注:“由由，犹豫也。”是义亦通。)

朋盍簪

《释文》云:“簪，徐侧林反,《子夏传》同，疾也。郑云:‘速也。’王肃又祖感反。古文作貣。京作撍，马作臧，荀作宗，虞作戠。戠，从合也。(从合,《集解》作聚会，字形相杂。)蜀才本依京义从郑。”《集解》引虞云:“坤为盍。盍(惠校本改作戠，经文同。)，聚会也。簪(惠改作戠)，旧读作撍、作宗。”案:《子夏传》“簪”训“疾”(王弼同），郑义相同。《释诂》:“寁，速也。”《释文》云:“本或作疌。”《说文》:“疌，疾也。”张揖《古今字诂》廜作撍。《埤苍》云:“撍，疾也。”撍与簪同音，字形亦相似。（簪、撍、寁又皆读子感切。）陆希声曰:“撍，今捷字。”（捷本《说文》疌字）王洙谓即《诗》“不寁”字。此并异字而同义。古文作貣，未详。臧、宗、戠皆声相近。（钱氏坫曰:“宗为臧，是声转。”）惟侯果始训为“冠簪”，《说文》云:“兂，首笄也。俗作簪。”晁氏云:“古者礼冠未有簪名。然后人多从之。”（何氏楷云:“《盐铁论》‘神禹治水遗簪不顾’，非簪而何？然此亦汉时之书。三《礼》有笄无簪也。”）盖师读既异而义亦各不同。惠氏曰:“簪本作兂，经传皆作笄。汉时始有簪名，侯氏之说非也。”（又曰:“坤为土，坎为水，一阳倡而众阴应，若水土之相黏着，故云朋盍戠。王弼从京本讹为‘簪’，后人又训为固冠之簪。”）《礼说》曰:“戠与得协韵，当从虞义。”段氏曰:“古经无簪字。郑云速也，实寁之假借字。”寁、廜、撍同字，廜即寁，古宀、广通用。盖《古今字诂》今字作廜，古字作撍也。戠当以音为声，故与朁声、疌声为伍。经文之簪，古无释为笄者。《士丧礼》注:“簪，连也。”然则此为鐕之叚借。经典此二字外无言“簪”者。

冥豫

《释文》云:“冥，郑读为鸣。”案:郑读与初同。鸣、冥声相近。

大亨贞

《释文》云:“本又作‘大亨利贞’。”足利古本有“利”字。案:荀注作“利贞”，辅嗣注云:“故大通利贞，乃得无咎。”是元本当有“利”字。

而天下随时随时之义大矣哉

《释文》云："'随时'，王肃本作'随之'，'随时之义'作'随之时义'。"晁氏《易》上句引陆绩与王同。案：之、时声之转，义并通。王作"随之时义"，是与别卦传言"时义"文同。（晁氏曰："王肃得之。"）项氏曰："据王肃本，则上'时'字为声之误，下'时'字为字之倒也。"或曰古"时"字从"㞢"，故之、时二字易杂，然则皆字之误也。

君子以嚮晦入宴息

《释文》云："嚮，本又作向，王肃本作鄉。"《文选·西都赋》注引同。案：《说文》云："向，北出牖也。"《释名》曰："鄉，向也，众所向也。"汉时向多作鄉，故经传皆假鄉字为之。嚮，俗体。

官有渝

《释文》云："官，蜀才本作馆。"案：官、馆一声之转。正义曰："官谓执掌之职。"是与管义相近。惠氏曰："官，本古文馆。《穆天子传》云：'官人陈牲。'《聘礼》：'管人布幕于寝门外。'郑注云：'管犹馆也。'古文管作官。"

位正中也

《释文》云："一本作'中正'。"案：依九四、上九，《象传》当作"正中"，与凶、功、穷音协。

君子振民育德

《释文》云："育，王肃作毓，古育字。"《文选》注（《皇太子释奠会作诗》《辩命论》《孝武宣贵妃诔》）并引作"毓"。案：《说文》育或从每作毓，则以毓为古文，非是。晁氏误同。

位当也

《释文》云：“本或作‘当位实’，非。”《集解》本作“当位实”。（惠校本改作“位当”，荀注同。）案：陆氏以“位当”与上“当长”音协，故言“当位实”为非。然古读“实”如“至”，与下“谓内”亦协。《杂记》“某不禄使某实”注云：“实当为至。”此周秦之人声之误也。顾氏云：“实读去声，则神至反。”据荀、虞注，皆作“当位实也”。惠氏曰：“阳为实，四正，故当位应初，故云实。”（《易述》作“当位实”。）

盥而不荐

《释文》云：“不荐，王肃本作‘观荐’。”（宋本作“而不观荐”，雅雨本、卢本同。）晁氏《易》引同。案：辅嗣注云：“至荐，简略不足观。”引《论语》“既灌而往，吾不欲观”为证。此本马融说，虞义亦同。《正义》本王注作“不观荐”。（《集解》引无观字。）则《释文》所引王肃本当有“不”字，今误脱耳。

观天之神道

唐石经“神道”下旁注“日月不过”四字。案：诸家本无此四字。此依《豫》卦旁增，非是。钱氏曰：“石本增加字，皆北宋人所作。”

闚观

《释文》云：“闚，本亦作窥。”（《丰》“闚其户”，《说文·新坿》引作窥。）案：《说文》云：“闚，闪也。”“窥，小视也。”义略异。《礼运》释文云：“窥，本作闚。”今二字多通用。

尚宾也

晁氏《易》云：“尚，京、陆绩作上。”（《小过》“已上也”，《释文》：“上，郑作尚，云庶几也。”）案：《仪礼·乡射礼》注云：“今文上作尚。”《觐礼》注：“古文尚为上。”则“上”为古文，“尚”今文。经典上、尚二字通用。

雷电噬嗑

《玩辞》引汉石经作“电雷”。(张氏清子引同)案：晁公武云：“六十四卦、《大象》无倒置者。”程、朱说同。据宋衷、侯果俱作“雷电”。宋在后汉时，亦不与石经同。

先王以明罚勑法

《释文》云：“勑，此俗字。《字林》作勅。郑云：‘勑(《音训》引作敕)，犹理也，一曰整也。’”《汉·艺文志》引作“饬法”，《叙传》注引作“敕”。案：《说文》云：“敕，诫也。”“饬，致坚也，读若敕。”“勑，劳也。”无勅字。《释诂》曰：“敕，劳也。”郭注云：“以相约敕，亦为劳。”《释文》：“敕本又作饬。”《说文》《字林》来旁作力，是“劳来”之字。朿旁作攴，是始音丑力反。(下劳来，勤也。《释文》：“来本又作勑，力代反，或作赉。”)《五帝本纪》：“信饬百官。”徐广曰：“饬，古勑字。”《汉·高后纪》：“匡饬天下。”师古曰：“饬读与勑同。”(《武帝纪》注：勑作敕。《史》《汉》多作饬字。)据许书，“饬”与“敕”义略相近，“读若”字亦可通用。郑云“犹理”，与饬义同。后人当以《尔雅》“敕”训“劳”，因改“敕”为“勑”，误也。沿袭既久，莫能订正。(毛氏《六经正误》云：“勑法，监本误作敕，旧作勑。是转以敕为误，甚缪。”)顾氏曰：“勑者，自上命下之辞。《前汉》皆作敕，《后汉书》始变为勑。”《五经文字》云：“敕，古勑字，今相承皆作勑。”张氏弨曰：“敕初讹作勅，再讹作勑，则为洛代切之别一字矣。”惠氏曰：“古字省，多借饬为敕，或作饰。”(谢氏墉曰：“饰与饬、勅古皆通用。勑音赉。然汉已来亦即作勅字用。”)

屦校灭趾

足利古本“屦”作“履”。(《象》《系辞》同宋本，亦作履。)《释文》“趾”作“止”，云:“本亦作趾，足也。”(《系辞》同。《贲》“贲其趾”,《释文》:“趾一本作止。”《夬》“壮于前趾”、《艮》“艮其趾”,《释文》并云“荀作止”。) 案:《列子·黄帝·释文》云:“屦一作履。”文义虽通，此当以字形相乱。《诗》“四之日举趾”,《汉·食货志》引作“举止”。《士昏礼》“北止”注云:“止，足也。古文止为趾。”《说文》云:“止，下基也。象草木出有址，故以止为足。”后人增加足旁。足部无趾字。晁氏曰:“止，古文。”

不行也

《释文》云:“本或作‘止不行也’。”案：疏云“小惩大诫，故罪过止息不行也”，是《正义》本当有“止”字。

噬干胏

《说文》肉部引作“干𩚬”，云“食所遗也”。扬雄说:“从𠂔作胏。”《释文》云:“胏，子夏作脯。荀、董同。”《初学记》(廿六)、《太平御览》(八百六十二)引王肃说作“脯”，云“骨在干肉，脯之象”。案:《说文》作“𩚬”，孟氏《易》当如此。扬雄说当本《训纂篇》。《字林》云:“含(庐本改𩚬)，食所遗也。”此从许义。马云:“有骨谓之胏。”《广雅》:“胏，脯也。”是与脯义通。惟郑云:“胏，箦也。”其义为异。(段氏曰:“郑假胏为笫。”)

何校灭耳

《释文》云:“何，本亦作荷。王肃云:‘荷，担。’”(《大畜》“何天之衢”、《文选·鲁灵光殿赋》作“荷”，注引郑义同。) 足利古本作“荷”。(《象》《系辞》同。) 案:《诗》“百禄是何”,《左氏》隐三年传引作“荷”。《说文》:“何，儋也。”俗通假作“荷”，何、荷古今字。

贲

《释文》:“傅氏云:‘贲，古斑字，文章貌。’郑云:变也，文饰之貌。”案:《京易传》曰:“五色不成谓之贲，文彩杂也。”《吕览·壹行》注云:“贲，色不纯也。”《说文》:“辬，驳文也。”《广韵》云:“辬，同斑。”(《说文》玨部别无斑字)是皆有驳杂之义(《广雅》:“辬，文也。”)。故古或以贲为斑字，贲、斑又声相近(高诱、曹宪“贲”皆读“奔”。)，王肃读符文反，亦同。惠氏谓傅氏以贲为斑，未闻其说，殆未审音近义同之旨也。

君子以明庶政

《释文》云:“明，蜀才本作命。”(《下系》“系辞焉而命之”,《释文》:“命，孟作明。”)案:《淮南·俶真》云:“命得性而后明。”明、命声之转，字亦相通。

义弗乘也

晁氏《易》云:“弗，郑、王作不。”案:《士昏礼记》注云:“古文弗为不。”《公羊》僖廿六年传注云:“弗者，不之深者也。”古书二字多通用，亦声相近。(段氏曰:“弗与不，音义皆殊，不轻弗重。俗韵书谓不同弗，非是。”)

贲如须如

晁氏《易》云:“需，今文作嬬，贱妾也。”(《归妹》“归妹以须”,《释文》:“须，荀、陆作嬬。陆云:‘妾也。’”晁氏《易》云:“《子夏传》、孟、京作𡠳，云:‘媵之妾也。’古文作须。一行云:‘须，亦贱女也。’与《贲》同。”)案:辅嗣注:“须，如字。”(《归妹》训待)嬬与须音同，据诸家说，是须为假借字。《说文》:“嬬，一曰下妻也。”故荀、陆训为“妄”。媽，即嬬之隶变。

贲如皤如

《释文》云：“皤，郑陆作蹯。（旧作燔，误。王氏、郑易同。）音烦。荀作波。”案：《檀弓》疏引郑注云：“四欲饰以适初，进退未定，故蹯如。”（旧本蹯作皤，非。）皤一读如“波”，故荀假作“波”。董音槃，云“马作足横行曰皤”，义与郑略同，声亦相近。顾氏曰：“案：此句与下翰如为韵，当从郑、陆为是。蔡邕《述行赋》‘乘马蹯而不进兮，心郁悒而愤思’，即此字。”

贲于丘园束帛戋戋

《释文》云：“贲，黄本作世。戋戋，《子夏传》作残残。”案：世，小篆作丗，与冉形相似，或“贲”省脱下“贝”之讹。（卢氏曰：“世字难晓，或贯字之讹。”非。）《考工记·鲍人》注《释文》云：“戋，依字才丹反，马融音浅，干宝为残，与《周易》‘戋戋’之字同。”《周礼》注“残余”字本多作“戋”，虞注戋亦读为“残”（《释文》音同）。《说文》云：“戋，贼也。”徐锴曰：“兵多则残也。”是“戋”本有“残”义。《槁人》注《释文》云：“戋本亦作残。”故并音昨干切。（汉《胶东令王君庙门碑》“束帛有琖”，此又通为戋字。）段氏曰：“戋与残，音义皆同。”子夏作“残残”，是殉余之意也。（富孙案：马、虞云“委积貌”，是断残而多之义。）

蔑贞凶

《释文》云：“蔑，荀作灭。”案：《释文》云“蔑犹削也”（本王注），楚俗有“削蔑”之言。马云：“无也。”《集解》引虞云（惠校本作“卢氏”）：“蔑，灭也。”《文选·邻里相送方山诗》“音尘慰寂蔑”注云：“蔑一作灭。”是灭与蔑音义同。段氏曰：“《说文》：‘懱，轻易也。’谓轻易人蔑视之也。”郑云轻慢，此谓即“懱”之叚借也。

剥之无咎

《释文》作“剥无咎”，云：“一本作‘剥之’，非。”晁氏《易》云：“京、刘、荀爽、一行皆无‘之’字。”案：古本当无“之”字，与“讼元吉”“无妄往吉”一例。以“之”字连下“无咎”读，爻无此例。绎辅嗣注似亦同。唐石经作“剥之”，依今《正义》本也。项氏引《释文》云：“然则有‘之’字者，盖因《小象》‘之’字而误增爻词也。”《小象》设问，剥之所以无咎，则不得不用‘之’字。爻词无问答，何以‘之’为。”

剥床以肤

《释文》云：“肤，京作簠，谓祭器。”案：肤、簠，声之转。京既作簠，故训为祭器。京多言互体，《剥》四爻变，约象为坎，《坎》四言簋、缶，是以此亦取簠象。胡氏铨曰：“《易》于《剥》《坎》取象簠，以精意寓焉。”

朋来

《释文》云：“朋，京作崩。”（旧作萠，讹。）《汉·五行志》引作“崩来”。案：《汉志》引京传云：“自上下者为崩。（京《易》谓《剥》艮上爻反初。）厥应泰山之石颠而下。”《左氏》僖九年传“齐隰朋”，《齐世家》徐广注云：“朋或作崩也。”崩与朋合，音相近。《周礼·士师》“为邦朋”注云：“故书朋作傰。”《管子·幼官》刘绩注云：“傰即朋字。”是崩、朋古通，惟义各异。惠氏曰：“阳极于艮，艮为石，入坤出震，从艮上而反震初，有崩来之象。”

无祇悔

《释文》云：“祇（宋本作衹），辞也。马同，王肃作禔。陆云：

'禔，安也。'九家本作敍字，音支。"唐石经作"祇"。案：祇，郑训"病"，韩训"大"，皆因文生义。京、刘、一行祇训"安"。陆、王作"禔"，是与《坎》五"禔"字同。《广雅》云："敍，多也。"《文选·西京赋》云："炙炮伙清酤敍。"《左传》襄廿九年疏引作"多"，古祇字或作多，故九家作敍。顾氏曰："古人多、祇二字通用。《左传》'多见疏也'，服虔本作祇（今本同），云适也，晋宋杜本作多。《论语》'多见其不知量也'，正义云'古人多、祇同音'。"

频复

《释文》云："频本又作嚬（《巽》频巽，足利古本一作嚬。），嚬眉也。郑作颦（《音训》引作卑），音同。马云：'忧频也。'"案：《说文》云："顮，水厓。人所宾附，顮蹙不前而止。"颦涉水，颦蹙，是频与颦音义相同。嚬，俗字。郑作卑，诸家作频，是皆从颦省借。晁氏曰："卑，古文频字。今文作颦。"（案：颦本从卑声，此借声作卑。）惠氏曰："频，古颦字。"（又曰："训频为蹙，古训也。至后汉末始有"频频"之语，见于《广雅》。先秦诸子之书，独《列子》云"往来之频"，明后人乱之，不足信也。"此见《集解》本评注。）

有灾眚

《释文》作"灾"，云："本又作災，郑作烖。"案：《说文》"烖"或作"灾"，籀文作災，古文作𤆎，此字今鲜用之。

无妄

《史记·春申君传》作"毋望。"正义曰："犹不望而忽至也。"案：毋、无古字通。《释文》云："马、郑、王肃皆云：妄，犹望，谓无所希望也。"《汉·谷永传》："遭无望之卦运。"应劭曰："无妄者，无所望也。万物无所望于天，灾异之最大者也。"此皆从史公谊，以"妄"为

“望”也。(虞训妄为亡，以京说为非。)

天命不祐

《释文》作“佑”，云:“本又作祐。马作右，谓天下不右行。”(《损》“自上祐也”,《释文》:“祐本亦作佑。”《系辞》“可与祐神矣”,《释文》:“祐，荀作侑。”《下系》“自天祐之”,《释文》:“本亦作佑。”)案：今“佐佑”字古只作“左右”(古左右作“𠂇又”。)。《说文》祐、右并云“助也”，二字音义同。虞训“助”，以马说为非。《汉·李寻传》颜注云:“右读曰祐。”但师承既异，而文义亦因之。《周礼·太祝》注云:“右读为侑。”《有司彻》注云:“古文右作侑。”故荀《系辞传》又作“侑”。(惠氏士奇曰:“右与祐通，义与侑同。虞翻云:‘口助称祐。礼器所谓诏侑者，非口助而何?’则祐与侑其义同。”栋曰:“荀作侑，谓如祭祀而侑神也。”)

笃实辉光日新其德

《释文》“辉”作“煇”，云:“郑以日新绝句。”《集解》本同。唐石经作“煇”，汉《度尚碑》云“晖光日新”。(《未济》“其晖吉也”,《释文》:“晖又作辉。”)案：煇、辉、晖三字同音，义并通。(《说文》无辉字，此俗体。)《度尚碑》读正与郑合(虞读亦同，惟王弼异。)。惠氏曰:“依此读文理两顺，且叶古音。”

能止健

《集解》引虞作“健止”，云:“旧读言能止健，误。”案：卦乾下艮上，上刚健谓乾，笃实谓艮。是先言下卦，二五并失位。虞云:“二五易位，故大正。”惠氏曰:“《彖传》之例，先下而上，旧读‘止健’，不合彖例。”

君子以多识前言往行

《释文》云:“识，刘作志。”《潜夫论》同。《集解》引虞云:“坎为志。”（惠校本经文改作“志”。）案:《论语》“多见而识之”，《白虎通·礼乐》引作“志贤者识其大者，不贤者识其小者”。《汉·刘歆传》引并作“志”。蔡邕《石经》同。《周礼·保章氏》注云:“志，古文识。”《礼运》注:“志谓识，古文。”《晋语》韦注云:“志，识也。”志、识，古皆通用。《说文》不载志字，当以其即古文“识”也。（今本志字，徐铉所增十九文之一。钱氏曰:“志当是识之重文。后来转写脱去。”）贾氏公彦曰:“古之文字少，志意之‘志’，与记识之‘识’同。后代自有记识之字，不复以志为识。”

良马逐

《释文》云:“郑本作逐逐，云两马走也。姚云:‘逐逐，疾并驱之貌。’”《颜氏家训·书证》引同。案:颜氏又引《左传》“以其良马”二则，是从郑义，古本当如此（《汉·五行志》引京《易传》，与今本同。）。晁氏曰:“王昭素谓当作逐逐。”

曰闲舆卫

《释文》云:“曰，刘云:‘犹言也。’郑人实反，云:‘日习车徒。’”《集解》本作“日”。案:《士丧礼》注云:“古文曰为日。”盖曰、日字形相似。虞云:“离为日。”据义郑读为长。

童牛之牿

《说文》告部引作“僮牛之告”，云:“牛触人（《释文》引脱‘人’字），角箸横木，所以告人也。”《释文》云:“童，《广》《苍》作犝。（《音训》引云:‘《说文》同，当误。今本无此三字。’）刘云:‘童妾也。’”牿，陆云“当作角”，九家作“告”。晁氏《易》云:“郑作角。”案:

《尔雅》“犝牛”，邢疏以为即此“童牛”，无角牛名也。《说文》“犝”为新附字，云“古通用僮”，故许作僮。刘云“童妾”，古二字多相乱。郑志泠刚问作“梏”。《集解》引虞云“牿，(惠校本改作‘告’，经文同。)谓以木楅其角。巽为绳，绳缚小木，横着牛角。”则亦作“梏”解。告、梏、角，皆声相近。《说文》云：“牿，牛马牢也。”刘歆曰：“牿之言角也。”是训从梏义而字作牿，当讹。惠氏曰：“《释名》：牛羊之无角者曰童。童牛无角，是梏施于前足。许、郑二说近之今作牿者，非。”段氏曰：“九家、许、郑、刘、陆不训牢也。如许说，则告即楅衡也。《广韵》告古沃切，音转古到切。”

豮豕之牙

《释文》云：“牙，郑读为互。”案：《周礼》：“牛人共其牛牲之互。”(先郑云：互谓福衡之属。后郑谓互若今屠家县肉格。)徐音牙。《楚茨传》“或陈于互”，《正义》引《周礼》并误作“牙”。《汉·刘向传》云：“宗族盘互。”师古曰：“字或作牙，谓若犬牙相交入之意。”(《谷永传》注同)盖因俗以㸦为互字(唐人书碑互并为㸦)，后转而为牙。陈祥道《礼书》谓互、牙古字通用，其实以形似相乱也。郑读为“互”，当即本先郑之说。

观我朵颐

《释文》云：“朵，京作椯。”(卢本从宋本、钱本作“揣”。云旧从木，讹。《音训》引作“埽”，《集韵》引京同。)晁氏《易》云：“京作埽，与朵同音，动也。”刘亦作“埽”。埽颐，多辨也。案：《说文》云：“朵，树木垂朵朵也。”“椯，箠也。一曰揣度也。”二字义别。《释文》：“朵，动也。郑同。”《玉篇》云：“埽，垂貌。”《集韵》：“埽，动也。一曰垂貌。”朵、埽音同，京、郑并训为“动”，则椯为埽之讹。

椯无垂动义。丁度在北宋时当不误。（钱氏云："《说文》椯即朵颐之朵，亦非。"案:《广韵》:"揣，摇也。""穑，禾垂貌。"并音朵。宋本作"揣"，或本作"穑"，转写误从木。）

颠颐拂经

《释文》云："拂，《子夏传》作弗。云：'辅弼也。'"《玉篇》口部引作咈，云"违也"。晁氏《易》云："刘表、一行作弗，下同。弗，古弼字。"案:《孟子》"法家拂士"赵注云："辅弼之士。"《音义》："拂，音弼。"子夏从省作弗，训为辅弼，亦别一义。《说文》云："拂，过击也。"《书》"拂其耇长"，《说文》引作"咈"，训"违"，与《玉篇》义正同。段氏曰："今《易》作拂，盖误。"

虎视眈眈

《周礼·叙官·大师》注作"虎眡"，疏引同。汉《竹邑侯相张寿碑》作"覞覞虎视"。案:《说文》"视"古文作"眎"，亦作"眡"，《周礼》从古文字。《说文》云："眈，视近而志远。"引《易》作此。"覞，内视也。"是同音通借。钱氏曰："覞与眈，音同而义亦相近。"王辅嗣释"眈眈"以为威而不猛，此碑云"不折其节"，意亦相类也。

其欲逐逐

《释文》云："逐逐，《子夏传》作攸攸。《志林》（旧作《字林》，误。）云：'攸当为逐。'苏林音迪。荀作悠悠，刘作跾，云远也。"《汉书·叙传》作"其欲浟浟"，颜注引《易》同，云："浟浟，欲利之貌。"案："攸"苏林音"迪"，古攸、倐通。《书》"篠簜"，《说文》作"筱簜"。倐从攸声，滌从倐声，盖倐音转为徒历切。（《周礼》"倐狼氏"，杜注倐为滌，《蔡湛颂》"萧滌而云消"，此又以滌为涤。）悠、跾、浟皆从攸得声，故诸家以声近形似而异，其义亦不同。钱氏曰："苏林音攸为迪，迪、逐声相近。”（程氏瑶田曰：“逐字古有滌音。”臧氏曰：“《说文》‘篴，疾也’一训与薛云‘速也’合。‘长也’一训与刘云‘远也’合。”“贪利则欲速而志高远”，此字当从刘表作“篴”。攸、悠皆借用同声字。浟亦攸之俗。可见本不作逐，虞喜说妄也。）

本末弱也

《释文》云：“弱，本亦作溺。并依字读。”案：《书》“导弱水”，《说文》引作“溺水”。是弱本亦作溺，俗“沉溺”字古作休，今溺与弱分为二字矣。（《春秋》昭八年“陈侯溺”，《陈世家》作“弱”，是亦通。）晁氏云：“溺，古文弱字。”

遯世无闷

《释文》云：“遯，本又作遁。”（下经《遯》，《释文》：“字又作逯，又作遁。”“肥遯”，汉碑《老子铭》作“遁”。）案：《说文》云：“遯，逃也。”“遁，迁也。”二字义异。《仪礼》注“逡遁”字，《释文》：“遁，音旬，义与训迁合。”（《匡谬正俗》云：“遁为巡字。”）《玉篇》云：“遁，逃也。”《娄寿碑》“遁世无闷”，此隶字通假用。陆氏《释文》于遯、遁二字亦溷而无辨。《归藏易》遯卦字作逯。《郑烈碑》“逯而不闷”，当为遯之省变。惠氏曰：“遁，读徒困反，非也。古逡巡字皆作逡遁，又作逡循。顾氏炎武论之详矣。”段氏曰：“遁字古音同循，迁延之意。凡逡遁字如此，今之逡巡也。《仪礼》郑注‘用逡遁十有一’。《说文》：‘遁，一曰逃也。’以遁同遯，盖浅人所增。”（富孙案：钱氏曰：“遯与遁，古字通。”亦据后而言。）

枯杨生稊

《释文》云：“枯，郑音姑，谓无姑山榆。稊，郑作荑。荑木更生，音夷，山榆之实。”《后汉·方术·徐登传》注引作“生荑”。（晁氏《易》

云："枯杨生华，郑亦作荑。"）案：《释木》曰："无姑，其实荑。"《周礼·壶涿氏》谓之"牡橭"，杜子春云："橭读为枯。枯，榆木名。"是姑与枯读同，故郑训为"无姑"。（惠氏士奇曰："郑读枯为姑，盖枯即橭之省。俗读为枯槁，失之。"）荑与荑，字亦通。郭注谓"芜荑"。《周礼》"稻人而芟荑之"，先郑引《春秋传》"芟荑蕰崇之"。今《左传》亦作荑。《孟子》"不如荑稗"，《长短经》作"稊"。《文选·风赋》"被荑杨"李善注引《易》云："稊与荑同。"刘琨《劝进表》"生繁华于枯荑"注同。但此与郑义异耳。（《六经正误》云："梯字从木，作稊，误。梯，稚也，本根再生稚条也。从禾者稊稗之稊。"（惠氏《易述》改作梯）朱氏良裘曰："案：石经从禾。《五经文字》曰：稊，秀也，见《易》。《正误》之说，未知何据。"）

习坎

《释文》云："坎，本亦作埳。京、刘作欿，险也，陷也。"案：《玉篇》："埳同坎。"此俗体字。《广雅》云："埳，陷也。欿，窞坑也。"《诗》"坎坎伐轮兮"，汉鲁诗、石经作"欿欿"。《左氏》襄廿六年传"欿用牲，加书"，昭六年传作"坎"（十三年传同）。《说文》："欿，欲得也，读若贪。"则亦为坎之叚字。

天险不可升也

《文选·江赋》注引作"天崄"（下"地险"同）。后周《华岳讼》引作"不可阩"。案：崄当为险之别体。《集韵》："阩，登也。"此亦俗加偏旁字。

王公设险以守其国

《吴志·三嗣主传》注、陆机《辨亡论》引作"王侯"。案：《周礼·弁师》注云："侯，当为公字之误也。"此公、侯二字义皆通。

水洊至

《释文》云:“洊，京作臻。干作荐。”(钱本、雅雨本作“薦”。)《释言》郭注引作“荐”。案:《说文》云:“瀳，水至也，读若尊。”此洊之本字。《释诂》曰:“薦，挚臻也。”《释言》曰:“荐，再也。”《释天》:“仍饥为荐。”《释文》云:“李本作薦。”《诗》“饥馑薦臻”毛训为“重”。疏云:“薦与荐，字异义同。”《春秋繁露》引作“洊臻”。是三字文虽异而义并通。段氏曰:“《广韵》:水荒曰洊。洊者，瀳之异文。荐同洊。”

险且枕

《释文》云:“险，古文及郑、向本作检。郑云:‘木在手曰检，木在首曰枕。’枕，九家作玷，古文作沈。”(《音训》引云:薛同。)晁氏《易》云:“险，按象数当作检枕。干宝作桉(今《集解》引作枕)，安也。”案:检、险，形声相似。枕，九家作玷，亦声之转。或假玷为垫。溺字古文作沈，陆音直林反。《说文》云:“沈，陵上滈水，一曰浊黕也。”经典通为“湛没”字，二义正同。(惠氏曰:“古文是读为沈溺之沈。”)陆绩云:“枕，闲碍险害之貌。”辅嗣注:“枝而不安，同此意。”晁氏引干作“桉”，或字之误。

樽酒

《礼器》注“樽”引作“尊”。案:《说文》云:“尊，酒器也。从酋，廾以奉之。”或从寸作尊。今本作樽，俗字。

纳约自牖

晁氏《易》云:“纳，京、一行作内，云:‘内自约束。’”《集解》引虞云:“坎为纳。”(惠校本改作内，经文同。)《释文》云:“牖，陆作诱。”案:《周礼·钟师》“纳夏”注云:“故书纳作内。”杜子春云:“内当为纳。"《书》"百里赋纳总"，《汉·地理志》作"内总"。盖古纳字皆作内，《史》《汉》犹然。《曲礼》注云："纳，内也。"义同。京、一行则不谓纳字。《诗》"牖民孔易"，《乐记》引作"诱"，《韩诗外传》同。《说文》羑为古文诱字，崔憬云："文王从羑里纳约，卒免于难。"《淮南子》亦作"羑里"。《书大传》《汉·司马迁传》《后汉·史弼传》皆作"牖里"。《诗》正义曰："牖与诱，古字通用。"（《诗·野有死麕》传云："诱，道也。"《版传》云："牖，道也。"是同音通，故字异而义同。）

樽酒簋贰

《释文》无"贰"字，云："一本更有贰字。"《集解》本、唐石经与今本同。案：陆氏从旧读，"尊酒簋"句，"贰用缶"句（晁氏曰："京、刘、虞皆以贰用缶为句。"）。故《象传》无贰字，然以"簋贰"为句义长。何氏曰："贰，副也。谓尊酒而副以簋也。礼：天子大臣出会诸侯，主国尊桮簋副是也。"

祇既平

《说文》示部"祇"引作"禔"，云："安福也。"（晁氏引同。《文选》注、《索隐》并引作"禔，安也"。）《释文》云："祇，郑云当为坻，小邱也。京作禔。"唐石经作"祇"。案：许从孟氏《易》，京房受《易》焦赣。焦尝从孟喜问《易》，故皆作"禔"。陆氏云"安也"，则今《说文》注"福"字当衍。京、许义自不可易。虞训安亦是从禔。郑训为"坻"，以"祇"为"坻"之叚借。唐石经作祇，是从训适之义也。钱氏曰："《史记·韩长孺传》'禔取辱耳'徐广注：'禔一作祇。'"案：《汉书》亦作祇。禔、祇古通用。（富孙案：《史记》当假禔为祇。）段氏曰："京、许同作禔。祇即禔之叚借。"《说文》"缇"或作"衹"，古"氏"与"是"同用，故是声亦从氏声。"祇"与衣部"衹"大别，彼训短衣，从氏声。《唐石经·诗》“衹搅我心”“亦衹以异”，《左传》“衹见疏也”，《论语》“亦衹以异”，及凡训“适”之字，皆从衣氏。《五经文字》衣部：“衹，止移切，适也。”《玉篇》《广韵》同。旧字相承，可据如是。至《集韵》始从示，《类篇》则衹、祇皆训“适”。《韵会》从示之“祇”训“适”，此皆讹也。

繫用徽纆寘于丛棘

《周礼·朝士》注引作“係用徽纆，示于丛棘”。《谷梁》宣二年传注引作“继用”（一本寘亦作示。）。疏云：“《易》本继作係。”（《遯》“係遯”，《释文》：“係本或作繫。”晁氏《易》云：“古文作系。”）《释文》云：“寘，置也。刘作示，言众议于九棘之下也。《子夏传》作湜。姚作寔。寔，置也。张作置。”案：《释诂》曰：“係，继也。”是二字音近义同。《诗》“何彼襛矣”，《小序》《释文》云：“繫，本或作继。”《说文》曰：“係，絜束也。”“繫，系繻也。一曰恶絮。”“系，县也。”三字义各异。今俗係通用繫，或用系，皆非本字。示与寘，古本通。《诗》“示我周行”笺云：“示当作寘，置也。”《中庸》注云：“示读如寘，河干之寘。”（《荀子·大略》注：“示读为寘。”）寘、示，声之转。（《鹿鸣》疏云：示、寘声相近，古者寘、示同读。）湜、寔与示又音相近。湜当亦寔之叚字，姚、张义并同（钱氏坫曰：“古字无寘。据姚信则寘即寔之异文。”）。段氏曰：“许谓繫即牵离、恶絮之名。《易·系辞》据《释文》本作毄。考古经若《周礼·司门》《校人》字皆作毄。《汉·景帝纪》亦用毄。盖古假毄为係，后人尽改为繫耳。”

百谷草木丽乎土

《说文》草部引作“蘼（段氏本仍作丽，《释文》引作蘼。）于地”（此依宋本。今毛氏本作土。）。云：“草木相附蘼土而生。”《玉篇》引作“麗乎地”，云“本亦作丽”。《释文》云：“土，王肃本作地。”晁氏《易》云：“一行作地。”《众经音义》（六）引同。案：陆氏所见本《说文》作“麗”，故希冯所引亦同，云“本亦作丽”，谓《易》别本或作“丽”。段氏据赵氏抄宋本作“丽”，谓此引《易·彖传》说，从草丽之意。“丰其屋”说从宀丰，皆论证字形，以陆氏引《说文》作麗、作寷为缪。土字诸家作“地”，当为古本。（《论衡》引曰：“日月星辰丽乎天，百果草木丽于土。”谷、果亦音相近。）

日昃之离

《说文》日部引作“日厢”，云：“日在西方时侧也。”（徐铉曰：“今俗别作昊，非是。”）《释文》云：“王嗣宗本作仄。”（《丰》“日中则昃”，《吕览·慎大》注引作“仄”。）案：《周礼·司市》“日厢而市”，此尚存古字。《书》“朝至于日中昃”（《释文》本亦作“仄”），《汉·薛宣传》作“日仄”，师古注引作“仄”，云“古侧字”，《仪礼·既夕》作“日侧”。（《考工记·车人》注：“故书仄为侧。”）《玉篇》：“昊，日昳也。昃同。”此皆俗体。《广韵》云：“厢，日在西方。”“昊，日昃。”“仄，侧倾也。”又以厢与昊为二，非。古昊与仄、侧相叚借，而厢字不行矣。

不鼓缶而歌则大耋之嗟凶

《释文》云：“鼓，郑作击。耋，京作绖，蜀才作咥。嗟，荀作差，下‘嗟若’同。古文及郑无‘凶’字。”案：《说文》云：“鼓，击鼓也。”与钟鼓字文义皆异。《诗》“弗鼓弗考”，《释文》：“鼓本或作击。”《文选·河阳县作诗》注引作“击”。今俗与鼓字淆溷已久，绖、咥亦以形声相似而乱。嗟，《说文》作蓍，今作差，当从省。（《诗》“谷旦于差”，《释文》《韩诗》作“嗟”，是亦通。）

突如其来如

《说文》㐬部云："㐬，不顺忽出也。《易》曰'突如其来如'，不孝子突出，不容于内也。或作𠫓，从倒古文子，即《易》突字。"（此四字段氏本移于"内也"之下，作"㐬即《易》突字也"。）晁氏《易》云："京、郑皆作𠫓。"（依段氏当作㐬）《周礼·秋官》疏引郑注同。案：《说文》㐬为正字，𠫓或体字。𣎵部云："𠫓，突忽也。"今作突，叚借字也。（《系传》云："㐬即为突字。"《六书正讹》云："㐬俗用突，乃灶囱也。"是误仞㝕为突字[①]。）段氏曰："郑注云：突如，震之失正，不知其所，如不孝之罪。五刑，虞大，故有焚如、死如、弃如之刑。如淳注《王莽传》亦云'谓不孝子也'，皆与许合。许盖出于孟氏《易》。"突之本义谓犬从穴中暂出，㐬之本义谓不顺。此用叚借也。近惠氏校李鼎祚《易解》，改作"𠫓如"，则为纰缪矣。

出涕沱若戚嗟若

《释文》云："沱，荀作池，一本作沲。𡖈，（此从《音训》。宋本、卢本同。旧作若，误。）古文'若'皆如此。戚，《子夏传》作嘁，咨惭也。"案：《说文》云："沱，江别流也。"徐铉曰："沱沼之沱，通用此沱。"今别作池，非是。《职方氏》"其川虖池"，《礼器》作"恶池"。《战国策》"南有嘑沱"，《汉·地理志》《水经注》皆作"沱"，《山海经》作"沲"，是池与沱古通用。沲又俗体如蛇，隶变作虵，又俗作虵。《说文》𡖈字为叒籀文，今叒本作若。《斥彰长田军》残碑云："养善𡖈春阳。"此即为若字。嘁当亦俗体，盖《子夏传》或为后人从俗转写耳。（《释文》云："子夏《易》，《七略》云：汉兴，韩婴传中经《簿录》，云丁宽所作。张璠云：'或馯臂子弓所作，薛虞记。'"）

① 今按，疑"仞"为"认"字之误。

离王公也

《释文》云："离，郑作丽。王肃云：'丽，王者之后为公'。"（《兑》"丽泽"，《释文》："郑作离。"）案：《彖传》曰："离，丽也。"（《说文》《序卦》同）《太元》注云："离，附丽也。"《乡饮酒礼》"歌鱼丽"，《释文》云："丽，本或作离。"司马相如《大人赋》"前长离而后矞皇"，《汉·礼乐志》作"长丽"二字，音转义同。《文选·为贾谧作诗》注云："离与丽，古字通。"惠氏曰："《洪范》'不罹于咎'，《史记》引作'离'，《尚书大传》引作'丽'，古字并通。"

以正邦也

《释文》云："王肃本下更有'获匪其丑，大有功也'。"案：王肃本与诸家多有同异，未知所从何本。朱氏震曰："此疑今本脱之。"（案：《系辞》"而成位其中"，《释文》："马、王肃作'而易成位'，亦可从。惠校《集解》增"易"字。）

易经异文释三（咸卦至姤卦）

嘉兴李富孙芗沚 著

咸其拇

《释文》云："拇，子夏作踇，荀作母，云阴位之尊。"（《解》"解而拇"，《释文》："拇，荀作母。"）案：马、郑、虞、薛皆云："拇，足大指也。"踇为拇之别体。《说文》云："拇，将指也。"故王肃《解》卦注谓"手大指"。母，亦拇之省，当为古文。惠氏曰："《说卦》坤为母，母、拇同物。"（校《集解》本、《易述》并改作母。）

咸其腓

《释文》云："腓，荀作肥，云：'谓五也，尊盛故称肥。'"（《艮》"艮其腓"，《释文》："腓，本又作肥。"）案：《说文》云："腓，胫腨也。"肥与腓音同，但文异，而其义亦别。段氏曰："郑云：腓，膊肠也。或言腓肠（王廙说），谓胫骨后之肉也。腓之言肥，似中有肠者。然荀作肥，此以意改字耳。"

憧憧往来

《释文》云："憧，京作憅。《字林》云：'憅，迟也'。"（《系辞》"憧憧往来"，《释文》："憧，本又作憅。"）案：《说文》："憧，意不定也。""憅"，《字林》义同。古童旁、重旁恒以形似易杂，如穜、种二字乱之久矣（《檀弓》"重汪踦"注云："重皆当为童。"《春秋传》曰"童汪踦"）。钱氏坫曰："憅，假字。"

咸其脢

晁氏《易》云："脢或作脄，作膴，作骸。"案：《子夏传》云："在脊曰脢。"马云："背也。"郑云："脊肉也。"《说文》云："背肉也。"王肃云："脢在背而夹脊。"虽诸家所训略异，然皆作脢字，大体谓脊背，其义相同。脄、骸当为俗体字。王肃脢又音灰，与膴音相近。惠氏曰："《楚辞·招魂》云：'敦脄血拇。'注云：'脄，背也。'脄与脢同。"

咸其辅颊舌

《释文》云："辅，虞作酺，云耳目之间。颊，孟作侠。"案：《说文》云："酺，颊也。"是酺为本字，辅同音假借字。侠，义与夹通（段氏曰："古多叚侠为夹。"）。《士丧礼》："妇人侠床。"《公羊》哀四年传注云："滕薛侠轂。"并义同夹。《春秋》定九年"会于夹谷"，《公》《谷》皆作颊。则侠亦通叚字。惠氏曰："《玉篇》引《左氏传》云'酺车相依'，是酺与辅同。辅所以持口，颊所以含物。"孔颖达云："辅、颊、舌三者并言，则各为一物。"明"辅"近颊而非颊。虞以"权"为"辅"，许以"辅"为颊，皆失之。

滕口说也

《释文》云："滕，九家作乘，虞作媵。郑云：'送也。'"《正义》引郑亦作"媵"（宋本作滕，误。）。《集解》（惠校本经文改作媵）、《玩辞》引虞说作"腾"。晁氏引同。案：《正义》曰："旧说字作滕，滕，竞与也。所竞者口，无复心实。"乘与滕，音声相转，义亦通。《诗》"百川沸腾"，《玉篇》引作"沸滕"，是同音通用。《公食大夫礼》"众人腾羞者"注云："腾当作媵。"此又以字形易淆，故古今异字耳。惠氏曰："滕当读为腾。高诱、许慎皆训腾为传。媵，本古文腾字。《燕礼》'媵觚于宾'郑注云：'媵，送也。'今文媵皆作腾。"是媵与腾通。（又曰："今作滕，《释诂》：'滕，虚也。'言以虚辞相感。义亦得通。"富孙案：《仪礼》注所云"古文""今文"，是谓《仪礼》古本、今本，亦非籀古之古文也。）

浚恒

《释文》云："浚，郑作濬。"案：《释言》："濬，深也。"《书》"濬川"，《太史公自序》作"浚川"。《公羊》庄九年传曰："浚之者，深之也。"《说文》云："睿，深通川也，古文作濬。""浚，抒也。"言抒之使深也。《众经音义》（四）云："古文濬、濬二形今作浚，义并同。"

或承之羞

《释文》云："或，郑本作咸。"案：《后汉·马廖传》注引郑说，仍作"或"解，当以字形相涉而异。

恒其德贞

《缁衣》引作“德侦”。案：注云：“侦，问也。问正为侦。妇人以问正为常德则吉。”疏云：“侦，正也。”《周礼·天府》注云：“问事之正曰贞。”郑司农云：“贞，问也。”是贞、侦二字通。此篇为公孙尼子所作，《汉·艺文志》注云：“七十子之弟子，其所见《易》当有作侦者。”《说文》新附有此字。

振恒

《说文》木部引作“榰恒”。《释文》云：“振，张作震。”晁氏《易》云：“虞作震。”（《未济》“震用伐鬼方”，晁氏《易》云：“震，汉名臣奏作祗。”）陆希声谓“作振，本作寘”。案：《书》“日严祗，敬六德”，《夏本纪》作“振”。“震动万民以迁”，蔡邕《石经》作“祗”。祗、振、震，皆声相近，许所据孟《易》作“榰”，云“榰，柱砥”，榰与祗同音。《五帝本纪》“振惊朕众”，今《书》作“震”。《荀子·正论》注云：“振与震同。”寘、祗亦音之转，钱氏曰：“古音支、真两部相近，如振恒为榰恒、祗敬为振敬，是也。”

有疾惫也

《释文》云：“惫，王肃作毙。荀作备。”（《既济》“惫也”，《释文》：“陆作备，云当为惫。惫，困劣也。”）案：郑注云：“惫，困也。”《说文》作“㦣”，或作“𤺋”。毙、惫声相近。《檀弓》《释文》云：“毙亦作弊。”《广韵》：“弊，困也。”字亦通备，或从省。《吕览·慎人》云：“宰予备矣。”高诱曰：“备，当作惫。惫，极也。”故陆于《既济》传云：“当为惫也。”

肥遯

晁氏《易》云：“陆希声本作‘飞遯’。”案：《淮南·九师道训》

曰："遯而能飞，吉孰大焉。"《后汉·张衡传》"利飞遯以保名。"(《文选·思元赋》作"肥遯"。)《文选·七启》"飞遯离俗"章怀、六臣注引皆同。《金陵摄山碑》云："缅怀飞遯。"盖上变体，《小过》有飞鸟之象，故云"飞遯"。飞、肥，音之转。是唐以前本有作"飞遯"者。晁氏以为未知所据何也。(姚氏宽曰："肥字古作𩇯，与古蜚字相似，即今之飞字。后世遂改为肥字。"富孙案：《子夏传》作"肥"，古字当有此二字之异。)

羸其角

《释文》云："羸，王肃作缧，郑、虞作纍，蜀才作累，张作虆。"(《姤》"羸豕孚蹢躅"《释文》："羸，陆读为累。"晁氏《易》云："郑作虆。"《井》"羸其瓶"《释文》："蜀才作累，郑读曰虆。")案：《说文》云："羸，瘦也。""纍，缀得理也。一曰大索也。""絫，增也。"《诗》"葛藟纍之"，《释文》："纍，字又作虆。"(《孟子》"虆梩"注："笼臿之属。")马云："羸，大索也。"疏云："拘纍缠绕也。"是谓系纍其角而不能进。以羸为纍，此同音通假(《姤》《井》羸字同)。缧、虆，别体字。累即絫之俗变，今又用为纍字(《孟子》"系累"、《仲尼弟子传》"累绁"同。)。惠氏曰："《说文》纍，别一义与马训同，则羸当为纍。或古文以羸为纍，所未详也。"(富孙案：惠氏未悟六书叚借之旨，故云未详。《左传》杜注曰："古字声同，皆相叚借。")

丧羊于易

《释文》云："易，陆作埸，壃埸也。"案：《汉·食货志》："瓜瓠果蓏殖于疆易。"张晏注云："至此易主，故曰易。"《诗·载芟》传云："畛，埸也。"《释文》作"易"，云："本又作埸。"《说文》"埸"为新坿字，是古从省作"易"。《管子·富国》注云："易与埸同。"以"易"为

“亹易”，视郑、王义较长，但亦不必改字。

晋

《说文》日部引作“簭”，云：“进也，日出万物进。”《释文》云：“晋，孟作齐。齐，子西反，义同。”案：《释诂》释文云：“晋，本又作簭。”盖古作簭，今作晋，是隶省变。陆音齐，子西反，则读为跻，与晋声相近。《乐记》“地气上齐”注云：“齐读为跻，升也。”《孔子闲居》引《诗》“至于汤齐”，注云：“《诗》读汤齐为汤跻。”（此当从三家说）“圣敬日齐”，《诗》作跻（《晋语》引同）。《毛传》云：“跻，升也。”（《释诂》作“陞”，俗字。）《士虞礼记》注云：“今文隮为齐。”（隮，俗跻字。）《吕览·孟秋》注：“升，进也。”升即为进，故陆云义同（项氏曰：“晋，跻也。”杨氏慎曰：“盖跻亦进也。”）。许称《易》孟氏，此不从者，或以假用齐字为迂远。惠氏曰：“簭周伯鄀文鼎、簭姜鼎皆然。今作晋者，非也。古文奇字作𦣻。”（富孙案：𦣻字见《说文》𢍏部。）

康侯用锡马蕃庶

《释文》云：“庶，郑（《音训》引作‘郑读为遮’）止奢反，谓蕃遮禽也。”案：《韵补》“庶”又读之石切，与“遮”音相近，故郑读为“遮”。惠氏引《管子·侈靡篇》“六畜遮育，五谷遮熟”，谓“蕃遮犹蕃育也”。以“遮”作“育”解，则遮、育二字义复。彼注云“遮犹谷也”，义亦异。郑意当谓“蕃”同“藩”（《释文》：“蕃，郑发袁反。”王氏应麟谓读为藩遮。）。遮为“遮迾”之义，顾氏曰：“《释名》：‘庶，摭也。’庶音摭，遮亦音摭。《诗·楚茨》‘以庶韵客’，是也。”

昼日三接

《释文》云：“接，郑音捷，胜也。”案：《左氏春秋》庄十二年：“宋万弑其君，捷。”《公羊》作“接”。贾逵云：“《公羊》《谷梁》曰接。”（今《谷梁》本作“捷”。《左》《谷》僖卅二年“郑伯捷”、文十四年“郕捷菑”，《公羊》并作“接”。）《庄子·则阳》“接子”，《汉·古今人表》作“捷”。《内则》“接以太牢”，注云：“接读为捷，捷，胜也。”《曾子问》疏云：“接，捷也。”是接与捷通，故郑读从之。

君子以自昭明德

《正义》云：“昭，周氏等为照，以为自照己身。《老子》曰：‘自知者明。’用明以自照为明德。”案：《左氏》僖廿七年传：“齐孝公名昭。”《谷梁》释文云：“或作照。”《刘熊碑》：“诞生照明。”《严欣碑》：“去斯照。”照皆为“昭”字。虞亦读为“照”。昭、照一声之转，义并通。

晋如摧如

《释文》云：“摧，郑读如‘南山崔崔’之崔。”案：《毛传》云：“崔崔，高大也。”《笺》但谓“南山之上”。此读如“崔”，当取进而上行之义，不失其正则吉。故《象》曰：“独行正也。”虞训“忧愁”，与二爻义复。王弼训“退”（何氏同）亦迂远。晁氏曰：“案：郑乃得象意。”

罔孚

《说文》衣部引作“有孚”。案：罔与有，或以字形相杂。然从许书义较长。段氏曰：“虞、王作网，未知许所据孟《易》独异与？抑字讹与？”

受兹介福

汉《刘修碑》作“袞福”。《后汉·礼仪志》注引作“介祉”。案：《方言》云：“齐，大也。袞是隶变体。”汉碑多有作此者。《释诂》：“祉，福也。”义同。

晋如鼫鼠

《释文》云："鼫，《子夏传》作硕。"晁氏《易》引翟元同。案：《说文》云："鼫，五技鼠也。"（《诗》疏引作"硕鼠"）《诗·硕鼠》小序云："大鼠也。"《尔雅》舍人、樊光注皆引《诗》，以硕鼠为彼五技之鼠。陆玑谓硕鼠非鼫鼠，《诗》正义曰："硕训为大。"其义或如陆言也。郑引《诗·硕鼠》云："谓大鼠也。"亦与《子夏传》同。

失得勿恤

《释文》云："失，孟、马、郑、虞、王肃本作'矢'，马、王云：'离为矢。'虞云：'矢，古誓字。'"《集解》本作"矢"，荀同。案：矢、失以字形相涉而乱。马、王、荀并如字读。《论语》"夫子矢之"孔注云："矢，誓也。"（《释言》文）《释文》云："孔、郑、缪播皆同。"故虞以为誓字，云："誓，信也。五变坎象不见，故誓得勿恤。"晁氏曰："虞说非，余皆是。若作失，于象数不合。"

文王以之

《释文》云："郑、荀、向作'似之'，下亦然。"案：《诗》"似续妣祖"《笺》云："似读如巳午之巳。"《正义》曰："直读为巳。古者似、巳字同。"《说文》"巳午"字即训为"已然"之已。㠯从反巳，用也。以与巳，古通，则以与似亦通（惠氏士奇曰："以与巳本同。似与巳亦同古音也。"）。惠氏曰："以读为似。古似字作以。《诗》正义曰：谱云'子思论诗，于穆不已'。孟仲子曰'于穆不似'。以字，《汉书》皆作㠯，与巳同。"

夷于左股

《释文》云："夷，子夏作睇。郑、陆同。云：'旁视曰睇。'（《内则》注引《易》作睇。疏引郑注，义同。）京作眱。（旧本'京'作

'亦'，误。）股，马、王肃作般，云：'旋也，日随天左旋也。' 姚作右盘，云：'自辰右旋入丑。'" 晁氏《易》云："陆希声作睇。九家无此夷字。睇、眱，同音题。约《周髀》而言，当作左股。" 案：《说文》云："睇，目小视也。" 与"旁视"义相近。不称《易》，则孟氏不作睇也。夷、弟古字相通，则眱与睇同，旧或本从省作夷，辅嗣则如字读。古般字亦作"股"，与"股"字相似。般又为古槃字，槃与盘同，盖由字形易溷，故诸家授受各据所传。师读既异，亦皆依文为说也。

用拯马壮

《说文》手部引作"抍马壮吉"（段氏本"抍"仍改作"拯"），云"上举也"（《释文》引无"上"字），或作撜（徐铉曰："今俗别作拯，非是。"）。车部亦引作"抍"。《释文》云："拯（当作丞，《音训》作承。），拯救之拯。郑云：'承也。' 子夏作抍。（《艮》'不拯其随'，《释文》作'承'，云：'音拯救之拯，马云举也。'）晁氏《易》曰："孟、京、陆、王作承，一行作抍。"《汉上易》引马作"抍"，《涣》"用拯"，《释文》："拯（《音训》作承），子夏作抍。抍，取也。"《字林》云："抍，上举，音承。"《广韵》引同。晁氏《易》云："九家亦作承。" 案：《说文》无拯字。汉《孔彪碑》云："抍马蠲害。"《淮南·齐俗训》："子路撜溺。"（《吕览·察微》作"抍"）高诱曰："撜，举也，升出溺人。" 并与《说文》合。《方言》云："出溺为承。" 盖承从手从卩从収，故亦可叚用。顾氏曰："抍音升，一音承。汉时所传如此，今作拯者，唐开成以后所定也。" 卢氏曰："《列子·黄帝篇》'孔子使弟子并流而承之'，殷《释文》云：'承，音拯。' 今《方言》作'出休为抍'，皆与拯通。" 桂氏馥曰："字本作抍，与承声义相近。魏晋人因造丞字。"（富孙案：《玉篇》丞，《声类》云抍字。后魏《张猛龙碑》"丞华"字如此，当为承之省讹。六朝时多别体，乖缪特甚。）隋唐人改作“拯”。郑注《天官·职币》《地官·司徒》并作“抍。”（段氏曰：“《释文》云：‘丞，音拯救之拯。’《说文》云：‘举也。’然则《说文》作拯，《字林》作抍，在吕时为古今字。陆德明作丞，叶林宗抄文渊阁、宋本不误。通志堂、抱经堂皆改大字为拯，殊非。《集韵》抍、承、撜、拯、丞五形同字。”）

明夷于南狩

《释文》云：“狩，本亦作守。同。”案：《孟子》曰：“巡狩者，巡所守也。”《公羊》隐八年传注云：“守犹守也，循行守视之辞。”《舜典》《王制》作“巡守”。《释文》并云：“守，本或作狩。”《周礼·职方氏》《大行人职》皆作“守”。《春秋》僖廿八年“天王狩于河阳”，《谷梁》作“守”，是“守”与“狩”字古通。（《说文》引《易》作“狩”。）

箕子之明夷

《释文》云：“蜀才箕作其。刘向云今《易》‘箕子’作‘荄滋’。邹湛云：‘训箕为荄，诂子为滋，漫衍无经，不可致诘。’以讥荀爽。”案：《说文》“箕”，古文作其。荄滋之说，本于赵宾。《汉·儒林传》云：“蜀人赵宾为《易》，饰《易》文，以为：‘箕子明夷，阴阳气亡箕子。箕子者，万物方荄兹也。’宾持论巧慧，易家不能难，皆曰：‘非古法也。’”（惠氏《易述》从赵宾作“其子”，读为“荄兹”。）钱氏曰：“《史记·律书》‘箕者言万物根棋’，棋读如荄。赵宾以‘箕子’为‘荄兹’，其义盖本于史公。”

无攸遂在中馈

《大戴礼·本命》注“攸”引作“由”。《汉·谷永传》引作“在中餽，无攸遂”，师古注：“餽与馈同。”案：由与攸，以同音相杂。《说文》云：“馈，饷也。”“餽，吴人谓祭曰餽。”二字义本异，后多叚借通用。引经当亦偶倒尔。”

家人嗃嗃

《释文》云：“嗃嗃，马云：‘悦乐自得貌。’郑云：‘苦热之意。’荀作‘确确’，刘作‘熇熇’。”晁氏《易》引郑亦作“熇熇”。案：《说文》云：“熇，火热也。”嗃为新坿字。《说卦》干宝注：“离为熇，九三体离，故云熇。”《诗》“多将熇熇”，《释训》作“謞謞”，从言从口，字通。是熇、嗃古今字。确，声之转，当即侯果所云“严也”。

妇子嘻嘻

《释文》云：“嘻嘻，张作‘嬉嬉’，陆作‘喜喜’。”案：马云：“嘻嘻，笑声。”郑云：“骄佚喜笑之意。”《说文》无嘻、嬉字。《广韵》云：“嬉，戏也。”音义相同。《左氏》昭廿八年传注“妹喜”，《释文》云：“本或作嬉。”陆作“喜”，当从省。

遇主于巷

《释文》云：“巷，字书作衖。”案：《说文》云：“䢽，里中道，从䢼从共。皆在邑中所共也。”篆文作巷，俗变作衖。《鲁峻碑》“休神家衖”，是为隶体。又从篆省作巷。《尔雅》释文云：“衖，《声类》犹以为巷字。”

其牛掣

《说文》角部“掣”引作“觢”，云“一角仰也”。（段氏云：“一当作二”。案：《释文》引作“角一俯一仰”，误。）《释文》云：“掣，郑作挈，云：‘牛角皆踊曰挈。’子夏作契，《传》云：‘一角仰也。’荀作觭。刘本从《说文》，解依郑。”《说文系传》手部引作“㸷”。案：《尔雅》牛属：“角一俯一仰，觭。（《说文》同）皆踊，觢。”樊光云：“倾角曰觭。”疏曰：“牛两角竖者名觢。”《释文》云：“觢，字或作挈。”是挈、觢同字，故郑作犎，义与觢同。子夏作契。虞云："牛角一低一仰，故称掣。"（惠校本改作觢，经文同。）则义与觭同。盖诸家皆本《尔雅》之说，以字形相涉而文义亦因各异。《说文》云："引纵曰瘳。"徐锴所称，未审何据。惠氏曰："张有《复古编》云：'觢从角契省，别作掣，非。'觢从角契，故子夏作契，诸家无作掣者。王弼读为牵掣之字，失之。"段氏曰："郑作犎，与《尔雅》《说文》同。子夏作契，荀作觭，虞作掣，训与许、郑不同。觢者，如有掣曳然。角本当邪展而乃耸直也。虞本当同荀作觭。李鼎祚正文作掣，遂比而同之耳。《子夏传》云一角仰，是子夏、荀、虞皆作觭也。"

其人天且劓

《说文》刀部引作"天且劓"，云"刑鼻也（晁氏《易》引作'刖鼻'），或作劓"。《释文》云："劓，王肃作臲。"案：马云："剠凿其额曰天。"诸家多从此说。臲同臬字（晁氏云："即隉字。"）。劓、臲，声相近，是与虞、许义异。（胡氏瑗曰："天当作而。古文相类，传写之误。汉法：'髡其鬓发曰而。'"项氏曰："天字或作而。"）

后说之弧

《释文》云："弧，本亦作壶。京、马、郑、王肃、翟子元作壶。"《集解》本同。虞云："大腹有口，坎。在酒中，壶之象。"《易会通》引陆绩注："弧一作壶。"案：壶、弧，声相近。《吕览·下贤》"壶邱子"，《古今人表》作"狐"。《左氏》庄十八年传注释文云："弧本作狐。"字易淆溷，今本作弧，或因上弧字相涉而误。晁氏曰："陆希声谓作'壶'，是。"惠氏曰："今作弧者，声之误也。《礼说》云古说与设通，虞云：'犹置也。'张弧者，拒之如外寇；设壶者，礼之若内宾。壶误为弧，失其义矣。"

蹇

《众经音义》（十）引作“謇”。（六二“王臣蹇蹇”，汉《卫尉衡方碑》作“謇謇王臣”。王逸《离骚》注、《后汉·杨震传论》注，《魏·陈群传》注、《文选·辨亡论》注皆引作“謇謇”。）案：《说文》云：“蹇，跛也。”（徐铉曰：“《易》‘王臣蹇蹇’，今俗作謇，非。”）《汉·龚遂传》“蹇蹇亡已”犹作蹇字。謇当为隶变体。《冀州从事张表碑》：“謇謇匪躬。”（《魏·高堂隆传》同）《后汉·鲁丕传》：“广纳謇謇，以开四聪。”《樊准传》：“忘謇謇之忠，习諓諓之辞。”《朱晖传》：“进无謇謇之志。”《爰延传》：“纳謇謇之士。”是后汉时多作此字。段氏曰：“行难谓之謇，言难亦谓之蹇，俗作謇，非。”[①]

以正邦也

《释文》云：“荀、陆本作‘正国’，为汉朝讳。”（《坎》“设险以守其国”，《释文》作“邦”。《益》“利用为依迁国”、《未济》“有赏于大国”，《集解》引虞皆作邦。）案：《说文》云：“邦，国也。”二字相为转注，义同。洪氏《隶释》谓汉人临文不避国讳，此未尽然。前汉时诸帝讳，荀悦《汉纪》皆云之字曰“某”，史公书多避之。至东京之时，则不远避前汉国讳，盖亲尽庙毁不得有讳。考《说文》秀、庄、炟、肇等字并云“上讳”，而邦、恒、启、彻字不言讳。此可为东京不远避国讳之证。洪氏所举诸碑，皆在后汉时。经典中作“邦”、作“国”，或有承前汉所传之本，未必荀、陆独为高祖讳也。（《集解》引荀云：“故能正邦国。”则仍不避邦字。惠氏曰：“汉时经学皆受之师，时君之讳既经改易，随文释之。”）

① 今按，段玉裁《说文解字注》原文作：“行难谓之蹇，言难亦谓之蹇，俗作謇，非。”此“蹇”“謇”互倒。

宜待也

《释文》云:“张本作‘宜时也’(《归妹》‘有待而行也’,《释文》:‘一本待作时。’),郑本‘宜待时也’。”案:此以字形相类,故郑、张本亦不同。顾氏曰:“郑作‘宜待时’,于韵更切。”(惠氏《易述》增“时”字。)

往蹇来连

《集解》引虞云:“连,辇。蹇,难也。”案:《释文》:“连,力善反。”是亦读如辇。马云:“亦难也。”《说文》曰:“连,负车也。”(从段氏本正)负车亦有蹇难意。《周礼·乡师》“与其輂辇”注云:“故书辇作连。郑司农云:连读为辇。”(《庄子·让王》,《释文》引司马注云:“连读曰辇。”)《管子·海王》注云:“连,辇名,所以载作器人挽者。”连、辇亦声相近,此虞以今字释古字也。段氏曰:“连即古文辇也。巾车、连车本亦作辇车。连,负车者人挽车而行,车在后如负也。人与车相属不绝,故引伸为连属字。”

雷雨作而百果草本皆甲坼①

《释文》云:“坼,马、陆作宅,云根也。”《文选·蜀都赋》注引郑注云:“皆,读如人倦之解。解谓坼罅,皮曰甲,根曰宅。宅,居也。”案:《蜀都赋》云:“百果甲宅,异色同荣。”此正从马、郑本。皆、解,音相近。坼、宅,亦声之转。惠氏曰:“古文宅字作宅,与坼相似,故误作坼。马、郑皆从古文,非改坼为宅也。”(高氏士奇曰:“《诗》‘既方既皁’,笺曰:‘方,房也,谓孚甲始生而未合时也。’疏云:‘谓米生于中,若人之房舍也。’孚者,米房之粟皮。甲者,以在米外,若铠甲也。”则甲者,孚郭在外,宅者,含胎在中,房舍之义也。)

---

①今按,“草本”当为“草木”之讹。

君子以赦过宥罪

《释文》云："宥，京作尤。"案：尤、宥，一声之转。《说文》云："訧，罪也。"古通作尤，此当谓有罪则罪之。

君子维有解

《集解》引虞"维"作"惟"，云："坎为心。"按：《诗·白驹》传云："维，系也。"《说文》云："惟，凡思也。"经典皆通为语辞。虞谓君子思有解难，故吉。义尤明。

二簋可用亨

《释文》云："簋，蜀才作轨。"（亨，蜀才许庚反。）案：《说文》簋，古文作匭，或古作甌，亦作朹。今蜀才作轨，是又从古文匭省也。惠氏曰："《公食大夫礼》云：'设黍稷六簋于俎西。'郑注：'古文簋皆为轨。'《周礼·小史》'叙昭穆之俎簋'注云：'故书簋或为几。'（段氏《说文》引订作'九'，下同。）郑司农云：'几读为轨'（段氏引此下有'书亦为轨簋'五字），古文也。蜀才依古文。"（《涣》九二"涣奔其机"，机亦古文簋。涣宗庙中，故设簋。）

君子以惩忿窒欲

《释文》"惩"作"徵"，"郑云徵犹清也，刘作澂（一作懲，非。），蜀才作澄。（晁氏引作登，云古文澄字。）窒，郑、刘作懫。懫，止也。孟作恎，陆作䜭。欲，孟作浴。"（晁氏引作"谷"，云："古文欲字。"）案：《荀子·正论》注云："徵读为惩。"虽古徵与惩通，汉《羊窦道碑》"盗贼徵止"即与惩同，但据郑义，以徵为澂字（惠氏谓古惩字皆作徵，引《史记》"荆荼是徵"为证，此与郑义不同。），故刘直作澂，蜀才作澄。义同。《大学》注云："懫或作疐。"故训止。懫、恎与窒，并音之转。《广雅》："恎，很也。"与此义异。《说文》"慎"，古文作䜭，

《释诂》训“静”，与“澂”义相近。《释文》“井谷”又音“浴”，《书》“旸谷”又音“欲”，是谷本有读“欲”（顾氏曰：“谷，实欲为正音。”）。苦县《老子铭》“谷神”作“浴神”（河上注作“浴”），故本或作浴也。段氏曰：“徵者，澂之假借字。澂、澄，古今字。”郑意言澂之斯清也，古有欲字，无慾字。后人制慾，殊乖古义。“欲”从“欠”者，取“慕液”之意；从“谷”者，取“虚受”之意。陆云：“孟作谷。”晁氏所据《释文》不误。今改为“浴”，非也。

已事遄往

《说文》辵部引作“吕事”。（《系辞》“卑高以陈”，《乐记》《史记·乐书》《集解》本“以”皆作“已”。侯果说同。）《释文》云：“已，本亦作以，虞作祀。遄，荀作颛。”《集解》本已作“祀”，虞云：“祀，祭祀，旧作已。”案：《檀弓》注云：“以，已字。”以与已字本同。《广雅》：“已，吕也。”故古皆通用。《释名》云：“祀，巳也。新气生，故气巳也。”《诗》“于穆不已”，《文心雕龙·练字》引子思弟子作“不祀”。祀、已，声之转，古亦同。《说文》云：“颛，头颛颛谨貌。”《汉书》多假为“专”字。颛、遄，亦音声相转，义通。

告公用圭

《释文》云：“王肃作‘用桓圭’。”案：《周礼》：“公执桓圭。”故虞云“圭，桓圭也”，而王肃则直作“桓圭”矣。

偏辞也

《释文》云：“偏，孟作徧，云：‘周匝也。’”《集解》本同。案：《集解》引虞说亦作“徧”。虞传孟氏学，故同。偏、徧，亦以形似音转而异。晁氏曰：“当作徧。”

惕号

《释文》云："惕，荀、翟作锡，云：'赐也。'"案：《少牢馈食礼》："主妇被锡。"（郑注："被锡"读为"髲鬄"。）《追师》注引作"髲鬄"。《后汉·冯鲂传》注引《声类》云："剔，亦鬄字。"《文选·射雉赋》注云："剔与惕，古字通。"惕、锡，亦声转形似，易相乱也。"锡号"当谓"锡号令"，读如"孚号"字，义亦通。

壮于頄

《释文》云："頄，郑作頯。頯，夹面也。蜀才作仇。"案：《说文》云："頯，权也。"辅嗣注云："頄，面权也。"（《释文》："权，字书作顴。"）二说同。《说文》叴，读如逵。逵，篆文作馗。《尔雅》郭音"仇"，故蜀才又通读作"仇"也。惠氏曰："当从郑作頯。"《说文》无"頄"字。

其行次且牵羊悔亡

《释文》云："次，本亦作赼，或作跌。《说文》及郑作趀。且，本亦作趄，或作跙。马云：'语助也。'王肃云：'赼趄，行止之碍也。'下卦同。牵，子夏作掔。"《集解》本作"趦趄"（下卦同。惠校本并改次且。）。《新序·杂事》引同。《系传》作"赼趄"。案：《说文》云："趀，仓卒也。""赼，赼趄，行不进也。"趀、赼二字义异，"趀"下不引《易》文。陆氏谓《说文》作趀，意当从此。赼趄，今作"次且"（惠氏曰："次且，读为赼趄。"）。是古文从省，跌、跙并俗字。《释诂》曰："掔，固也。"（《说文》同）《左传》"郑伯肉袒牵羊"，《郑世家》作"掔羊"。《庄子·徐无鬼》云："掔好恶。"《释文》引司马注："掔，牵也。"并以掔为牵字（《众经音义》〔十三〕引《三苍》云："掔亦牵字。"）。钱氏曰："次者，趀之叚借字，掔者，牵之固也。"段氏曰："马云'却行不前’者，于次本字得其义也。云语助者，《王风》毛传所云‘且，辞也’，马、郑同用费氏《易》，而马次、郑趑不同。趑者，后出俗字。趄，又因趑而加走旁也。”（富孙案：《论语》“造次”，马云：“急遽也。”郑云：“仓卒也。”此读次为趀。马此注云“却行不前”，与急遽义远，是当读次为趑。）

苋陆

《释文》云：“苋，一本作莞。陆，蜀才作睦。睦，亲也、通也。”《集解》引虞云：“苋，说也。读‘夫子苋（旧作莞，非。）尔而笑’之苋。陆（朱本作睦，影宋本同。），和睦也。”旧读言苋陆，字之误。马君、荀氏皆从俗，非也。（旧本《释文》引虞云：“苋，蕢也。陆，商也，《音训》引同。”晁氏云：“虞云：‘莞，说也。’虞、蜀作睦，和也。此与《集解》合，则《释文》当误。”（卢本据宋本改正）段氏曰：“以李鼎祚所引虞说订之，则晁与相合。然则《释文》一书，自吕氏所见已讹舛特甚。”）案：苋陆，旧皆谓草之柔脆者，子夏、马、郑、王肃、王弼以为一物。宋衷、董遇以为二物。苋、莞，古同字。睦、陆，亦以字形相似而乱。《东观汉记》“阴皇后父名睦”，《世本》作“陆”。汉《郭仲奇碑》云：“崇和陆。”并用为睦字。盖汉人作隶，好假借，故经典相传亦多有沿隶体者。惠氏曰：“《论语》‘莞尔而笑’，莞本作苋，见《释文》。邢昺撰疏依唐石经作‘莞’，从俗也。古睦字亦作陆，见《唐扶颂》（案：碑云‘内和陆兮外奔赴’。）及《严举碑》（碑云‘九族和陆’），蜀才所训与虞同。”

姤

《释文》云：“姤，薛云：‘古文作遘。’郑同。”（《杂卦》“姤”，唐石经作“遘”，足利本、古本、宋本同。）案：《说文》云：“遘，遇也。”

逅，徐铉《新附》字，女部无姤字。是当从古作“遘”。今作姤，俗字。钱氏曰：“姤字《说文》不载。古文《易》作遘，郑氏从之。王辅嗣改就俗，独《杂卦传》一字未改，此古文之仅存者。”段氏曰：“《杂卦传》：‘遘，遇也。’可以证全经皆当作遘矣。”（富孙案：今本《杂卦》，遘字亦皆改作姤。）

后以施命诰四方

《说文》后部作“施令以告四方”。《后汉·鲁恭传》引作“施令”。《释文》云：“诰，郑作诘，王肃同。”案：《左氏》僖九年传“令不及鲁”，《释文》：“令，本又作命。”（《太卜》注《释文》“命”本作“令”。）《鲁语》注云：“命，令也。”二字声相转，义通。《周礼·大祝》注：“杜子春云：‘诰当为告。’《书》亦或为告。”《缁衣》“尹吉曰”注云：“吉，当作告。告，古文诰字之误也。”《书》“以诰四方”，伏生《大传》《汉·刑法志》皆作“诰”。《刑法志》云：“以刑邦国，诰四方。”师古曰：“诘字或作诰。”盖诘、诰声相近而字形亦相类也。钱氏曰：“郑《易》诰作诘，云：‘止也。’（卢本‘止’改作‘正’，非。）《鲁恭传》云：‘君以夏至之日施命令，止四方行者。’则恭所引《易》亦作诘矣。后人据王辅嗣本改为诘尔。”（惠氏曰：“诰当从《说文》，京房作告，古文也。”）

系于金柅

《释文》云：“柅，《说文》作檷，云：‘络丝趺也。’（趺，一作柎，今本《说文》作檷，误。《类篇》云：‘络丝柎，所以制动。’）读若昵（今《说文》作柅）。王肃作抳，子夏作鑈，蜀才作尼，止也。”案：马云：“柅者，在车之下，所以止轮令不动也。”《广雅》云：“柅（一作抳），止也。”蜀才从省作“尼”，义同。《说文》：“尿，篗柄也。”柅，或体字。(徐铉谓即前柅，实如梨，此重出。《玉篇》:“柅，木名，又络丝柎。”）檷下未引《易》文。《苍颉篇》“抳”作檷字，或作鑈。(《广韵》“鑈”作“檷”。）陆氏见《子夏传》作“鑈”,《说文》无鑈字。诸家多从此义，故谓许作“檷”。《正义》云:“王肃之徒皆为抳绩之器，则抳与檷亦同。”钱氏曰:“古音爾与尼相近。《诗》‘饮饯于祢’，韩《诗》作‘坭’。《书》‘典祀毋丰于昵’，谓‘祢庙也’。段氏曰:“昔人谓檷、柅同字，依许则柅者今时籰车之柄。檷者今时簁丝于上之架子以受籰者也。故曰络丝柎。”

羸豕孚蹢躅

《释文》云:“蹢躅，一本作踯躅。蹢躅，不静也。古文作蹢逐。”案:《广雅》云:“蹢躅，踌跦也。”蹢踯、躅躅，字皆同。《说文》:“蹢，住足也。或曰蹢躅，贾侍中说。”《集韵》云:“逐同躅。”惠氏曰:“啻与商通，逐与蜀，古今字。”

包有鱼

《释文》云:“包，本亦作庖。(《正义》作‘庖’，下‘包无鱼’同。‘以杞包瓜’，晁氏《易》云:‘马、郑读为庖。’）荀作胞。”案:《周礼·庖人》注云:“庖之言苞也。”是庖与包通，以包为庖，义较长。虞云:“或以包为庖厨。”辅嗣注、《正义》俱训“庖”。《说文》云:“包，象人怀妊，巳在中，子未成形也。”“胞，儿生裹也。”《庄子·养生主》“庖丁”,《释文》云:“庖，本作胞。”《庚桑》“胞人”,《释文》:“胞本作庖。”二字义亦通。(《汉·百官公卿表》注:“胞与庖同。”）惠氏曰:“包读为庖，古文省。”

以杞包瓜

《正义》引《子夏传》曰:“似杞匏瓜”。(旧“似”作“作”，误。)

薛虞记云："杞，杞柳也。杞性柔韧，宜屈桡，似匏瓜。"案："似"与"以"古通。《诗》"匏有苦叶"，《周礼·壶涿氏》注引作"苞"。辅嗣注云："包瓜为物，系而不食者也。"《释文》云："包，白交反。子夏作苞。"苞与匏亦通，《正义》直作"匏瓜"。是子夏、薛、虞、王、孔皆同。晁氏《易》谓《说文》作"匏"，或从瓜，盖误。（又云："张弧作匏，匏瓜，星名。"）惠氏曰："包与匏同。"

有陨自天

《说文系传》雨部"陨"引作"霣"。案：《春秋》庄七年"星陨如雨"，《左》《谷》同，《公羊》作"霣"。（僖十六年"陨石"，《公羊》亦作"霣"。）是霣与陨字通。

易经异文释四（萃卦至未济卦）

嘉兴李富孙芗沚 著

萃亨

《释文》云："亨，王肃本同。马、郑、陆、虞等并无此字。"案：下文又有"亨"字，故诸家本于此无之。然《集解》引郑云："故曰萃亨也。"虞云："体观享祀，故通。"（惠校本经文无"亨"字。此"故通"二字亦删。）则郑、虞有此字，与陆所见本异。项氏曰："《彖传》初不及此字。"

聚以正也

《释文》云："聚，荀作取。"案：《谦》象虞云："裒，取也。"侯果云："裒，聚也。"依《尔雅》，裒训"聚"。今虞作"取"，取、聚，声之转，当从省通。惠氏曰："古聚字或作取，或作取。"《汉·五行志》注云："取，读为聚，古文省。"

君子以除戎器

《释文》云："除，本亦作储，又作治。王肃、姚、陆云：'除犹修治。'荀作虑。"《文选》注（《西京赋》、张协《杂诗》）引作"治"。案：储、除同音。《说文》云："储，偫也。"义通。除、治，声相近，诸家皆以"除"为"治"。《曲礼》注云："除，治也。"郑、蜀才谓"除去"。除、虑，又声之转，虑与治义略近。

一握为笑

《释文》云："握，傅氏作渥。（《鼎》'其形渥'，《汉上易》引《子夏传》作握。）郑云握当读为'夫三为屋'之屋。蜀才同。"案：《说文》"握"，古文作𡒉，与屋字古文形正同。（《释言》："握，具也。"《诗·权舆》笺作"屋"。）《诗》"赫如渥赭"，《孟郁修尧庙碑》作"屋赭"。盖汉人多同音通借字，诸家相传，各守师承，故文义往往不同。惠氏曰："古文握字或省文，或屋字反从水旁，故诸儒训诂各异也。"

孚乃利用禴

《释文》云："禴，蜀才作跃，刘作𤓰。"（《既济》"不如西邻之禴祭"，何氏《订诂》引《汉·郊祀志》作"瀹祭"。惠氏《集解》评注引同。本或仍作"禴"。《困学纪闻》云："颜注盖以禴为瀹。"）案：跃、禴音同。蜀才多通假字，未审此从何义。《集韵》："𤓰，本作礿。夏时祭，同禴。"此亦俗体。

赍咨涕洟

《集解》本作"赍资"。虞云："赍，持资赙也。坤为财，巽为进，故赍资也。"《文选·长笛赋》注引作"赍谘"。晁氏《易》云："陆希声作‘资财’也。”案：赍咨，郑、王弼皆为嗟叹之词。马云：“悲怨声。”资、咨音同形亦相似。虞以下言“涕洟”，故谓资为赙。谘，俗加偏旁字。

升

《释文》云：“升，郑本作昇。”案：《集解》引郑作“升”。《说文》无昇字，为徐铉新坿，此后出之俗体。《玉篇》：“昇，或升字。”《乾凿度》与郑同。

用见大人

《释文》云：“本或作‘利见’。”案：义亦两通。

君子以顺德积小以高大

《中庸》注引作“慎德”，（《释文》：“慎，一本又作顺。”）下作“以成高大”（《正义》引无“成”字）。《释文》云：“顺，本又作慎。（《系辞》‘慎斯术也’，《释文》：‘慎，一本作顺。’）以高大，本或作‘以成高大’。”晁氏《易》引《史证》云：“何妥作慎。”《集解》本下有“成”字。虞本、足利本同。案：《诗》“应侯顺德”，《家语》《淮南子》俱引作“慎德”。《孟子》“王顺”，《汉·古今人表》作“王慎”。《荀子·强国》注云：“顺当为慎。”又云：“慎或为顺。”古顺、慎字通。《诗》“下武”笺引并与今《易》文同。《正义》曰：“宜为顺字。定本作‘慎德’，疑误。”考梁时讳，顺作慎，或有为萧梁经师所改易。晁氏曰：“顺，古文作慎，与慎字相似。”（段氏曰：“《说文》：‘顺，理也。’凡顺、慎互用者，字之讹。”）

允升

《说文》夲部引作“䇺升”，云“进也。”《汉上易》引孟喜说作“䇺”。案：许称孟氏《易》，故《汉上》引孟同。《说文》云：“允，信也。”《玉篇》畃或作允，是从省借。段氏曰：“㫃部旞下云：‘允，进也。’此谓允即畃之叚借，音义同。今省作允。”

刚揜也

《释文》云：“揜，本又作掩。(《系辞》‘恶积而不可掩’，唐石经作‘揜’。《释言》疏引作‘揜’，云弇、揜音义同。) 虞作弇。”案:《释言》曰：“弇，盖也。”(《说文》同)《说文》云：“奄，覆也。”“揜，自关以东谓取曰揜，一曰覆也。”“掩，敛也。”《尔雅·释文》云：“弇，古奄字。”又云：“弇，古掩字，又作揜。”是弇、奄、揜三字音义皆同。古通用掩，通假字。惠氏曰：“弇，古文揜。”

朱绂方来

《士冠礼》疏引作“朱韨”。郑《易》注、《乾凿度》同。(今本《乾凿度》作“茀”，下“困于赤绂”同。《系传》引作“赤芾”。) 案:《说文》云：“市，韠也。天子朱市，诸侯赤市。从巾，象连带之形。”篆文作“韨”，则“市”为古文。《诗》多作“芾”。“朱芾斯皇”，《释文》作“茀”，皆通假字。绂，俗字。

据于蒺藜

《释文》作“蒺蔾”，(此从宋本，《系辞》同。)《集解》本、唐石经同。案:《说文》云：“荠，蒺黎也。”“蔾，草也。”此为“藜蒿”字。《本草》：“蒺蔾，一名即梨。”《说文》注义作黎。汉碑“黎庶”字亦作棃、蔾，多同音通用。惠氏曰：“藜，当作棃。”

来徐徐

《释文》云：“子夏作‘荼荼’。翟同，音图。云内不定之意。王肃作‘余余’。”案:《史记·齐世家》：“执简公于徐州。”(《田敬仲世家》同。索隐曰：“徐，音舒。”齐邑。)《春秋》哀十四年》作“舒州”。《玉藻》注云："荼读为舒迟之舒。"《周礼·弓人》注云："荼，古文舒。假借字。郑司农云：'荼读为舒，舒徐也。'"（《诗·常武》毛传同）是古假荼为舒。舒、徐音转义同。翟音图，非。(《书大传》注："荼，缓也。")《说文》曰："余，词之舒也。"《释诂》："余，身也。"孙炎注云："余，舒迟之身也。"则"余"与"徐"从省通。

劓刖

《释文》云："荀、王肃本'劓刖'作'臲卼'，云不安貌。陆同。郑云当为'倪伔'。京作'劓剑'。"《系传》引作"劓黜"。案：臲卼、倪伔，皆音声相近，即书"阢陧"之倒文，与上爻义同。《乾凿度》云："劓刖，不安也。"虞、王弼等并依字解之。《说文》曰："刖，绝也。""剑，断也。"二字义相近。小徐所称，亦与下《释文》引同。晁氏曰："案象数当作'倪伔'，即'臲卼'之古文。"（惠氏曰："倪与臲，伔与卼，古今字。九五人君，不当有劓刖之象。"）钱氏坫曰："古字无臲卼，即《说文》'臬黜'字。臬又别作槷。郑作'倪伔'，即劓兀也。"

利用祭祀

《释文》云："本亦作'享祀'。"足利古本作"亨祀"，一本作"享"。足利本、宋本同。案：《孝经》曰："祭则鬼亯之。"二字义并通。（惠氏曰："地祇为祭，人鬼为亯。"）

困于葛藟于臲卼

《释文》云："藟，本又作虆。臲，《说文》作劓，薛同。卼，《说文》作黜，云：'黜，不安也。'薛又作杌字，同。"《说文》出部引作"槷黜"，云："槷黜，不安也。"案：《诗》"莫莫葛藟"，《释文》："藟字又作虆，同。"《草木》疏云："幽州人谓之蓷虆，故或作虆。"《玉篇》

云："虆与藟通。"《说文》"劓"即"劓"之正字，注未引《易》，出部作"槷黜"。陆氏何转引彼而不据此，抑所见与今本异？王弼作"臲卼"，许作"槷黜"，薛作"劓杌"，皆文异而音义同。王氏鸣盛曰："劓本劓字，假借为不安。"槷字见郑《周礼》注，云是古文臬字（《匠人》注）。又《仪礼》注以为即古文闑字（《士冠礼》注）。今与黜连文为不安，亦是假借《易》之槷黜。《书》之"阢陧"音义并同，特倒其文，故字亦异。此古训也，后人改为"臲卼"，非。惠氏曰："案：文当作槷杌。"

羸其瓶是以凶也

《集解》本作"井羸其瓶"。案：荀云："井谓二，瓶谓初，初欲应五，今为二所拘羸，故凶。"上句注云"故未繘"，是荀以"井"字属下读，与诸家异。

井谷射鲋

《释文》云："射，荀作邪。"（此从《音训》，旧本作耶。）案：郑、王肃"射"皆音"亦"，云厌也，与"邪"读以遮、羊诸二切音相近。《左氏》文元年传"归余于终"，《史记·历书》作"归邪"。《诗·北风》释文："邪，音余。"《史记·司马相如传》"留落胥余"，《汉书》《文选》皆作"胥邪"。荀或从此义。（《戚伯著碑》"横遇躬度"，躬与躲字亦相类。）

瓮敝漏

《释文》云："瓮（卢本从雅雨本作'雍'），郑作甕，云停水器也。《说文》作罋，汲瓶也。"晁氏《易》云："漏，陆希声作屡，藉也。未知所据。"案：《释文》作"甕"，又引郑作"甕"，二字当有一误。《说文》"罋"谓汲瓶，（《释文》作罋，雍是雝之隶变。）瓮，罂也。今之甕字，乃瓮之变体。(《玉篇》:“甕同瓮。”）或郑作“瓮”。盖罂是缶器之大者，故云停水器也。屡，俗娄字，亦无藉义，当为字讹。（卢氏曰:“雍，旧本作甕。《观》注云‘郑作甕’，则正文非甕明矣。”富孙案：此亦臆改。惠氏《易述》改作“雍”，引郑注同，以雍为“罋甕”之省。《山海经·北海经》注:“县雍之山名汲甕，今俗作悬甕。”然未可据以改易。）

井渫不食可用汲

《史记·屈原列传》引作“井泄”，下作“可以汲”。《索隐》引京亦作“以”。(《渐》“其羽可用为仪”,《集解》引干“用”作“以”。《汉》公孙宏、卜式等传赞颜注、《文选·谢瞻答灵运诗》注引并同。）向秀注云:“泄者，浚治去泥浊也。”案:《说文》云:“渫，除去也。”泄本木名，是省借字以用，义同，古通用。

井收勿幕

《释文》云:“收，荀作甃。”干本“勿”作“网”。《汉上易》云:“幕，干作冂。”案：甃、收，声之转。《正义》引《子夏传》云:“甃亦治也。”是与四爻义同，亦通。网即罔字，与“勿”义相近。《说文》云:“冂，覆也。”徐音莫狄切，今俗作冪,《公食大夫礼》注云:“冪，今文或作幕。”义同。

水火相息

《释文》云:“息,《说文》作熄。”案:《说文》无引此《易》文，火部云:“熄，亦曰灭火。”马云:“息，灭也。”辅嗣注云:“息者，生变之谓。”陆氏以当作《说文》“熄”字云尔。(《孟子》“安居而天下熄”,《意林》作“息”。“王者之迹熄”,《左氏传序》疏、《文选·两都赋序》注并引作“息”字，亦通。虞云:“息，长也。”则与熄异。）

其文蔚也

《说文》文部“蔚”引作“斐”。(《释文》引同。《音训》引云:“又作斐。”)案:《说文》云:“斐,分别文也。”许所据孟氏《易》,与蔚义并通。(惠氏士奇曰:“君协蔚,其音若威。”是“斐”亦与“君”协。)

亨饪也

《说文》丮部引作“䰞饪”,云:“䰞,食饪也。”案:《说文》云:“鬲,鼎属。䰛,古文亦鬲字。象孰饪五味气上出也。”今《易》据许作“孰饪”,是与诸家本异。钱氏坫曰:“亨饪应为‘孰饪’字之讹。”(又案:饪训“大孰”。则二字义复。此或为《易》说,如称《易》“井法也”,称《诗》“不醉而怒谓之奰”之类。)

君子以正位凝命

《释文》云:“凝,翟作擬,云:‘度也。’”案:郑云:“凝,成也。”擬与凝形声相近,惟字异而训亦不同。

其形渥

《周礼·司烜氏》注引作“其刑剭”,疏引作“刑屋”。(《醢人》疏引作“刑渥”)《释文》云:“郑作剭。”《集解》引虞云:“兑为形,(惠校本改作‘刑’,下同。《困》《旅》并云‘兑为刑’,汉隶刑、形通。)渥,大形也。”《汉上易》引虞作“剭”,晁氏《易》云:“九家、京、荀、虞、一行、陆希声作刑。京房、九家、一行、陆希声作剭。薛云:古文作渥。”(九家《易》曰:“渥者,厚大,言罪重也。”)案:《秦始皇纪》引韩子“啜土形”,史公自序作“土刑”。汉碑形、刑二字多互用。《高彪碑》“形不妄滥”,《杨震碑》“靡恶不形”,皆以“形”为刑罚字。(后周《华岳颂》《夫子庙堂碑》《华阳观碑》荆字亦并作荆。)《司烜氏》“邦若屋诛”郑注云:“剭诛,谓所杀不于市,而以适甸师氏。”《小司寇》疏云："必于甸师者，甸师掌耕耨王耤，其场上多屋，就隐处刑之故。"郑云："若三公倾覆王之美道，屋中刑之。"《汉书·叙传》云："底剭鼎臣。"服虔注引《司烜氏》及此爻辞。师古曰："剭者，厚刑，谓重诛也。"是古本多作"刑剭"，或通作"形"，辅嗣因如字读，与诸家异义。

笑言哑哑

《释文》云："言亦作语。下同。"《众经音义》（六）引同。唐石经初刻作"语"。案：言、语，义不异。《说文》口部引作"哑哑"，《系传》引作"呝呝"。呝，喔也。非是。

亿丧贝

《释文》云："亿，本又作噫。六五同。"（宋本六五作"意"）《汉上易》引虞作"噫"（下同）。案：《金縢》"噫公命"，马本"噫"作"懿"，云"犹亿也"。《论语》"亿则屡中"，《汉·货殖传》《陈度碑》并作"意"。《周颂》"噫嘻"，定本作"意"，《文王世子》注："亿，可以为之也。"《释文》云："木又作噫。"古亿、意、噫字并通。（吴澄谓是古意钱之戏。古意、亿通用。）

跻于九陵

《释文》云："跻，本又作隮。"案：隮为跻之俗体，《说文》无此字。《书》"告予颠隮"，《宋世家》作"跻"，今本当为卫包所改。

震遂泥

《释文》云："遂，荀作队。"《汉上易》引荀作"隧"。案：虞注"遂"义同"坠"。《史记·扁鹊传》"阳脉下遂"，正义："遂，音直类反。"是"遂"与"坠"同。《说文》云："队，从高队也。"今俗作"坠"。《论语》"未坠于地"，汉石经作"隧"。《樊安碑》云："俾不失隧。"

此“队”之叚字。(《书》“三郊三遂”,《鲁世家》“遂”作“隧”，经传二字多通。)盖遂与队形声相似，而俗“坠”又与“隧”通，故队、隧亦通为“遂”字。

未退听也

《集解》本作“违听”，虞云:“坎为耳，故未违听也。”案：退与违亦字形相似，作“违”字义较长。

列其夤厉熏心

晁氏《易》云:“列，孟、一行作裂。(案:《集解》本同。)夤，孟、京、一行作朋。”《释文》云:“夤，郑本作膑，荀作肾。云互体有坎，坎为肾。薰，荀作动，云互体有震，震为动。”《韩诗外传》“夤”引作“膑”,“厉”作“危”。《集解》本“薰”作“阍”。(《象》同)虞云:“艮为阍。”古阍作熏字，马言熏灼其心。荀以熏为勋，读作动，皆非。《汉上易》引子夏作“薰”，孟、京、马、王作“熏”。案:《说文》云:“列，分解也。”“胂，夹脊肉也。”“裂”与“列”义同。马云:“夤，夹脊肉也。”辅嗣注云:“当中脊之肉。”是与许训“胂”同(徐锴曰:“夤当即此胂字。”)。郑作“膑”，当为“胂”之别体。胂、肾，声之转。夤本上从肉，与膑同，今俗本误从夕(姚氏小彭曰:“夤字从肉，字书作膑。”)。朋疑亦胂之叚字(《说文》:“朋，瘢也。”)。厉《小象》云“危”，故《韩诗》亦引同。《周本纪》“薰育”,《说苑》作“勋育”。《夏承碑》云:“策薰著于王室。”此古薰、勋通用。阍与薰声相近，动与勋又易致淆也。惠氏曰:“胡广《汉官解诂》云:‘光禄勋，勋犹阍也。’《易》曰:‘为阍寺。’”是薰与阍通。古动、勋字每相乱。《乐记》“讙以立动”注云:“动或为勋。”段氏曰:“夤当是上肉下寅，故郑作膑，非假夤敬字也。”阍者，古主门官，光禄主宫门，故曰勋。是古勋、阍通，此以汉时音读释经也。

言有序

《集解》本作“有孚”，虞云：“动得正，故言有孚。”案：二字义并通。

善俗

《释文》云：“王肃本作‘善风俗’。足利本同。”案：辅嗣注云：“贤德以止巽则居，风俗以止巽乃善。”是弼本有“风”字，郭京亦云。（《系辞》“显道神德行”，《文选·魏都赋》刘注引作“而神德行”。“立成器以为天下利”，荀悦《汉纪》引作“立象成器”。此二字今本或脱。）

妇孕不育

《释文》云：“孕，荀作乘。”案：郑云：“孕，犹娠也。”乘与孕音声相转。《宋世家》“战于乘邱”，徐广曰：“乘一作媵。”（《咸》上《象》、九家、虞亦然。）孕、媵声同。惠氏曰：“《管子·五行篇》‘䍲妇不销弃’，注云：‘䍲，古孕字。’《太元》驯首曰‘蝇其膏’，人一月而膏。蝇与䍲同。《玉篇》云：‘䍲或孕字。’孕读如绳，乘、绳声近，故九五孕与陵、胜为韵。”

所归妹也

《释文》云：“或作‘所以归妹’。”案：辅嗣注无“以”字。

君子以永终知敝

《释文》“敝”作“弊”。案：《诗》“敝予又改为兮”《释文》云：“敝本又作弊。”《文选·西征赋》作“弊”，李善注引同。《玉篇》：“弊，俗敝字。”钱氏曰：“弊、敝，古通用。”

女承筐无实

《释文》云:“筐，郑作匡。”(宋本筐、匡二字互易。)案:《说文》云:“匡，饭器筥也。”筐，或体字。

日中则昃

《释文》云:“昃，孟作稷。”案:《天官书》云:“食至日昳为稷。”《孝经钩命诀》云:“日稷而赤光起。”(《中候》宋均注:“稷，侧也。”)汉《郙阁颂》云:“劬劳日稷。”稷、仄声相近。(《田完世家》索隐曰:“侧、稷音相近。”)此汉人相承，假稷为仄也。惠氏曰:“《尚书·中候握河纪》云:‘至于日稷。’郑注云:‘稷，读曰侧。’”《谷梁春秋》经云:“戊午日下稷。”《公羊》《左传》皆作“昃”。范宁注:“稷，昃也。下昃谓脯时。”《灵台碑》云:“日稷不夏。”今《尚书》“稷”作“昃”，“夏”作“暇”，是“稷”与“昃”通。

月盈则食

《释文》云:“食或作蚀，非。”《集解》本作“蚀”。(惠校本改“食”)《众经音义》(二，又十四)引作“即蚀”。案:《王制》注云:“即或为则。”是声近义通。《诗》“日有食之”，《汉·刘向传》引作“蚀”。(《史》《汉》二字错见)《说文》:“蚀，败创也。”《释名》云:“日月亏曰蚀。稍小侵亏，如虫食草木之叶。”此当为俗通字。(《春秋》隐三年“日有食之”，《释文》:“食，本或作蚀，音同。”)

遇其配主

《释文》云:“配，郑作妃，云:‘嘉耦曰妃。’”《汉上易》引孟喜作“妃”。《集解》引虞注同。案:《释诂》曰:“妃，合也。”又训“匹”，“对”“媲”义同。《说文》云:“妃，匹也。”“配，酒色也。”《诗·皇矣》疏引某氏云“天立厥妃”，今《毛诗》作配，是“妃”为正字，“配”

假借字。惠氏士奇曰："古配读为妃。虞注亦曰妃嫔。盖配，古妃字。非改配为妃也。"《大戴》"配以及配"，《礼记》作"妃"，古今字。段氏曰："妃本上下通称，后人以为贵称耳。"配当是妃省声，故叚为妃字。

虽旬无咎

《释文》云："旬，荀作均（《说卦》为均，《周礼·均人》注云：'坤为均。'今《书》亦有作'旬'者，《内则》注引同。）。刘昞作钧。"案：《均人》注云："旬，均也。"（辅嗣注同）疏云："旬与均俱有均平之意。"《内则》"旬而见"注云："旬当为均，声之误也。"盖旬、均，声之转，古亦通。《诗》"秉国之钧"，《汉·律历志》引作"钧"，云："钧者，均也。"音义并同。晁氏曰："旬，古文均字。"

丰其蔀

《释文》云："蔀，郑、薛作菩。云：'小席。'"案：《说文》云："菩，草也。"《广韵》："蔀，小席也。"是蔀为后人滋乳之字。晁氏曰："菩，古文蔀字。"

日中见斗

《释文》云："孟作'见主'。"案：《诗》"酌以大斗"徐仙民音"主"（《周礼·鬯人》音同）。宋均《易纬》注云："斗，主也，四行之主，故谓之神斗。"是"斗"音义与"主"同，故孟作"主"。

丰其沛

《释文》云："沛，本或作旆，谓幡幔也（辅嗣注同）。子夏作芾，传云：'小也。'郑、干作芾（旧作韦，误。），云：'祭祀之蔽膝。'"晁氏《易》云："陆希声作芾，近文作昁。"案：沛、旆同音。据辅嗣注，以沛为借字。《释言》："芾，小也。"《诗》"蔽芾甘棠"，毛云："蔽芾，小貌。”义同。汉《荡阴令张迁碑》作“蔽沛棠树”。沛、芾声相近。《说文》:“市，韠。”经典作“芾”，是市之别体，故郑云“蔽膝”。诗《候人》《斯干》《采菽》，皆以“芾”为“市”。沛、市亦音相近。《玉篇》:“昁，不明貌。”《集韵》云:“或从日作昁。”此尤俗本之擅改也。（段氏曰:“芾与沛，盖本用古文作‘市’，而后人改之。”）

日中见沫

《释文》云:“沫，《字林》作昧，云斗杓后星。郑作昧，服虔云:‘日中而昏也。’《子夏传》云:‘昧，星之小者。’马同。薛云:‘辅星也。’”《汉书》(《王肃传》《王莽传》) 并引作昧。晁氏《易》云:“九家、虞亦作昧。”《广韵·十三未》引同。案:诸家皆作“昧”。子夏、马、薛、《字林》、王肃谓“星”，郑、服谓“昏昧”。王弼以“沫”为“微昧”之明。昧、沫亦声相近。昏昧而见星，其义并通。惠氏曰:“日中见斗，日食之象也。汉儒以日中见沫为日食，良然。”（见《集解》本评注）

折其右肱

《释文》云:“肱，姚作股。”案:《史记·十二诸侯表》“鲁成公黑肱”,《鲁世家》集解作“股”。肱、股音相近，义并通。

丰其屋

《释文》云:“丰,《说文》作寷，云:‘大屋也。’”(《音训》引同）案:《广雅》云:“寷，大也。”是与“丰”义同。然字从宀，故许云“大屋”。今作“寷其屋”，于义似不顺。段氏曰:“称《易》说寷，从宀、豐，会意之旨，今本皆于引《易》误作寷字。”

阒其无人

《释文》云:“阒，马、郑云:‘无人貌。’《字林》云:‘静也。’姚作鬩，孟作窒，并通。"案：张有《复古编》云："狊，俗别作阒，静也。"《说文》无阒字，《释言》："鬩，恨也。"《毛诗传》云："很也。"姚当依《尔雅》义。《说文》："窒，窫也。"窒窫即"蔀其家"之意，故陆云"并通"，皆形近音转之异。钱氏曰："虞仲翔训为空。"仲翔世习孟氏《易》，当亦用窒字。窒本训窫，反训为空，犹乱之训治，徂之训存也。《列子·黄帝篇》注："空，一本作窒。"《庄子·达生篇》引亦作"窒"，是"窒"有"空"义也。

天际翔也

《释文》云："际，郑云当为瘵。瘵，病也。翔，郑、王肃作祥。"《集解》本作"降祥"（惠校本依虞作"际祥"，影宋本同。）。孟云："天降下恶，祥也。"案：瘵、际字形相似，故郑云"当为瘵"。《汉·西域传》师古注："翔与详同，假借用。"详、祥，字本通。古恶征亦曰祥。《左氏》昭十八年传"将有大祥"疏云："祥者，善恶之征。《中庸》'必有祯祥'，吉祥也。'必有妖孽'，凶祥也。祥是善事，里析以灾为祥者，对文言耳。"是郑、王当皆从孟义。钱氏曰："李鼎祚据孟喜本作'降祥'。汉儒相承之本如此。际、降字形相涉，故本或为际，郑读为瘵，训病。虽与孟本异，而意犹不甚远。王弼改为翔，疏家以为如鸟之飞翔于天，失之甚矣。"

自藏也

《释文》云："藏，众家作戕。马、王肃云：'残也。'郑云：'伤也。'"案：《诗》"曰予不戕"，《释文》云："戕，王本作臧。"古臧即为藏字。戕、藏声相近。郭注《方言》云："今淮南人呼壮为伤（虞注《大壮》训同）。音声相转也。"（段氏曰："以从草之藏为'臧匿'字，始于汉末，改易经典，不可从也。"）

旅琐琐

《释文》:"琐，或作璅字者，非。"案:《说文》云:"璅，石之似玉者。"与"琐"字义别。《文选·东京赋》注云:"璅璅，小也，一作琐。"是古二字有通用者，故《诗·节南山》《释训》"琐琐"释文并云:"或亦作璅。"

得其资斧

《释文》云:"《子夏传》及众家并作'齐斧'。张轨云:'齐斧，盖黄钺斧也。'张晏云:'整齐也。'应劭云:'利也。'《志林》云:'齐当作斋，斋戒入庙而受斧。'下卦同。"(《巽》"丧其资斧",《汉·王莽传》引作"齐斧"。应劭云:"亡其利斧，言无以复断斩也。"《叙传》及师古注引同。)案:《考工记》注云:"故书资作齐。"杜子春云:"齐当为资。"资、齐，音之转，古或通用。王肃等以"旅"为军旅，故虞喜云:"当作斋，师出必斋戒入庿受斧耳。"段氏曰:"《说文》:'鉘，利也。'《子夏传》作齐，然则鉘为正字，齐为叚借字。"

旅人先笑后号咷

《汉·孝成许皇后传》作"咲"(一仍作"笑"),师古曰:"咲，古笑字。"案:《说文》无咲字，今竹部笑字本阙，为徐铉所增。《唐韵》引《说文》云:"喜也。从竹从大。"李阳冰刊定从竹从夭，是咲为别体字。毛氏居正曰:"笑字古作关，从八，象眉目悦貌，后转作笑，俗讹作笑。"惠氏曰:"古本《汉书·薛宣传》'壶矢相乐',今本云'壹关相乐'。晋灼云书篆形'壹关'字象'壶矢',因曰壶矢。"然则"关"为古"笑"字审矣。

其义焚也

《释文》云:"一本作'宜其焚也'。"案:《中庸》曰:"义者，宜

也。”马云：“义，宜也。”二字义同。（虞注同今本）

巽

《说文》丌部云：“顨，巽也。此《易》顨卦为长女为风者。”（段氏本此篆移次巽下。）案：《说文》又云：“巽，具也。古文作巺，篆文作巽。”（段氏曰：“篆”疑当作“籀”字之误也。”）顨、巽音义并同。许所称为孟氏《易》，今作“巺”，当为后人从省用字（惠氏曰：“顨，古文巽。”）。段氏曰：“羲文作顨，小篆作巽，许于此特言之者，存《周易》最初之古文也。”

涣有丘匪夷所思

《释文》云：“邱，姚作近。夷，荀作弟。”案：近字未审其异，或亦以形相似。《释诂》云：“夷、弟，易也。”义本同。《说文》“鶇”或从弟作鵜。夷、弟形相类，故亦通用。

豚鱼

《释文》云：“豚，黄作遯。”案：《集解》云：“虞氏以三至上体遯，便以豚鱼为遯鱼。”是虞作“遯”，“遯”与“豚”亦形声相近，黄颖本当即从虞也。

鸣鹤在阴

《集解》本“鹤”作“鸖”（《系辞》同。惠校本改“鹤”。），《众经音义》（三九）引作“鸣鸖在渚”。案：《卫世家》云：“懿公好鸖。”此当为别体字。元应书亦多从俗，“渚”字或涉《诗》文而误。（《杂卦》：“蒙者，蒙也。”《众经音义》（三）引作“瞈也”。又（廿二）引作“幪”，云“谓幪覆不明也。”此并意改。）

吾与尔靡之

《释文》云：“靡，本又作縻。（此从《音训》。宋本、卢本同。旧作縻，误。）干同。《韩诗》云：共也。孟同。《埤苍》作縻，陆作𦆅，京作劘。”（《系辞》同）《汉上易》引子夏、陆绩作“縻”。《后汉书》注（《张衡传》《孟尝传》）引同。案：荀子《富国》注云：“糜，散也。”《少仪》“国家靡敝”疏云：“或可靡为糜，谓财物糜散凋敝。”古字通用。辅嗣、干宝云：“散也。”虞从孟义训“共”，《埤苍》作“縻，散也”。《汉·律历志》注同。𦆅即縻之变。《汉·扬雄传》应劭注云：“劘，屑也。”《集韵》：“劘，分也。”与“散”义亦相近。（晁氏引京作“靡”。）

妇丧其茀

《释文》云：“茀，子夏作髴，荀作绂，董作髢。”《集解》引虞云：“茀（惠校本改作“髴”，经文同。）发谓鬒发也。或作茀，为妇人蔽膝，非。”晁氏《易》云：“孟喜、一行亦作髴。”案：子夏、孟、虞、一行皆作“髴”。马、王肃、弼作“茀”，谓首饰。董作“髢”，与“髴”义相近。郑作“茀”，云“车蔽”，盖本《诗》“翟茀”之文。（《毛传》：“茀，蔽也。”）干云“马髴”，二义又异。荀作“绂”，是为蔽膝，绂即市之别体。此并以音同形似而异。《诗·释文》“朱茀”云：“本又作芾，或作绂。”古多通假用之。

繻有衣袽

《说文》糸部引作“繻有衣”，又引作“需有衣絮。”《周礼·罗氏》注：“郑司农云：襦读为繻有衣絮之繻。”（案：絮当为絮之讹，下并同。《释文》：絮女居反，字又作袽。）《弓人》注：“郑司农云：帤读为襦有衣絮之絮。”（《释文》：“襦本亦作𧝄，絮本亦作帤，《周易》作袽。”）《释文》云：“繻，子夏作𧝄。（晁氏作繻）王廙同薛，云：‘古文作繻。’”“袽，《说文》作絮，（此从《音训》，卢本同。旧作絮，误。）云：‘缊也。’《广雅》云：‘絮，䋏也。’子夏作茹，京作絮。”《系传》巾部引作“濡有衣帤”，云：“《黄庭经》曰：‘人间纷纷臭如帤。’皆弊屚孔之故帛也。”案：《说文》云：“繻，缯采色。读若《易》繻。”此当作“襦”，若同字，无烦读若，故子夏作“襦”。繻、襦偏旁易讹，。或别本作濡，许省作“需”。辅嗣注云：“繻，宜曰濡。”小徐直引作“濡”。（程氏端礼曰：“繻当作濡。”）今本作“繻”，当是同音通假。（郑、王肃音“须”）《说文》云：“袈，敝衣。”“絮，絜缊也，一曰敝絮。”“絮，敝绵也。”“帤，一曰敝巾。”袽，即疑即袈之别体。《玉篇》云：“絮或作袽。”是絮为正字，余并以音义相近通用之。段氏曰：“虞翻云：‘袽，败衣也。’然则袽即袈字。”絮与袈可通用。晁云：“袽又作袈。愚谓袽、袈皆袈之误字耳。”

小狐汔济濡其尾

《春申君传》引作“狐涉水，濡其尾。”案：汉初是或别本如此。或史公以训诂窜易之。

易经异文释五（系辞上）

嘉兴李富孙芗沚 著

天尊地卑

《释文》云：“卑，本又作埤，同。”（下“知崇礼卑”《释文》：“卑，本亦作埤。”下同。）案：《说文》云：“埤，增也。”《汉·五行志》“塞埤拥下”师古注：“埤，卑也。”《司马相如传》“其埤湿”注云：“埤谓下地也。”是与“卑下”义通。《荀子·宥坐》注：“埤读为卑。”《西狭颂》云：“灭高就埤。”即与“卑”同。卑、埤，声之转。

刚柔相摩

《众经音义》(十)引作“坚柔”。《释文》云:“摩,本又作磨。京云:‘相硙,切也。’马云:‘摩(《音训》引作磨),切也。’”案:《诗·烝民》笺云:“刚,坚强也。”义亦同。《说文》云:“䃺(俗省作磨),石硙也。”“摩,揅也。”《诗》“如琢如磨”,《释文》云:“磨,本又作摩。”《论语》“磨而不磷”,汉《吉成侯州辅碑》作“摩而不粼”。古二字同音通用。

八卦相盪

《释文》云:“盪,众家作荡。马云:‘除也。’桓云:‘动也。’”案:《乐记》作“荡”,注云:“荡犹动也。”《郊特牲》曰:“涤荡其声。”此叚为盪字。《左氏》昭廿六年传“震盪播越”(《释文》云:“盪本又作荡。”)、汉《蔡湛颂》云“盪盪有功”,则叚为荡字。《释名》云:“荡,盪也。排盪去薉垢也。”今亦同音通用。惠氏曰:“《说文》盪为涤器,当从诸家作荡。后汉惟《蔡湛碑》以盪为荡,从俗作也。”(又曰:“六经无盪字,盖始于后汉。韩伯以为‘推荡’,俗训也。”)

鼓之以雷霆

《释文》云:“霆,蜀才云:疑为电。”(旧本“疑”作“凝”,非。)案:京本作“霆”,《乐记》亦作“雷霆”,是不当为“电”字。(《左氏》襄十四年传》“畏之如雷霆”《释文》云:“霆本又作电。”)

日月运行

《释文》云:“运,姚作违。”案:违与运,声近形似之讹。

乾知大始

《释文》云:“大,王肃作泰。”案:《说文》云:“泰,滑也。古文作夳。”是泰本“滑泰”字,读他达切,后转读他盖切,用为

"通""大"二义。大部云："大，古文大也。（他达切）"是夳又作大，后人大、泰二字遂通用无辨。（《左氏》隐公传《释文》云："旧泰字皆作大。"）段氏曰："后世凡言大而以为形容未尽，则作太。"谓"太"即《说文》夳字。夳即泰，则又用泰为太，展转貤缪，莫能諟正。

坤作成物

《释文》云："作，虞、姚作化，姚云：'化当为作。'"案：化、作亦字形相似而溷。惠氏曰："坤称化，承乾而成物，故化成物。"

坤以简能

《释文》："能，姚云：当作从。"案：下云"易则易知，简则易从"，故姚云当为"从"，其义亦通。

而天下之理得矣

《文中子·述史》引作"天地之理"。（下"弥纶天地之道"《释文》作"天下"，云："一本作天地。""遂成天地之文"，《释文》："一本作天下。"晁氏曰："王昭素云：诸本多作天下。"）案："天地"与"天下"文义皆异，而理亦各通。

刚柔者昼夜之象也

《释文》云："虞作'昼夜者，刚柔之象也'。"案：以上"吉凶""悔吝""变化"例之，当作"刚柔者"。韩注亦作"昼夜者"，是与虞本同。（《说卦》虞注又同今本）

易之序也

《释文》云："序，虞作象。"《集解》本同。案：下云"君子居则观其象"，则作"象"义合。陆云："序，象也。"京云："次也。"是亦为序字。晁氏曰："旧读序（当作象），作原或作序者，非。"（案：此本虞说。《集解》作"旧读象作厚"，厚字疑误。）

所乐而玩者

《释文》云:“乐,虞本作变。(下‘乐天知命’,《释文》:‘乐,虞作变。’)玩,郑作翫。”《集解》本作“所变”。虞云:“旧作乐字,误。”案:下言“动则观其变”,又云“爻者言乎变”,当从虞为长。唯乐天作“变”,于义未协。陶征士《归去来辞》所用与今同。《说文》云:“玩,弄也。”或作貦。翫,习猒也,古字通用。(《左氏》昭元年传“翫岁而愒日”,《释文》云:“翫字又作玩。”)

言乎其小疵也

唐石经“言”作“存”。案:上三句皆云“言”,则此句当同。据《正义》亦为“言”字,宋本、岳氏本皆然。石经当涉下文“存”字而误。(顾氏说同。)

彌纶天地之道

《释文》:“彌,本又作弥。”案:《说文》云:“镾,久长也。”今变作彌。爾、尒二字义异,惟辵部“邇”古文作“迩”,是从省,通。

俯以察于地理

《释文》云:“察,一本作观。”案:“观”与“察”义相近,与上并作“观”,亦通。(《集解》本“以”作“则”。)

原始反终

《释文》云:“郑、虞作‘及终’。”案:《乐记》“克殷反商”注云:“反当为及。”“及”与“反”,以字形相似而淆耳。

而道济天下

《释文》云:“道,郑云当作导。”案:文义作“导”,尤通。

旁行而不流

《释文》:“流,京作留。”案:《庄子》“天地留动而生物”,《释文》

云："留或作流。"后汉《孔彪碑》云"疾弥流"，即《顾命》之"弥留"。嵇康《琴赋》"忽飘飖以轻迈，乍留联而扶疏"，"留联"亦"流连"，字并同音通用。

范围天地之化

《释文》："郑云：'范，法也。'马、王肃、张作'犯违'。张云：'犹裁成也。'"案：《说文》云："范，法也。""範，範軷也，读与犯同"。（《周礼·大驭》作"犯軷"。）是"范"为本字，"範"为假字。"範"读与"犯"同，故马、王、张又作"犯"。《列子·汤问》"周犯三万里"，《释文》云"犯一本作範"，此即以"犯"为"范"字。（惠氏士奇曰："据《说文》，则驰驱之'範'因'犯軷'而得名。範者象其形，犯者言其义。"）违与围声同，当亦通借，故张训义不甚异。段氏曰："《少仪》注云：軓是軓法也。《易》'范围'字当作'軓'，或作'笵'，而'範'其叚借字也。"马、王作"犯"，此亦範、犯同音通用之证。

君子之道鲜矣

《释文》云："鲜，郑作尟。马、郑、王肃云：'少也。'"（《下系》"鲜不及矣"，《释文》作"尟"，云："本亦作鲜。"）案：《说文》云："尟，是少也。尟俱存也。"（段氏本下尟字订作"是少"）"鲜，鱼名。"则尟为本字，鲜假借字。《汗简》云："尟，本古文鲜字。"（富孙案：此为古今字。后人凡见有与今字异者，辄以为古文，非是。）

藏诸用

《释文》云："藏，郑作臧，云：'善也。'"（下"知以藏往"，《释文》："藏，刘作臧，善也。"）《汉·翼奉传》引作"臧"。案：《汉·礼乐志》云："臧于礼官。"师古曰："古书怀藏之字，本皆作臧。《汉书》例为臧耳。"《说文》无藏字，今《新坿》有之。班书皆以"臧"为

“藏”,《魏相传》“臧器于身”，今亦作“藏”，俗字。此古本当作“臧”，故郑训为“善”。(《诗》“中心藏之”，笺云:“藏，善也。”当亦本作“臧”。) 晁氏以篆无臧字，甚缪。

成象之谓乾

《释文》云:“成，蜀才作盛。”(《说卦》“莫盛乎艮”,《音训》引《释文》:“盛，郑又作成，裹也。”今本作“郑音成”。) 案:《公羊》庄八年传云:“成者，盛也。盛则曷为谓成? 讳灭同姓也。”(成本盛国)《周礼·掌蜃》注云:“盛犹成也。”《汉武帝纪》“礼日成山”,《郊祀志》作“盛山”。《释名》云:“成，盛也。”《荀子·王霸》注:“盛读为成。”是“盛”与“成”字古通。

效法之谓坤

《释文》作“爻”，云:“马、韩如字，放也。蜀才作效。”《集解》云:“爻犹效也。”(惠校本经文改作“爻”) 案：效字古本当从省作“爻”,《下系》云:“爻也者，效此者也。”盖“爻”本有“效”义。

其静也专

《释文》云:“专，陆作抟(一作砖，误。)，音同。”案:《说文》云:“嫥，壹也。”今通作专。《左氏》昭廿年传“若琴瑟之专壹”,《释文》云:“专，董遇本作抟。”《秦始皇纪》琅邪台刻石曰:“抟心壹志。”此即以“抟”为“专壹”字。

其静也翕

《汉·王莽传》云:“动静辟胁。”师古曰:“胁，收敛也。《易·上系》之辞，故莽引之。(惠氏《易述》作胁，云古文翕。) 翕、胁之声相近，义则同。”案:《孟子》“胁肩”,《汉·扬雄传》作“翕”。《吴王濞传》颜注云:“胁，翕也。”《庄子·天运》云:“子口张而不能嗋。”并与“翕”义同。

知崇礼卑

《释文》云：“礼，蜀才作体。”（下“以行其典礼”，《释文》：“礼，姚作体。”）案：《礼器》云：“礼也者，犹体也。”《诗》“无以下体”，《韩诗外传》引作“下礼”。是“体”与“礼”字通，故“礼”或作“体”。（《荀子·修身》注同）声转形似，而义亦相近。

圣人有以见天下之赜

《释文》云：“赜，九家作册，京作啧，云：‘情也。’”（一本情作精，误。下“探赜索隐”，《释文》：“赜，九家作册。”许冲《说文叙》作“啧”。“有以见天下之赜”，《释文》：“之赜，本亦作之至赜。”足利古本同。）《说文》自叙作“啧”。《左氏》定四年传、《正义》引同。案：疏曰：“赜谓幽深难见，古无此字。”徐铉谓俗书讹缪，不合六书之体，当通用啧。《说文》“啧”或作“譆”，赜与譆字形相似，或以此致讹。后汉《祝睦碑》云：“探啧穷神。”《范式碑》：“探啧研机。”皆作啧字。《释名》云：“册，赜也。”《说文叙》曰：“文字者，经埶之本，王政之始，前人所以垂后，后人所以识古，故曰知天下之至啧而不可乱也。”是许以文字深微为“至啧”，而简册以载文字，故刘熙以啧释册，当为古义，则册与啧亦通。徐氏锴曰：“《太元经》探赜索隐之赜皆作啧。《说文》无赜字也。”惠氏曰：“经赜字皆当作啧。”《太元经》云：“阴阳所以抽啧。”啧，情也。定四年《左传》“啧有烦言”，贾逵曰：“啧，至也。”《正义》引《系辞》云：“谓见其至深之处。”啧亦深之义也，是古皆作“啧”。（又曰：“九家作册。”册，古文策。）

以行其典礼

《释文》云：“京作‘等礼’。”案：《晋语》曰：“从其等礼”。韦注云："从尊卑之等，谓之礼。"《大戴·立言》曰："圣人等之以礼。"京氏正依此义。《说文》"典"古文作"䈅"，与"等"字亦形声相近。

而不可恶也

《释文》云："恶，荀作亚。亚，次也。(《释言》文）马、郑乌洛反，并通。"案：《说文》云："亚，丑也。贾侍中说，以为次第也。"亚与恶，音义同。古亚或作恶。《书大传》："王升舟，入水，鼓钟恶，观台恶，将舟恶，宗庙恶。"注云："恶读为亚，次也。"《周礼·肆师》注引并作"亚"。荀、郑训亚为"次"，与贾说合。晁氏云："亚，古文善恶字。非。"惠氏曰："古文亚皆作恶。"《尚书大传》郑注读恶为亚。秦《诅楚文》云："告于丕㬎大神亚駞。"《礼器》作"恶駞"。宋时有玉印曰"周恶父印"，刘敞以为即条侯亚父。《史记》"卢绾孙他之封恶谷侯"，《汉书》作"亚谷"，故荀氏以"恶"为"亚"。

言天下之至动

《释文》云："动，众家并然。郑本作啧，云：'当为动。'九家亦作册。"《集解》引虞云："动，旧误作啧也。"案：古本当有作啧，故九家亦作册。《说文叙》作啧，郑云"当为动"，是依众家本。《正义》云："以文势上下言之，宜云至动而不可乱也。"则韩伯本亦作"至啧"。

议之而后动

《释文》云："陆（宋本作郑）、姚、桓元、荀柔之作'仪之'。"案：仪与议，字形相涉。《有司彻》注云："今文仪，或为议。"《说文》云："仪，度也。"引申为"仪象"义，亦通。（隋《梁罗墓志》"羽仪"字作"议"。）

荣辱之主也

《说苑·说丛》引作"之本"。案："本"与"主"字虽异而义自通。

董子云：“枢机之发，荣辱之端，亦义相近。”

或默或语

《释文》云：“默字或作嘿。”案：《说文》云：“默，犬暂逐人也，读若墨。”《汉书音义》云：“嘿，静也。”《左氏》哀十一年传：“我不欲战而能默。”《释文》云：“本亦作嘿。”当为古今字。（《史记·田蚡传》“日默默不得志”，《汉书》作“墨墨”，亦古通用。）

二人同心

《越绝书·德序外传记》引作“君臣同心”。案：《乐纬·稽耀嘉》曰：“君臣之谊生于金。”《越绝》本言主臣之术，极进言听计之专，故改易经文以就其说。盖二人亦无定指。《书》“我二人共贞”，即谓成王周公也。（虞注云：“二人谓夫妇。”）

苟错诸地而可矣

《释文》云：“错，本亦作措。”（下“举而错之”，《释文》同。）《系传》手部引作“措”。案：《说文》云：“措，置也。”“错，金涂也。”文义皆异，是“措”为本字。凡经典通作“错”者，皆假借字。

有功而不德

《释文》云：“德，郑、陆、蜀才作置。郑云：‘置当为德。’”案：古“道德”字作“悳”，与置字形似，亦易相乱。卢氏曰：“置、德古通用。”《大戴·哀公问五义》云：“躬行忠信，其心不置。”《荀子·哀公》：“言忠信而心不德。”

则言语以为阶

《释文》云：“阶，姚作机。”案：机、阶，声相近义亦通。

幾事不密

《汉·王莽传》作“机事”，师古注引同。（《下系》“知幾其神乎”，

《魏志·袁涣传》注、《系传》并引作“知机”。“幾者动之微”,《文选·欧阳建诗》注引作“机”。“见幾而作”,《袁涣传》注引作“机”。）案:《左氏》·昭廿二年“宋仲幾”,《公羊》作“机”。《说文》云:“幾，微也，主发谓之机。”《下系》曰:“幾者动之微。”二字义相近，古通用。

作易者

《释文》作“为易”，云:“本又云‘作易’。”《集解》引虞作“为易”。案:《释诂》云:“作，为也。”二字义同。

上慢下暴

《汉书·叙传》作“上嫚”，师古注引同。（下“慢藏”,《后汉·崔骃传》注引作“嫚藏”。）案:《说文》云:“慢，惰也。”“嫚，侮易也。”二字义略异。《汉书》多以“嫚”为“慢”,《武帝纪》师古注云:“嫚与慢同。”

慢藏诲盗

《释文》云:“诲，虞作悔，谓悔恨。”《集解》引虞云:“坎心为诲。”（惠校本改作“悔”，经文并同。）案:《论语》“吾未尝无诲焉”,《释文》云:“诲，鲁读为悔字。”盖诲、悔字形相涉，故各据所读释之。（惠氏曰:“古悔、诲通用。”）

冶容诲淫

《释文》云:“冶，郑、陆、虞、姚、王肃作野，言:‘妖野容仪，教诲淫泆也。’王肃云:‘作野，音也。’”（卢氏曰:“此七字衍文，俱已见上，必写者妄增。”）《太平广记》引作“蛊容诲淫。”案：野、冶同音，故诸家作“野”。《后汉·崔骃传》注引郑云:“饰其容而见于外曰野。”（旧作冶，误。）《列女传》曰:“避嫌远别，终不野容。”此谓野处自障蔽也，义与郑略同。《马融传》“田开古蛊”注云:“蛊与冶通。”《集韵》:“蛊，又音以者切，义同冶。”《说文》云:“淫，浸淫随理也。”“婬，厶逸也。”是“淫”亦“婬”之叚字。段氏曰:“野、冶，皆蛊之叚借。”《张衡赋》言:“妖蛊，今言妖冶。”桂氏馥曰:“《南都赋》‘侍者蛊媚’，五臣作冶媚。《众经音义》云:“《声类》：蛊，弋者反。《周易》作冶。”

故再扐而后挂

《说文》手部“挂”引作“卦”。《释文》云:“挂，京作卦。云：再扐而后布卦。”《乾凿度》《集解》本同。（上掛一作挂，惠校本并作掛。）案:《说文》有“挂”无“掛”。《少牢馈食礼》注云:“古文挂作卦。”《乾》疏引《易纬》云:“卦者，挂也。言悬挂物象以示于人，故谓之卦。”据许书、孟、京皆作“卦”，义通。段氏曰:“虞作挂，谓再为分二挂一，作卦者谓于此起卦爻。”皆通。张氏惠言曰:“作卦义长。”

天数二十有五

唐石经“二十”作“廿”。（下“五百二十”同。又下“三十”作“卅”。）案:《说文》云:“廿，二十并也。”“卅，三十并也。”并古文省。《论语》“年四十而见恶焉”，汉石经“四十”作“卌”。盖古金石文字皆多从省。

乾之策

《释文》云:“策，字亦作筴。”案:《说文》云:“策，马箠也，亦用为筹策字。”《曲礼》“书策琴瑟”，《释文》作“筴”，云:“本又作策。”“筴为筮”《正义》曰:“谓蓍为筴者，筴以谋筴为义。”《士冠礼》“筮人执筴”，此为“策”之隶变。《颜氏家训》曰:“简策字竹下施朿。末代隶书有竹下为夾者，如刺字之傍，应为刺。今亦作夾。”徐仙民《春秋礼音》遂以“筴”为正字，以“策”为音，殊为颠倒。（段氏曰:

“《曲礼》梜训箸，《字林》作筴。” 则筴不可以代策明矣。）

当期之日

《释文》云：“期，本又作朞，同。” 案：《说文》云：“期，会也。古文作晉。“稘，复其时也。” 引《书》“稘三百有六旬”，则凡期月字当作“稘”，今通作“期”，又从“晉”字，移月旁于下作“朞”，亦俗体。

引而伸之

《释文》云：“伸，本又作信。”（《下系》“来者信也”，《释文》：“信，本又作伸，同。”）案：《士相见礼》注云：“古文伸作信。”《儒行》注云：“信，读如屈伸之伸。” 叚借字也。《穀梁》隐元年传范宁解云：“信、申字，古今所共用。” 韦昭《汉书音义》云：“信，古伸字。” 此古皆借信以为伸也。毛氏晁曰：“古惟申字，后加立人以别之。” 段氏曰：“古但作诎信，或用申为之。”

是故可与酬酢

《释文》云：“酢，京作醋。”《说文系传》引作“醻醋”。案：《说文》云：“醻，主人进客也。” 或作酬。“醋，客酌主人也。”“酢，醶也。” 醋、酢二字义别，酢读仓故切，为“酸酢”字。《方言》：“关东谓酢曰酸。”《士虞礼》注云：“醋报是酬。酢当作醋。”《释名》曰：“醋，措也，古方多作酢。” 是在汉时二字已相乱矣。（《特牲馈食礼》注：“古文醋作酢。”《有司彻》注：“今文醋曰酢。”）顾氏曰：“古人酢、醋二字多互用。”《士虞礼》《特牲馈食礼》《少牢馈食》《有司彻》酢字皆作醋。《内则》《杂记》下注云“酢截”。《表记》注云：“淡无酸酢，少味也。”《急就篇》“芜荑盐豉醯酢醬” 并是醋字，盖由在各、仓故二切音相近而误。（案：顾氏犹据俗行字言之。）卢氏曰：“酢醋，后来每互易用之，京氏尚不失其旧。”

易有圣人之道四焉

《释文》云：“明僧绍作君子之道。”案：“君子”义亦通。依此章末句，当作“圣人”。

以言者尚其辞

《释文》：“下三句无‘以’字。”案：弟五、弟十章有叠用三“以”字，是古人之文不必省一二字也。

其受命也如嚮

《释文》云：“嚮又作響。”《集解》本、唐石经、足利本、古本、宋本并作“響”（《音训》云：“今本作響。”）。《魏志·文帝纪》注引同。案：疏云：“谓蓍受人命，报人吉凶，如響之应声也。”《说卦》注“蓍受命如嚮”，《释文》云：“本又作響。”《汉·刘向传》云：“神明之应，应若景嚮。”《刘熊碑》云：“莫不嚮应。”響、嚮字古多通。嚮，俗字。

参伍以变

《汉·律历志》作“参五”。《集解》引虞云：“谓五岁再扐而后挂。”案：《春秋》“伍参”“伍举”，《古今人表》并作“五”。“伍奢”“伍尚”，《广韵》亦作“五”。《说文》云：“伍，相参伍也。”旧本或从省作“五”，虞当随文生训。

遂成天地之文

《释文》云：“虞、陆本作‘之爻’。”案：虞注仍作“文”，不从“爻”。是陆所见本当异。爻与文，字形亦相似。

而察于民之故

《集解》本“于”作“与”。案：于、与，声之转。

圣人之所以极深而研幾也

《释文》云：“研，蜀才作揅。幾，本或作机。郑云：‘机当作幾。’

幾，微也。”案:《说文》云:“研，䃺也。”“揅，摩也。”是“揅”为本字。幾、机二字，义本异，古或通借用之。惠氏曰:“《范式碑》作研机。”是古《易》皆作“机”。今王弼本直作郑所训字，失其本矣。

夫《易》开物成务

《释文》云:“一本无‘夫易’二字。开，王肃作闿。”案：上文已云“夫易”，故此二字本或无之。《说文》云:“闿，开也。”《诗·大东》笺“闿置官司”,《释文》云:“字亦作开。”二字音义同。《众经音义》（十三）引《声类》:“闿，亦开字。”

圆而神

《释文》云:“圆本又作员。音同。”《少牢馈食礼》注引作“圜”。案:《说文》云:“圜，天体也。”“圆，圜全也。读若员。”“员，物数也。”三字义异。然《说文》读若字，经典多通用。《考工记·轮人》注云:“故书圜或作员。”《文选·西京赋》注引《字书》云:“圜亦圆字。”今沿袭既久，皆溷殽无别矣。

易以贡

《释文》云:“贡，京、陆、虞作工。荀作功。”案:《周礼·太宰》注云:“贡，功也。”《曲礼》“五官致贡曰享”注同。“工”与“功”亦通。《书》“天工人其代之”,《汉·律历志》引作“天功”。《肆师》注云:“故书功为工。郑司农:‘工读为功。’”古者工与功同字，盖贡、功义同，亦声相近。惠氏曰:“工读为功，阴阳相变，功业乃成。”

圣人以此洗心

《释文》云:“洗，京、荀、虞（一作陆，非）、董、张、蜀才作先。石经同。”《集解》引虞云:“谓庖牺以蓍神知来，故以洗心。”（惠校本改作“先心”，经文同。）案:《汉·百官公卿表》“先马”，张晏曰："《国语》'句践亲为夫差先马'，先或作洗也。"是古"先"字或作"洗"，故韩伯本作"洗"。先、洗，音相近。然诸家及蔡邕《石经》皆作"先"。班固《幽通赋》云"神先心以定命兮"，当亦用此《易》文。惠氏曰："古洗濯字皆作洒，无作洗者。唯王肃及韩伯作洗心，非也。"

而不杀者夫

《集解》引虞"杀"读为"衰"。案：《释文》云："杀，马、郑、王肃、干：所戒反。陆、韩如字。"《礼记》"志微焦杀之音作"，《史记·乐书》作"焦衰"。《郊特牲》注云："杀，犹衰也。"（《士冠礼》注同）"等杀"字古亦作"等衰"，是义同而音亦近。（惠氏曰："陆、韩读如字，失其义。"）钱氏曰："古文杀与衰通。"

阖户谓之坤

《众经音义》（十九）引作"阖门"。案：《说文》：门从二户，半门曰户。虽对文则异，散文则通，然此或为称引之讹。（《丰·释文》云："或云门户，通语。"）

成天下之亹亹者

徐铉《新修字义》云："亹，字书所无。《易》亹亹当作娓。"案：《释诂》曰："亹亹，勉也。"《释文》云："字或作亹。"（《广韵》云："亹，俗。"）《说文》无亹字。《诗》"亹亹文王"，崔灵恩集注本作"娓娓"。故徐谓《易》亦当作"娓"。然陆氏所见本已皆作"亹"，则其字之讹变久矣。钱氏曰："亹者，釁之省，隶变为亹。先郑读釁为徽，徽训美，同训亦必同音。"（钮氏树玉曰："据《玉篇》，亹为釁之俗字，知亹、亹并釁之俗字。釁音近文，俗又加文也。《夏本纪》亹亹穆穆，《司马相如传》作旼旼。娓字音义并不合。"）段氏曰："《诗》《易》用亹亹字，学者每不解其何以会意、形声，徐铉等乃妄云当作娓。近惠定宇氏从之，校李氏《易解》及自为《易述》皆用娓娓，抑思毛、郑释《诗》皆云勉勉，康成注《易》亦云没没。亹之古音读如门，勉、没皆迭韵字。然则亹为亹之讹体，亹为勉之叚借。古音古义于今未泯，不当以妄说擅改。”(《说文》:“忞，自勉强也。”亹亹即忞忞之叚借也。)

莫大乎蓍龟

《公羊》定八年传注、《汉·艺文志》《白虎通·蓍龟》《家语·礼运》注、《士冠礼》疏、《后汉·方术传序》注、《文选·广绝交论》注皆引作“莫善”。《释文》作“莫善”，云:“本亦作莫大。”宋本《正义》(足利宋本同)、《集解序》并作“莫善”(《下系》虞注亦作“善”)。(案：上文皆云“莫大”，故此句或亦作“大”。然古本多作“善”，当从之。)贾公彦云:“凡草之灵莫，善于蓍；凡虫之知，莫善于龟也。”(《公羊》疏云:“今《易》本‘善’作‘大’字为异。”是徐彦所见本作“大”。)

圣人象之

《后汉·杨赐传》作“则之”，《魏志·文帝纪》注引《献帝传》同。(下“圣人则之”作“效之”。)案：此与韩伯本异，义亦通。或是涉上二句之文。

洛出书

《汉书》(《五行志》《艺文志》)“洛”引作“雒”。《释文》云:“洛，王肃作雒。汉家以火德王，故从各隹。”案:《孔子世家》云:“雒不出书”。《汉·地理志》“雒阳”师古注引鱼豢云:“汉火行忌水，故去洛水而加隹。”《周礼·叙官》注释文云:“雒本作洛。后汉都洛阳，改为雒。”然《职方氏》“其川荥雒”，《左传》“伊雒”，《史》《汉》“雒阳”字，皆作“雒”，岂为后汉所改，而魏又不尽改此为“洛”乎？惠氏曰:“案：朱育《集字》以雒为洛，则古本有此字，非始于后汉也。”

段氏曰："雍州洛水，豫州雒水，其字分别，自古不紊。后人书豫水作洛，其误起于裴松之引《魏略》，妄言汉变洛为雒，魏又改雒为洛。《尚书》有豫水无雍水，古皆作雒。"（《诗》无"雒"字，《左传》无"洛"字。）

天之所助者顺也

《后汉·杜林传论》引作"人之所助者顺"，注引作"天之所助者信，人之所助者顺"。案：此引与今本互异，或是误倒。《申屠刚传》："天所佑者顺，人所助者信。"注云："《系辞》之言，此与今本不殊。"（《汉·武五子传赞》引与今本同。）

又以尚贤也

《释文》云："郑本作'有以'。"《集解》引虞同。案：《乡射礼》注云："古文有作又。"《诗·长发》笺云："有之言又也。"《内则》注："有读为又。"是又、有古今字义通。晁氏曰："又，古文有字，今文当作有。"

乾坤其易之缊邪

《集解》本缊作"韫"（惠校本仍并作缊），引虞云："韫，藏也。《易》丽乾藏坤，故为《易》之韫。"案：韩注云："缊，渊奥也。"（侯果同）。此非本义。马注《论语》云："韫，藏也。"当为同音叚用。惠氏曰："缊者，包裹之意。"当从虞作韫。"（韫与缊，古今字。）

默而成之

《释文》无"之"字，云："本或作'成之'。"《集解》本同。晁氏《易》云："九家本无之字。"案：第八章虞注有"之"字，依上下文似当有"之"字。

易经异文释六（系辞下 说卦 序卦）

嘉兴李富孙芗沚 著

贞胜者也

《释文》云："姚本作'贞称'。" 案:《考工记·弓人》注云："故书胜或作称。"《晋语》"中不胜貌" 注云："胜当为称。"《学记》注释文云："胜，一本作称。"《文选·演连珠》注同。称、胜，声之转。古字当通。惠氏曰："胜、称古文通。吉凶以贞为称也。"

隤然示人简矣

《释文》："隤，孟作退。陆、董、姚作妥。" 案:《广雅》云："免，脱也。免，隤也。" 古音每随义转。隤、退，声之转。《檀弓》"退然如不胜衣"（《释文》作 "追然"，追、退亦声近。）注云："退或为妥。" 退、妥亦声相近。

像此者也

唐石经初刻作 "象"。（下 "像也" 同。《释文》："像，孟、京、虞、董、姚还作象。" 惠校《集解》本并改作 "象"。）案:《说文》云："象，南越大兽。" "像，象也。"（段氏本依《韵会》"象" 作 "似"。）是 "像" 为形像字。然《系辞》云 "爻象"，皆叚象为像。则象为古文，而圣人以 "像" 释之。据《释文》，孟、京、诸家仍用叚借字。段氏曰："《周易》象字即像之假借。"《韩非》曰："人希见生象，而案其图以想其生。故诸人之所以意想者，皆谓之象。" 似古有 "象" 无 "像"。然像字未制以前，相像之义已起，故《易》用 "象" 为想像之义。

圣人之大宝曰位

《释文》云：“宝，孟作保。”案：《留侯世家》云：“取而葆祠之。”徐广曰：“《史记》珍宝字皆作葆。”《周本纪》云：“展九鼎保玉。”（徐广曰：“保一作宝。”）是又省作“保”。《淮南·俶真》注云：“保，犹葆也、宝也。”并同音通用。惠氏曰：“《春秋》庄六年‘齐人来归卫俘’，《左传》俘作宝。”《正义》云：“《说文》保从人，罙省声。古文保不省。然则古字通用宝或𠈃字，与俘相似，故误作俘。”（富孙案：《公》《谷》经传皆作“卫宝”。）《说文》云：“罙，古文孚。”（今本保字注孚作呆，误）是左氏经作“俘”，当依篆从𠈃省。故三传皆读为“宝”，《魏三体石经遗字》：“宝，古文作𠈃。”（杜注疑经误言“俘”，非也。）

何以守位曰仁

《释文》“仁”作“人”，云“王肃、卞伯玉、桓元、明僧绍作仁”。《集解》本、唐石经同。案：陆本以上文“位”字、下文“人”字联接而下，故作“人”。然《礼运》注、《汉·食货志》引此并作“仁”，当以“仁”字为长。（虞注《泰》象作“人”。《礼器碑》以“仁”为“人”字。）朱氏良裘曰：“蔡邕有言，以仁守位，以财聚人。”则汉以前本用“仁”。

古者包牺氏之王天下也

《释文》云：“包，本又作庖。郑云：‘取也。’孟、京作伏，牺字又作羲。郑云：‘鸟兽全具曰牺。’孟、京作戏，云：‘伏，服也。戏，化也。’”《集解》本作“庖牺”。虞云：“炮啖牺牲号庖牺氏。”（《列子·黄帝》《史记·三皇纪》同）《说文叙》作“庖牺”，大部引作“虙羲”。（立部、《管子》《封禅》《汉·五行志》《叙传》同）《汉·百官公卿表》作“宓羲”。（《明堂位》注、《古今人表》同）《律历》上作“伏戏”（《庄子·大宗师》同），下作“炮牺”，又作“宓戏”（《艺文志》引同）。《司马迁传》作“虙戏”。（《管子·轻重戊》、郑氏《诗谱》同）《扬雄传》作“宓牺”。（《月令》注、《后汉·张衡传》注引同）《风俗通义》《白虎通》（爵圣人）作“伏羲”。《书》伪孔序作“伏牺”。（《释文》：“伏，古作虙。牺，本作羲，亦作戏。”）案：包、庖、炮，音声之转，义亦通。《周礼·大祝》注云：“炮当为包。”《壶涿氏》注云：“杜子春读炮为苞。”《律历志》颜注曰：“炮与庖同，庖、伏声相近。”孟康曰：“虙，今伏，古音虙读如密，故又作宓。”《艺文志》颜注：“宓读与伏同。”《百官公卿表》注又曰：“宓本作虙，转写讹谬耳。”孔疏云：“取牺牲以充庖厨，故号曰包牺。后世音谬，故或谓之伏牺，或谓之虙牺。”《书序》疏云：“古者以圣德伏物，教人取牺牲，故曰伏牺，或作宓，音亦同。或曰包牺，言取牺而包之。”顾氏读“包”为“庖”，取其牺牲以供庖厨，此与《易》又异。《王制》疏云：“或作宓戏氏者，宓字误也。当虍下著必，是古之伏字。”《说文》云：“牺，贾侍中说：此非古字。”秦《诅楚文》“圭玉羲牲”，当为古牺字。孟、京作“伏戏”。许君以孟《易》为古文。《白虎通》曰：“伏羲画八卦以治下，下服而化之。”此从孟、京说。《书序·释文》引张揖《字诂》云：“羲，古字戏。”今字皆同音通用。《颜氏家训》曰：“张揖云：虙，今伏羲氏也。”皇甫谧云：“伏羲，或谓之宓羲。”案：诸经史纬候无“宓羲”之号，末世传写误以“虙”为“宓”。虙子贱即虙羲之后，俗字亦为“宓”。汉有《子贱碑》云：“济南伏生即子贱之后。”是“虙”之与“伏”古来通用。钱氏曰：“伏，扶富切，鸟菢子，伏、菢互相训，而声亦相转。”此伏羲所以为庖牺也。宓当作虙，虙与伏同，与宓字形声俱别。（段氏曰：“古伏羲字作虙，大颜谓虙与伏音同，宓与虙音殊，然虙、宓古音亦同，故虙或作宓。”）

仰则观象于天

《后汉·荀爽传》引作“仰而观象于天，俯则察法于地，睹鸟兽之文与天地之宜。”案：荀氏《易》与今本本有同异。韩伯本“与地之宜”似不如荀作“天地”义较长。晁氏曰：“王昭素云今本‘地’上脱‘天’字，诸本多有。”

而为罔罟

《释文》作“为罟”，云：“黄本作网罟，云取兽曰网，取鱼曰罟。”《乾凿度》同。《集解》引虞无“网”字。《系传》引作“网”。案：《说文》云：“网，庖牺所结绳以渔。”或体作“罔”，今隶变作“罔”。荀《上系》注作“为网罟”，陆绩亦有“網”字。

以佃以渔

《释文》云：“佃渔，本亦作‘田鱼’。马云：‘取兽曰田，取鱼曰渔。’”《集解》引虞云：“巽为鱼，坤二称田，以罟取兽曰田。”《公羊》桓四年注引作“田鱼”。《汉·律历志》作“田”。案：《白虎通·田猎》云：“四时之田，总名为田，何为田？除害也。”《诗·叔于田》疏云：“以取禽于田，因名曰田。”古田猎字皆作田。《说文》云：“佃，中也。”《春秋传》曰：“乘中佃一辕车。”《左氏》昭廿年传“齐侯至自田”，《释文》云：“田，本亦作佃。”并俗借为田猎字。《说文》：“瀫，捕鱼也。篆文作渔。”《周礼》“䲣人”，《释文》：“䲣，本又作鱼。”《左传》“公将如棠观鱼者”，《释文》云：“本亦作渔。”（《鲁世家》作“渔”）则“鱼”古通用为捕鱼字。段氏曰：“捕鱼字古文本作鱼，作𩸞、瀫，其籀文乎？至小篆则媘为渔。”

揉木为耒

《汉·食货志》作“煣木”。（宋祁曰：“煣当为揉。”）《玉篇》木部引作“楺木”，云“楺，曲木”。案：《广韵》“煣”同“楺”。屈木又云煣，蒸木使曲也。是煣、楺二字皆通。揉，俗字。钱氏曰：“《说文》：煣，屈伸木也。揉字不收，当以煣字为正。《史》《汉》多古字，率为校书人妄改，子京犹不免尔，何况余子。”

耒槈之利

晁氏《易》云：“王昭素曰：诸本或作耜，乃合上文。”案：《释文》引马云：“槈，鉏也。”孟云：“耘，除草。”是古本皆作“耨”。（《汉·食货志》同）昭素说非是。

刳木为舟剡木为楫

《释文》“刳”作“挎”，“剡”作“掞”，云：“一本作刳。剡楫，本又作檝。”《文选·长笛赋》注引作“掞木”。《集解》本楫作“檝”。（惠校本“刳”“剡”并改作“挎”“掞”。）《文选·为石仲容与孙皓书》注引同。案：《说文》云：“刳，判也。”“剡，锐利也。”舟部引《易》作此，别无从手旁字。《乡饮酒礼》“挎越”疏云：“瑟底有孔，越以指深入谓之挎。”《九家易》云：“挎，除也。艮为手，乾为金。艮手持金。”似并从手旁。《淮南·俶真》注：“掞，利也。”《文选》注云：“掞与剡音义同。”檝亦楫之俗字。

致远以利天下

《释文》云：“此句一本无。”（下节“以利天下”，《释文》：“一本无此句。”）案：《正义》云：“弧、矢、杵、臼、服牛、乘马、舟楫，皆云‘之利’，此皆器物益人，故称‘利’也。”则当有此文。

服牛乘马

《说文》牛部引作“犕牛”。案:《玉篇》云:“犕，服也，以鞍装马也。”《左氏》僖廿四年传:“王使伯服、游孙伯如郑。”《郑世家》作“伯犕”。《索隐》云:“犕音服，即伯服也。”《后汉·皇甫嵩传》:“董卓谓嵩曰:‘义真犕未乎？’”注云:“犕，古服字。今河朔人有此言。《献帝春秋》作‘可以服未’。”是古犕、服二字通用。顾氏曰:“今人谓马上鞍曰犕。古人只用服字。《说文》乃作‘犕’。后世字愈多而不师古。《通鉴》:‘燕高阳王隆自为鞁乘。’杜甫诗‘我曹鞴马听晨鸡’，则又转而为鞁、鞴，皆服字之异文。”段氏曰:“古音𠬝声、葡声同。以车驾牛马之字，当作犕。作服者，叚借耳。《北史》魏收嘲阳休之‘义真服未’，正作服字，此通用之证也。”

重门击柝以待暴客

《说文》木部引作“击𣐍”，云“判也”。(《释文》云:“柝，《说文》作㯉。”《字林》同，此不引。）又引作㯉，云“行夜所击木”（据段氏本改)。《汉·王莽传》作“𣐍”。《释文》云:“暴，郑作虣。”案:马云:“柝，两木相击以行夜。”《周礼·宫正》:“夕击柝而比之。”先郑云:“柝，戒守者所击也。”疏引郑《易》注云:“手持二木以相敲，是为击柝，为守备警戒也。”《挈壶氏》注云:“击㯉，两木相敲行夜时也。”《左》哀七年传《释文》云:“柝字又作㯉，同。”《文选·齐竟陵王行状》注云:“㯉与柝同。”今唯《周礼》作“㯉”，许氏所引㯉字当为孟《易》别本。又作“𣐍”（晁氏曰:“《说文》又出𣐍字，非古本也。”)，今作柝，俗体。《说文》曰:“暴，疾有所趣也。”虣为新附字，《周礼·司虣》作此。《樊毅修华岳碑》云“诛强虣”，则为汉时所行之古字。段氏曰:“《孟子》注云:‘𣐍，行夜所击木也。’㯉，若今之梆，当判析木而合之以为榜。橡是本义，引经言转注也。榜者，借字，引经言假借也。”

掘地为臼

《众经音义》(十)引作“穿地”。案：穿与掘，义不甚异。《说文》云：“古者掘地为臼，其后穿木石。”此作“穿”，当为驳文。

以待风雨

《文选·魏都赋》李善注引作“以避”。《鲁灵光殿赋》张载注引作“以庇”。案：庇、避，声之转。与今本作“待”义较长。

葬之中野

《汉·刘向传》引作“臧之”。《后汉·赵咨传》引作“藏之”。《符融传》作“弃之”。注引《易》同。案：臧，即古藏字。《檀弓》云：“葬也者，藏也。藏也者，欲人之弗得见也。”《说文》：“葬，臧也。”二字音转义同。《匡谬正俗》云：“葬有臧音。”“弃”字或以形相似而误。

不封不树丧期无数

《集解》引虞云：“封，古窆字。”下句《潜夫论》引作“无时”。案：《檀弓》“县棺而封”注云：“封当为窆”。(“殷既封而吊”注同)《春秋传》作“堋丧”。《大记》注云：“封，《周礼》作窆。”《左氏》昭十二年传疏云：“《周礼》作窆，《礼记》作封，此作堋，皆是葬时下棺于圹之事，而其字不同。”是声相近，经篆隶而字转易耳。此或如字读，并通。“时”与“数”，义略同。

后世圣人易之以书契

《说文》大部引作“后代”。案：唐避太宗讳，改“世”为“代”。此字或为李阳冰等所改。

百官以治万民以察

《说文叙》作“百工以乂，万品以察”。《白虎通·五经》引作“百官以理。”案:《书》“允厘百工”,《五帝本纪》作“信饬百官。”《玉篇》云:“工，官也。”亦音相近。《释诂》曰:“乂，治也。”《说文》云:“理，治玉也。”义并同。民、品当为声之转。

阳一君而二民

《后汉·仲长统传》“二民”引作“二臣”。下句“一民”引作“一臣”，皆无“而”字。注云:“阳为君，阴为臣。”案：韩注云:“阳，君道也。阴，臣道也。”《正义》曰:“经云‘民’而注云‘臣’者，臣则民也。经中对君，故称民。注意解阴，故称臣也。”然旧本或作“臣”，而《正义》本则作“民”也。

一致而百虑

《后汉·延笃传》引作“百虑而一致”。案：韩注云:“涂虽殊，其归则同。虑虽百，其致不二。”似韩本与章怀所引同。(《太史公自序》引作“天下一致而百虑，同归而殊涂”。)

尺蠖之屈

《考工记·弓人》云:“麋筋斥蠖灂。”贾疏引《易》作“斥蠖”。案:《庄子·消摇游》“斥鴳”[①],《释文》:“斥本作尺。”《文选·七启》注云:“斥与尺，古字通。”斥、尺当为同音叚用。

龙蛇之蛰

《释文》云:“蛇，本又作虵，同。”《集解》本作“虵”。案:《说文》“蛇”为“它”之或字。《诗》“委蛇”,《释文》作“虵”。“蛇蛇硕言”,《吕览·重己》注引作“虵”。凡从“它”变作“也”，并隶体，如

① “消摇游”:《庄子》通行本作“逍遥游”。

佗为“他”，沱为“池”，皆是。

以存身也

《释文》作“全身”，云：“本亦作存。”唐石经同。案：《吕览·行论》曰：“事雠以求存。”注云：“存，一作全。”全、存声相近，义并通。

死期将至

《释文》作“其”，云“亦作期”。《左氏》襄廿五年传注引作“其”。案：《诗》“实维何期”，《释文》云：“期，本亦作其。”《春秋》“郲庶其”，《汉·地理志》作“期”，又“琅邪郡不其”，《后汉·郡国志》作“不期”。古“期”或省作“其”。然此二字皆如字读，并通。

不见利不劝

《集解》引虞说，“劝”作“动”，云：“坎为动。”（惠校本经文亦改作“动”。）案：坎当作震，动与劝亦以字形相似而异。

知小而谋大

《集解》引虞云：“兑为少知。”（惠校本经文“小”改作“少”。）案：《汉书·叙传》师古注引作“智小”。《后汉·王符传》《周举传》注引并同。盖“少”与“小”声近形似，易致相杂。此当从旧本（《释文》作“知小”）。

力小而任重

《集解》本（虞同）、唐石经、宋本并做“力少”。《汉书·叙传》注、《后汉·周举传》注引同。案：《淮南·本经》云：“举重鼎者，力少而不能胜。”《王莽传》云：“自知德薄位尊，力少任大。”《三国·王修传》注云：“力少任重。”皆用此文。是古本俱作“少”，今因上文相涉亦作“小”，非是。（顾氏谓《石经》误作少，非。）钱氏曰：“章怀注

《后汉书》引作‘力少’，今本改为‘小’。则与‘知小’句重出。”

覆公餗

《释文》云：“餗，马作粥。”（《诗》韩奕疏引《鼎》卦作“公蔌”，此当改《易》以就《诗》。）案《说文》云：“鬻[①]，鼎实，惟苇及蒲。陈留谓鍵为鬻。”或体作餗。鬻，鍵也。则鬻与餗义通，马作粥，从俗省。（惠氏士奇曰：“鍵即餈，一作鬻，或作飦。古之糜，今之粥也。”）

吉之先见者也

《汉·楚元王传》引作“吉凶”，《公羊》昭廿一年传注引作“事之先见”。案：汉时诸家本俱存，故所引与今本多不同。《正义》云：“诸本或有凶字，其定本则无也。”

天地絪缊万物化醇

《说文》壶部引作“天地壹壺”，云：“从凶、从壶，不得泄凶也。”《白虎通·嫁娶》引作“氤氲”。《释文》云：“本又作氤氲。”《文选·思元赋》云“天地烟煴”，注亦引作“烟煴”。（《后汉·张衡传》注同）谢瞻《答灵运诗》注、《系传》大部引并同。《白虎通》“醇”引作“淯”。《汉·扬雄传》师古注引同。案：张有《复古编》云：“壹，从壶吉，于悉切。壺，从壶凶，于云切。吉凶在壶中，不得渫也。”（徐锴曰：“气拥郁也。”）此释二字之义最明。汉《朱龟碑》云：“星精壹缊。”“壺”已作“缊”，今作“絪缊”或作“氤氲”。絪、壹，一声之转。烟、絪，又声相近。魏《受禅表》：“和气烟煴。”（《修孔子庙碑》云：“神气烟煴。”）潘岳诗：“二仪烟煴。”皆“絪缊”之异文。《说文》：“醇，不浇酒也。”“淯，渌也。”二字俗多通用。段氏曰：“许据易孟氏作壹壺，乃其本字，他皆俗字也。”（惠氏曰：“当从《说文》作壹壺，别作氤氲，

① “鬻”：今按，《说文解字》本作“鬻”。

又作絪缊，并非。”）

男女构精

《毛诗草虫笺》引作“觏精”。《疏》引郑注云：“觏，合也。”案：《释诂》云：“遘，遇也。”觏与遘通。《说文》：“构，盖也。杜林以为椽桷字。”故郑作“觏”，今《疏》云：“构，合也。”是即用郑义。段氏曰：“毛云：觏，遇也。实含会合之义。”郑所据《易》作觏，今皆作构，盖失之矣。

其易之门邪

《释文》云：“易之门，本又作‘门户’。”《正义序》引郑《易赞》《颜氏家训·音辞》引并同。案：古本当作“门户”，故郑易亦然。颜氏即从康成本。(《释文》云：“永嘉之乱，唯郑、王注行于世。”）

杂而不越

《说文》辵部引作“不逝”。案：《说文》云：“越，度也。”“逝，踰也。”则凡踰越字当从此。

因贰以济民行

《释文》云：“贰，郑云当为弍。”案：《说文》云：“贰，副益也，从贝弍声。”“弍，古文二”。（二部古文作“弍”。）《正义》曰：“贰，二也。谓吉凶二理。”则作弍为古文。今作贰，是俗用字。

德之修也

《释文》云：“修，马作循。”案：《庄子·大宗师》云：“以德为循。”义与《易》合。《释文》：“循，本作修。”《商君传》：“汤武不循古而王。”《索隐》曰：“《商君书》作修古。”后魏《吊比干墓文》“业以循长”亦为修字。后汉《北海相景君碑》阴载故吏修行十九人。《后汉·百官志》注：“河南尹官属有循行。”《晋·职官志》州县吏皆有“循行”。盖循、修二字本相类，古多互用，义亦并通。洪氏适曰："循、修二字，隶法只争一画，所以从省借用。"（赵明诚、都穆、全氏祖望皆谓作"循行"，误。）

为道也屡迁

《正义序》引《郑赞》，"屡"作"娄"。案：《说文》无屡字。徐铉《新坿》云："屡，数也。"今之屡字，本是屡空字，此字后人所加。《汉书》皆作娄。《宣帝纪》师古注云："娄，古屡字。"

初率其辞

《集解》引虞说，"率"作"帅"。（惠校本经文改作帅。）案：《说文》云："逵，先道也。""帅，佩巾也。""率，捕鸟毕也。"三字义迥别。经典从省，以"率"为"逵"，汉时又通用"帅"。《周礼·乐师》注云："故书帅作率。"《聘礼》注云："古文帅作率。"是率、帅古今字。今沿习既久，皆不知其本义矣。段氏曰："《释诂》《毛传》皆云：'率，循也。'此引伸之义，有先道之者乃有循而行之者，亦谓之逵也。"（富孙案：韩注率训"循"，侯果训"修"，二字通。）

若夫杂物撰德

《释文》云："撰，郑作算，云数也。"案：《周礼·大司马》"撰车徒"，郑注云："撰，读曰算。算车徒，谓数择也。"撰、算，音之转。撰与选亦通。《论语》："何足算也。"《汉·车丞相传》"赞"作"选"。选、撰皆从巽声，与算义并相近。

兼三才而两之

《学记》注引作"三材"，云"谓天地人之道"。《集解》本、唐石经、足利本、宋本并同（下"三才之道也"同）。案：《说文》云："才，草木之初也。"才、材二字古虽通用，然郑《礼》注云："材，道也。"

则应作材。《说卦》当同。(惠校《集解》本并改作“才”，非是。)

能研诸侯之虑

《易略例》《集解序》作“能研诸虑”。邢璹注作“诸侯之虑”。案：《集解》引虞云：“震为诸侯，故能研诸侯之虑。”韩康伯本、《正义》皆有此二字。王昭素云：“侯之二字，必是王辅嗣以后韩康伯以前错。”然虞翻已如此，则古本有此二字。(李氏光地曰：“诸为‘侯之’合音，或因古经旁注字切而误增也。”案：惠氏《易述》从虞义。)

幽赞于神明

《释文》云：“赞，本或作讚。”汉《孔龢碑》同。案：《说文》云：“赞，见也。”韩注云：“明也。”(《小尔雅》：“讚，明也。”)义相通。《白石神君碑》“幽讚天地”，并从言旁，亦为别体。

参天两地而倚数

《说文》网部引作“网地”，唐石经同。《释文》云：“倚，蜀才作奇，通。”《周礼·媒氏》注引作“奇数”。《释文》：“本或作倚。”案：《说文》云：“网，再也。”“两，二十四铢为一两。”则两为“铢两”字，参两当作“网”。今俗皆通用两字。《周礼·大祝》注：“杜云：奇读曰倚。”《荀子·修身》曰：“倚魁之行。”注云：“倚，奇也。”奇读为奇偶之奇。《方言》云：“秦晋之间，凡物体全而不具谓之倚。”奇与倚字通。马云“倚，依也”，王肃云“立也”，虞同。此并如字读。惠氏曰：“倚，本古奇字。”《荀子·大儒》篇“倚物怪变”，杨倞读为“奇”。《汉书·外戚传》“欲倚两女”，《史记》作“奇”。《方言》曰：“倚，奇也。”郭璞云：“奇耦参两成五，故云奇两。”《说文》引作“网”，文王命厉鼎亦然。两乃“斤两”字，故定陶上林诸鼎皆作“两”。

故易六位而成章

《士冠礼》注引作“六画”，疏引同。《释文》云：“本又作六画。”《集解》引虞说同。案：六位、六画义得两通。然郑、虞所据，当是古本。

天地定位

《太元经》作“厦位”，注云：“厦，定也。”案：《说文》云：“厦，偫也。”《太元》当叚为奠字。《周礼·职币》注云：“奠，定也。”《司市》注：“奠读为定。”（《瞽矇》小史注、杜子春读同。）《书》“奠高山大川”，《夏本纪》作“定”，亦声近义同。

日以晅之

《释文》云：“晅，本又作暅。”《集解》本、唐石经、宋本、岳本并作“烜”。案：《玉篇》云：“暅，干燥也。”当是别体字。《说文》烜为爟之或字。《音训》云：“今本作烜。”陆无烜字，段氏曰：“晅亦作烜，盖即煖字也。”

妙万物而为言者也

《释文》云：“妙，王肃作眇。董云：‘眇，成也。’”案：《荀子·王制》曰：“王者仁眇天下，义眇天下，威眇天下。”《史记·货殖传》云：“虽户说以眇论。”《索隐》：“音妙。”《汉·元帝纪赞》：“穷极幼眇。”师古曰：“幼眇读曰要妙。”《律历志》《艺文志》注云：“眇，读曰妙。”《九歌》云：“美要眇之宜修。”《郑固碑》：“清眇冠乎群彦。”古无妙字，皆即以眇为妙也。（《袁良碑》“妙身继业”，此又以妙为眇。）惠氏曰：“妙字近老庄语，当从王子邕本作眇。陆机《文赋》‘眇众虑而为言’，盖用《说卦》，不作妙字，此其证也。”（又曰：“曹大家《幽通赋》注云：‘眇，微也。’眇、妙同。”）段氏曰：“《说文》眇训小目，引申为凡小之称，又引申为微眇之义。《说文》无妙字，眇即妙也。蔡邕题《曹娥碑》有幼妇之言，知妙字汉末有之，许书不录者，晚出之俗字也。”

莫熯乎火

《说文》日部引作“莫暵于离”。(《韵会》引作“火”。)《释文》云：“徐本作暵，云：‘热暵也。’”（暵一作熯，非。）案：《说文》暵、熯皆云干也，音义并同。惟许氏火作离，故暵从日。《周礼·女巫》疏云：“暵，热气也。”今本作火，故熯从火。王肃云“火气也”，义略有别。

故水火相逮雷风不相悖

《汉·郊祀志》引作“水火不相逮，靁风不相誖”。《释文》作“不相逮”，云：“郑、宋、陆、王肃、王廙无不字。”《集解》本、唐石经同。案：定本不从郑、陆诸家。玩上节“雷风相薄”二句，定本为长，《说文》：“誖，乱也。”悖，或体字。

坎为豕

《释文》云：“豕，京作彘。”案：《说文》云：“豕，彘也。竭其尾，故谓之豕。”（下“今世字误”云云，段氏本订其多讹字。）“彘，豕也。后蹏废谓之彘。”是豕、彘本同，只以其尾与后蹏别之。《汉·五行志》注云：“彘即豕。”凡言彘者皆豕之别名。《孟子》“狗彘食人食”，《盐铁论·水旱》引作“狗豕”。《庄子·达生》《释文》云：“彘本作豕。”并通。

为瘠马

《释文》云：“瘠，京、荀作柴，云：‘多筋干。’”案：王廙云：“健之甚者为多骨也。”《楚辞·愍命》注云：“枯枝为柴。”柴亦有瘠义，《广韵》：“瘷，瘦也。”此后加偏旁字，唐元稹诗云“羸形渐比柴”是也。

为龙

《释文》云：“龙，虞、干作駹。虞云：‘駹，苍色。’（惠氏士奇曰：

《说文》：‘駹，马面颡皆白。’非纯苍，盖苍龙而兼的颡与。）干云：‘杂色。’”《集解》本作駹。虞云：“震，东方，故为駹。”旧读作龙，上已为龙，非。《汉上易》引郑云：“龙读为尨。”案：《周礼·巾车》“革路龙勒”注云：“龙，駹也。”“駹车雚蔽”注云：“故书駹作龙。”杜子春云：“龙读为駹。”（駹车借为尨杂字。）盖古駹、龙二字多相乱。读龙为駹，汉时经师相传如此。《玉人》注：“郑司农云：龙当为尨。尨谓杂色。”《左氏》襄四年传“尨圉”，《夏本纪》正义作“龙”，亦并通借。惠氏曰：“《周礼·犬人职》‘沈辜用駹可也’郑注：‘故书駹作龙。’郑司农云：‘龙读为駹。’”是古駹字皆作龙，读为“駹”。（段氏曰：“古谓杂色不纯为尨，亦作駹。古文叚借作龙，亦作蒙，亦可用牻字。”）

为旉

《释文》云：“旉，干云：‘花之通名。’铺为花貌，谓之藪。本又作尃。虞同。姚云：‘尃，一也。’郑市恋反。”《集解》本作“尃”。虞云：“阳在初，隐静未出，触坤，故尃，则乾静也尃。延叔坚说以尃为旉，大布，非也。”案：旉与尃，字形相似，转写易讹（《后汉·荀淑传》子专注云：“尃，本或作敷，古敷字作尃。”），故诸家各据师读本释之，然以作“旉”为长。《汉·礼乐志》云：“旉与万物。”师古曰：“旉，古敷字。”当即此义。惠氏曰：“旉，王肃音孚，当作尃。尃，古布字，见《说文》。延笃说是也。”张有《复古编》云：“尃，布也。从寸甫，别作旉，非。”裴松之云：“古敷字与尃相似。写书者多不能别，故或作尃。”（按，此见《华佗传》注。）

为苍筤竹

《释文》云：“筤（卢本作莨），或作琅，通。”案：《九家易》曰：“苍筤，青也。”《正义》云：“竹初生之时色苍筤。此谓竹，故借筤字。”

(《说文》:“筤，篮也。”）琅本琅玕，似珠者。《汉·五行志》云:“木门仓琅根。”师古曰:“铜色青，故曰仓琅（仓与苍通)。”以形容其色，本无定字，并可通假。

为萑苇

唐石经“萑”作“藿”。案:《说文》云:“藿，薍也，从草，萑声。”“萑，草多貌”。(《释草》“萑蓷”亦此字。）今藿从省作萑，是二字溷而无别。《诗》“萑苇淠淠”,《韩诗外传》引作“藿苇”。《夏小正》“藿未秀为菼”，此皆俗体字。《广韵》云:“藿苇,《易》亦作萑，俗作藿。”(《释草》:“藿，芄兰。”《说文》无此字，蒹葭注义藿字，当亦后人所改。)

为馵足

《释文》云:“馵，京作朱，荀同。”(《汉上易》引京作“末足”，疑误。）案:《尔雅》:“膝上皆白，惟馵；后左足白，馵。”朱、馵，声之转，义并通。

为的颡

《尔雅》作“駒颡”。《疏》引《易》同。《说文》马部引作“駒颡”，云“马白雒也”，火部同。日部引作“旳”，云“明也”。案:《释畜》:“駒颡，白颠。”《释文》作“旳”，云“《字林》作駒”。虞云:“旳，白颡额也。”《玉篇》云:“駒颡，或作旳。”盖以言马则作“駒”，以白雒之明则作“旳”，皆勺声，音同义通。故许氏两存之。段氏曰:“旳者，白之明也。駒字疑后出，非古。”

为反生

《释文》云:“反生，麻豆之属。戴莩甲而出也。虞作阪，云:‘陵阪也。’陆云:‘阪当为反。’”案：阪与反，古通用。《荀子·成相》云:

"患难哉！阪为先圣。"注："阪与反同。"今反或如字，或作阪，皆通。惠氏曰："反，古阪字。"《汉·地理志》"蒲阪"字作"反"，刘宽碑阴同。（富孙按：鲁俊碑阴："河东蒲反。"《汉·艺文志》"河东蒲反歌诗一篇"，并省通。）此当仍经文作"反"，读为"阪"。

为工

晁氏《易》云："郑作'为墨'。"案：孟子曰："大匠不为拙工改废绳墨。"《礼记》云"绳墨诚设"，上言"为绳直"，此作"为墨"，取同类之义。疏云："为工亦皆取绳直之类。"然"绳直"下又言"工"，似赘。

为臭

《释文》："王肃作'为香臭'。"《正义》引同。案：《广韵》云："臭，凡气之总名。"孔疏云："为臭，取其风所发也。"王以凡气皆为"臭"，故云"香臭"。

为寡发

《释文》云："寡，本又作宣。黑白杂为宣发。"《考工记·车人》注引作"宣发"。疏引郑注云："宣发，取四月靡草死，发在人体犹靡草在地。"宣、寡，义得两通。《集解》本同。虞云："为白，故宣发。马君以为寡发，非也。"案：《车人》"半矩谓之宣"，《释文》："宣，本或作寡。"注云："头发皓落曰宣。"是宣当为古说。《辍耕录》云："人之年壮而发斑白者，俗曰算发，以为心多思虑所致。"《本草》云："芜菁子压油涂头能变蒜发。"则亦可作蒜。算、蒜与宣皆声相近。

为广颡

《释文》云："广，郑作黄。"案：《书》"光被四表"，汉《樊毅复民租田口算碑》作"广被"。绵竹《江堰碑》《唐扶颂》并同。《公羊》襄廿年“陈侯之弟光”,《左传》作“黄”。《风俗通》云:“黄，光也。”黄、广，声之转，又字形相涉也。(虞云：变至三，坤为广。荀、九家坤为黄。此与郑合。)

为矫鞣

《释文》云:“矫，一本作挢，同。鞣，宋衷、王廙作揉。宋云：‘使曲者直，直者曲为揉。’京作柔，荀作桡。”案:《说文》云:“矫，揉箭箝也。”“挢，举手也。”“鞣，车辋也”。是挢、鞣皆为通假字。(《平都相蒋君碑》“光光挢挢”，亦为矫字。)马、郑、陆、王肃本作鞣，陆、京《易》注曰:“鞣，读为柔。”是与京同，当为古文。《说文》无揉字，桡与柔义通。

为弓轮

《释文》云:“轮，姚作伦。”案:《既夕记》注云:“古文伦为轮。”是姚或从古文。《公食大夫礼》注:“今文伦或作论。”《论语序解》疏云:“论者，轮也。圆转无穷，故曰轮也。”则义亦相通。

为亟心

《释文》云:“亟，荀作极，云:‘中也。’”案:《书·微子》传“亟行暴虐”,《释文》:“亟本作极。”《庄子·盗跖》“亟去走归”,《释文》同。《淮南·主术》“不若此之亟”注云:“亟，极。”《荀子·赋》“出入甚极”注云:“极读为亟。”亟、极，声之转，荀义尤长。

为乾卦

《释文》:“郑云：乾当为幹，阳在外，能干正也。董作幹。”案:《少牢馈食礼》注云:“古文幹为肝。”肝、幹音相近。郑注破字，皆取声近。《笴人》注《释文》云:“幹又作乾。”是亦通。(《田敬仲世家》“弓胶昔幹”徐广注:“幹，一作乾。”)惠氏曰:“《列子》‘木叶幹壳’，张湛云：‘榦，音乾。’”是乾与榦同音，故或作榦。

为蠃

《释文》云：“蠃，京作螺（雅雨本作蜾，误。）。姚作蠡。”案：《说文》云：“蠃，蜾蠃也。”《中庸·释文》云：“蠃，本亦作螺，音同。”（《众经音义》（二）云：“螺，古文蠃，同。”）蠡本为虫啮木中，又与螺通。《文子》曰：“圣人法蠡蚌而闭户。”《类篇》云：“蠡，蚌属。”《文选·东征赋》注云：“蠡与蠃，古字通。”晁氏以三字皆不见篆文，缪矣。（卢氏曰：“三字音皆同。”）

为蚌

《释文》云：“蚌，本又作蜯，同。”案：《说文》云：“蚌，蜃属。”《释器》《释鱼》释文并云：“蚌，本作蜯。”蜯，俗作字。

为科上槁

《释文》云：“科，虞作折。槁，郑作槀，干作熇。”《集解》引虞作折。宋衷说仍做科。案：折与科，字形相似。槁，《说文》作槀。《周礼·小行人》注云：“故书槁为槀。”槁、熇并从高声，熇训火热，与“槁”义亦相近。

为果蓏

《释文》云：“京本作‘果墮’之字。”案：《史记·货殖传》云：“果隋蠃蛤。”（《正义》训“隋”为“摇”，似非。）《汉·食货志》作“果蓏”。隋当即隋之省。《诗·氓》传释文云：“隋字又作墮。”隋、蓏音相近。京作墮，即《史记》之隋字。晁氏以墮为古文，亦非。

为阍寺

《释文》云：“寺，亦作閪字。”案：《集韵》云：“寺人，奄官，或从门。”此尤俗字。

为指

晁氏《易》云:“郑作‘为小指’。”案:郑以上云“小石”,故此亦作“小指”。《疏》云:“为阳卦之小者是也。”

为狗

《集解》本作“为拘”。虞云:“指屈诎制物,故为拘。拘,旧作狗。上已为狗字之误。”案:拘与狗,字形相涉。虞云上已言为狗,故以震龙作駹,兑羊作羔,而乾与坤亦不单称马牛。虞说当或然也。

为黔喙之属

《释文》云:“黔,郑作黚。谓虎豹之属、贪冒之类。”《汉上易》引郑同。《音训》引《释文》:“喙作彖。”晁氏《易》云:“陆无喙字。”案:《说文》云:“黔,黎也。”引《易》作“黔”。“黚,浅黄黑也。”《史记·六国表》卫悼公名黔,《吕览》注作黚,二字形声义皆相近。《疏》谓取其山居之兽也。《诗》“维其喙矣”,《广韵·二十废》引作瘃,云:“本亦作喙。”《方言》瘃又作豫,则《音训》作彖,又为豫之别体。(《晁氏》以彖为奇文,当非。段氏曰“东莱所据《释文》作彖”,盖喙之转写异体,或古假彙为喙之故与?)

为羊

《释文》云:“羊,虞作羔。”《集解》本同。虞云:“羔、女使,皆取位贱,故为羔。”晁氏《易》云:“郑作阳,云此阳谓养无家女,行赁炊爨,今时有之,贱于妾也。”《汉上易》同,《玩辞》引郑说云:“羊(据晁氏当作阳),女使。”案:羔为女使,其义鲜闻。《汉武帝纪》“阳石公主”,师古注云:“阳,字或作羊。”《古今人表》“乐阳”,注云:“乐羊。”《释名》:“羊,阳也。”是羊与阳当为声误。《释诂》:“阳,予也。”注云:“今巴濮之人自呼阿阳,或即此义。”(钱氏曰:“臧在东谓羔乃养字之误，传写脱其下半耳。”然则此字当为斯养之养。其作羊、作阳，皆养字声近之误。）

物之穉也

《释文》云：“穉，本或作稚。”案：《说文》云：“穉，幼禾也。”引申为凡幼之称。稚，俗字。

剥穷上反下

《淮南·缪称》引作“剥之不可以遂尽也”。案：前汉时施、孟、梁邱诸家《易》具存，或与今本不同。

物不可以久居其所

晁氏《易》云：“久居，郑作终久于。”案：居、于，声之转。孙奕《示儿编》云：“诸可训于（引《孟子》《左传》为证），于可训居（引《韵释》为证）。”“诸”为“于”，“于”为“居”，亦见《玉篇》《广韵》。

伤于外者必反其家

《集解》本、唐石经、《岳氏本》并作“反于家”。宋咸淳《易本义》、足利本、古本、宋本同。案：于、其音转易淆。顾氏谓《石经》误作“于”，非。

物不可以终动止之

足利古本、足利本“止”上有“动必”二字。岳本同。案：《集解》本《艮》卦首作“动必止之”（惠校本二字删），《序卦》无此二字。崔憬、唐石经、闽本同。今殿本有此二字，与古本合。

盛衰之始也

《音训》引《释文》云：“郑、虞作衰盛。”（今本脱）《集解》本、影宋本同。案：虞云：“损《泰》初益上，衰之始。损《否》上益初，盛之始。”则作“衰盛”为是。

谦轻而豫怠也

《众经音义》（十八）豫引作“预”。《释文》云：“怠，京作治，虞作怡。”《集解》引虞云：“豫荐乐祖考，故怡，怡或言怠也。”案：《学记》“禁于未发之谓豫”，《说苑》“建本作曰预”，《左氏》庄廿二年传“岂犹豫焉”《释文》：“豫本作预。”《说文》新附有预，此为俗通字。（唐人避讳，又多改预。）治与怡偏旁相涉，怡字心旁移下即怠字，当因此而异。惠氏曰：“治与怡，皆与时、来协韵。怠字通有苔音。”

食也

晁氏《易》云：“食，一作合。”案：合与食亦形相似。《序卦》云：“嗑者，合也。”义并通。

兑见而巽伏也

晁氏《易》云：“郑作兑说。”案：见与伏，义相反对。兑举卦德言说，与“震起”“艮止”一例，亦通。

则饬也

《释文》云：“饬，郑、王肃作饰。”《集解》本、唐石经并同。（虞亦作“饰”。）案：二字亦音转形似。《月令》“饬丧纪”，《淮南·时则》作“饰”。（下“饬国典”亦作“饰”。）《乐记》“复乱以饬归”，《乐书》作“饰归”。《谷梁》廿四年传注《释文》云：“修饬，一本作饰。”（《庄子·渔父》“饰礼乐”，《释文》：“饰本作饬。”）《吕览·举难》注云：“饰读为敕。敕，正也。”敕同饬，古字并通。（《匡谬正俗》云：“饬者，谨也、敬也。”与修饰之字别，书写讹谬，两字混而为一。或止谓借饰为饬耳。顾氏谓石经误作饰，非。）

众也

《释文》云：“众，荀作终。”案：众、终，声之转。古众字皆读

"终"解。《彖》众与中、功为韵。《左氏》隐元年传:"众父卒。"《释文》:"众，音终。"《释草》"贯众"音同。惠氏曰:"《士相见礼》注云:'今文众为终。'《五帝本纪》'怙终贼刑'，徐广云:'终，一作众。'仙人韩终亦作韩众。"是众有"终"音，故或作"终"也。

小人道忧也

晁氏《易》云:"忧，郑作消。"（惠校《集解》本改同）案:古尤侯部音转入萧宵肴豪部（江氏永以萧肴豪与尤幽通）。故此二部字古音并通，是"消"亦可与"柔"协。

附

《李氏易解剩义》三卷

李氏易解剩义序

卢文弨

汉儒解《易》之书至多，今皆不可得见，唯唐资州李氏所著《易传集解》中采取三十余家，后之学者，犹得以见其崖略。李氏之为此书，未尝执己之意，以决择诸家而去取之也。故凡异同之说，往往并载不遗。如《夬》之九五，引荀爽说“苋陆，二菜也”，又引虞翻说，谓“苋，说也；陆，和睦也”。《既济》之“禴”，虞翻谓“夏祭也”，崔憬曰“春祭”。如此之类，不可以遍举。又如《小过》彖辞引虞翻说“离为飞鸟，震为音，以或指卦象二阳在内，四阴在外，有似飞鸟之象，为俗说矣”，乃至《彖传》又引宋衷说，则固虞翻之所斥为俗说者，而亦具载之。若必为一家之言，则所取者转狭，而己之所非，安知不为人之所是？设使由我削之，而遂泯焉，不复传于后世，岂不大可惜乎！近元和惠定宇，其讲《易》，实宗汉学，凡所援引，多取裁于是书。甚矣，李氏之大有造于天下后世之学者也！

今嘉兴李君既方好读《易》，所经眼者不下百余种，而深斥图说之附会穿凿，摒不欲观。其所深嗜者，汉儒之学。求汉儒之学，则唯资州李氏一编，为菁华之所聚。既已朝夕寝馈于斯，而复于其三十余家之说之尚有未经采入者，更为之搜罗荟萃，录成得三卷，盖几于一字不遗矣。然采取虽博，而于元明人之所称引，概不及焉，是其命意高而用力勤，又加之以谨严，述之之功远倍于作。今学者多知宝资州之书，则安得不并宝是书。剞劂之事，是所望于贤而有力者，吾安得亟见其成，以与天下学士共读之为快乎！

乾隆六十年季夏之月

杭东里人卢文弨序

李氏易解剩义自序

李富孙

予自癸卯岁读书于愿学斋，从祖敬堂先生教富孙读《易》，因纵观万善堂所藏《易》解，不下百种。顾自宋以后，多惑于图说，而《易》为方术之书，于圣人寡过之义，去之远矣。夫《易》之为书，理与象而已。汉人去古未遥，师师相承，其注解论说，惜多散佚不存。唐资州李鼎祚辑汉以来三十六家之说，成《易解》十卷，汉学之存于今者，犹得见其一二。其所系岂浅鲜哉！盖易学有三派，有汉儒之学，郑、虞、荀、陆，诸家精矣；有晋唐之学，王弼、孔颖达诸家，即北宋之胡瑗、石介、东坡、伊川，犹是支流余裔；至宋陈、邵之学出，本道家之术，创为图说，转相授受，举羲、文、周、孔之所未及，汉以后诸儒之所未言者，附会穿凿，以自神其说。理其理，而非《易》之所谓理；数其数，而非《易》之所谓数。直欲驾前圣而上之，而《易》

道愈晦矣。予窃叹资州之解，精微广大，圣贤遗旨，略见于此。嗜之好之，殆不啻刍豢之悦我口也。然其于三十六家之说，尚多未采，其遗文剩义，间见于陆氏《释文》《易》《书》《诗》《三礼》《春秋》《尔雅》义疏，及《史记集解》《后汉书注》《隋唐书》、李善《文选注》《初学记》《北堂书抄》《太平御览》、唐宋人《易》说等书，犹可搜辑。爰于披读之余，缀而录之，以附其后。其伪本与有完书者不录。夫资州之辑是解，于诸儒之说采取详备，予非敢以补其阙也，亦曰与其过而弃之，宁过而存之云尔。

乾隆五十有五年冬十月 李富孙自序

李氏易解剩义卷第一（上经）

嘉兴李富孙既方 辑

周易上经

郑元曰："夏曰连山，殷曰归藏，周曰周易。连山者，象山之出云，连连不绝；归藏者，万物莫不归藏于其中；周易者，言易道周普，无所不备。"（《正义》序《书》疏十二《周礼》疏二十四《礼记》疏四十八《易口诀义》《义海撮要》十二）"易一名而含三义：易简，一也；变易，二也；不易，三也。故《系辞》云：'乾坤，其《易》之缊邪。'又云：'《易》之门户邪。'又云：'夫乾，确然示人易矣；夫坤，隤然示人简矣。易则易知，简则易从。'此言其易简之法则也。又云：

‘其为道也娄迁[1]，变动不居，周流六虚，上下无常，刚柔相易，不可为典要，唯变所适。’此言顺时变易出入移动者也。又云：‘天尊地卑，乾坤定矣；卑高已陈，贵贱位矣；动静有常，刚柔断矣。’此言张设布列，不易者也。据此三义而说，《易》之道，广矣大矣！”（《正义》序《世说新语》文学篇注）○崔觐曰：“易者，谓生生之德，有易简之义；不易者，言天地定位，不可相易；变易者，谓生生之道，变而相续。”（《正义》序）○《子夏传》曰：“虽分为上下二篇，未有经字。”（同上）

乾

郑元曰：“《易》历三圣：伏羲制卦，文王系辞，孔子作十翼。”（《正义》序）○马融曰：“卦辞，文王作。”（陆绩同，同上。《汉上丛说》《易辑闻》一）

初九 潜龙勿用。

马融曰：“爻辞，周公作。”（虞翻、陆绩、王肃、姚信同。《正义》序《左传》疏一《汉上丛说》《易辑闻》一《易会通》一）○崔憬曰：“文王作爻辞。”（《汉上丛说》《易辑闻》一）○郑元曰：“《周易》以变者为占，故称九称六。”（《正义》）○陆绩曰：“阳在初称初九，去初之二称九二，则初复七；阴在初称初六，初之二称六二，则初复八矣。卦画七八，经书九六。七八为彖，九六为爻，四者互明，圣人之妙意也。”（《汉上易传》一《丛说》《易稗传外篇》）○干宝曰：“道未可行，汉祖为泗上亭长，文王在羑里之时。”（下句《集解》亦引，“时”字作“爻”。《义海撮要》一。案：《撮要》中有引干虞说，俱系伪《子夏传》

① “娄”：《读画斋丛书》和《藏修堂丛书》本《李氏易解剩义》（下简称“读画斋本”，赅藏修堂本）作“屡”。“屡”“娄”古通用。

之误，并不采。）

九二 见龙在田，利见大人。

郑元曰："九二利见九五之大人。"（《正义》）〇王肃曰："大人，圣人在位之目。"（《释文》《文选注》四十七）〇向秀曰："圣人在位谓之大人。"（《史记索隐》二十六）

九三 君子终日乾乾，夕惕若厉。

郑元曰："惕，惧也。"（《释文》）

上九 亢龙有悔。

《子夏传》曰："亢，极也。"（《释文》）〇郑元曰："尧之末年，四凶在朝，是以有悔，未大凶也。"（《正义》）〇陆绩曰："阳极阴来，吉去凶生。"（《京氏易》注。案：陆绩《京易》注例不应采，今辑其有关于经者。）

用九 见群龙无首，吉。

郑元曰："六爻皆体乾（一作龙），群龙之象也。舜既受禅（一作"道"），禹与稷、契、咎繇之属并在于朝。"（《后汉书》注六十下、七十下）〇陆绩曰："纯阳，用九之德。"（《京易》注）

彖曰：大哉乾元，万物资始，乃统天。

郑元曰："孔子十翼：上彖、下彖、上象，下象、上系、下系、文言、说卦、序卦、杂卦也。"（《正义》序）"资，取也；统，本也。"（《释文》）

大明终始。

虞翻曰："云雨，坎也；大明，离也。乾卦而举坎、离者，言其变也。阴阳失位，则变得位，则否九二、九四、上九，阳居阴位，故动而有坎、离之象。"（《汉上丛说》）

六位时成，时乘六龙以御天。

孟喜曰："天子驾六。"（《诗》疏三之二）○郑元曰："谓阴阳六爻上下耳。"（《公羊》疏一）○陆绩曰："十二辰分六位，升降以时，消息吉凶。"（《京易》注）

天行健。

刘表曰："健者，详其名也。"（《正义》）○陆绩曰："六龙御天。"（《京易》注）

大人造（郑徂早反，王肃七到反。《释文》）**也。**

郑元曰："造，为也。"（《释文》）○王肃曰："造，就也，至也。"（同上）○姚信曰："造，至也。"（陆绩同。《正义》）

君子体仁（京房、荀爽、董遇作"体信"。《释文》）**足以长人。**

郑元曰："体，生也。"（《文选注》二十四）

利物（孟喜、京、荀、陆绩作"利之"。《释文》）**足以和义。**

确乎其不可拔。

郑元曰："确，坚高之貌；拔，移也。"（《释文》）

闲邪存（郑作"以存"。《会通》晁氏 吕氏《音训》）**其诚。**

上下（郑并如字[1]。《释文》）**无常。**

君子进德修业，欲及时也。（郑本无"欲也"二字。晁氏）[2]

水流湿，火就燥，云从（张璠从音去声）**龙，风从虎。**

王肃曰："水之性润万物而退下，火之性炎盛而升上。"（《书》疏十二）"龙举而景云属，虎啸而谷风兴。"（裴注《史记》六十一）○张璠曰："犹言龙从云，虎从风也。"（同上）

---

①"郑并如字"：读画斋本作"王肃上时掌反"。

②读画斋本无此条。

圣人作（马融作“起”。《释文》）**而万物睹**。

郑元曰：“作，起也。”（《释文》，马融同。裴注《史记》六十一）

亢龙有悔，穷之（郑作“志”。《释文》晁氏）**灾也**。

利贞者，性情（郑作“情性”。《汉上易》晁氏）**也**。

乾始能（郑作“而”。晁氏）**以美利利天下**。

六爻发挥。

王肃曰：“挥，散也。”（《释文》）

其唯圣人（王肃作“愚人”，后结句作“圣人”。《释文》）**乎**。

坤

先迷后得主，利西南得朋，东北丧朋。

《子夏传》曰：“先迷后得主也。”（《汉上易》一。今伪传所有不采。）○京房曰：“女既嫁，降父之服；臣既仕，先公后私。”（同上）○马融曰：“丧，失也。”（《释文》）○王肃曰：“西南阴类，故得朋；东北阳类，故丧朋。”（《汉上丛说》）

万物资生。

刘瓛曰：“自无出有曰生。”（《文选注》六十三）

履霜。（郑读“履”为“礼”。《释文》）

驯致其道。

向秀（一作“郑元”）曰：“驯，从也。”（《释文》）

六二 直方。

郑元曰：“直也，方也，地之性，此爻得中气而在地上，自然之性，广生万物，故生动直而且方。”（《礼记》疏五十八）

或从王事。

陆绩曰："臣阳君，君臣不敢为物之始。阳倡阴和，君命臣终其事也。"（《京易》注）

黄裳元吉。

郑元曰："如舜试天子，周公摄政。"（《隋书》四十二）

龙战于野。

郑元曰："圣人喻龙，君子喻蛇。"（蛇龙，君子之类。《仪礼》注五）○陆绩曰："乾配西北，积阴之地，阴盛，故战乾坤。并处天地之气，杂称元黄也。又戌亥是乾之位，乾伏本位，积阴之地犹盛，故战。"（《京易》注）

必有余殃。

郑元曰："殃，祸也。"（《释文》）

由辩（荀作"变"。《释文》）**之不早辩也。**

马融曰："辩，别也。"（《释文》）

直方大，不习无不利，则不疑其所行（张璠本此上有"易曰"。《释文》）**也。**

阴疑（荀、虞、姚信、蜀才作"凝"。《释文》）**于阳必战，为其嫌**（郑作"溓"，荀、虞、陆、董作"兼"，一作"嗛"。同上）**于无阳也，**（郑作"为其兼于阳也"（虞本"疑"同）。《汉上易》一）**故称龙焉。**

郑元曰："溓于无阳，溓读如'群公慊'之慊。古书篆作立心，与水相近，读者失之，故作溓。慊，杂也。阴谓此上六也，阳谓今消息用事乾也。上六为蛇，得乾气杂似龙。"（《诗》疏九之三）

屯

天造草昧，宜建侯而不宁。

郑元曰:“造,成也。草,草创。昧,昧爽也。”(《文选》注三十六、三十八)“而读曰能,能犹安也。”(《释文》)○董遇曰:“草昧,微物。”(同上)

君子以经纶。(刘表、郑元以“纶”为“论”字。《正义》)

郑元曰:“论撰书礼乐施政事。”(论,如字。《释文》)○陆绩曰:“水在雷上,如云雷交作,天地草昧,经纶之始,无出于此也。”(《京易》注)○姚信曰:“纶谓纬也,以织综经纬,此君子之事。”(《正义》)

初九 磐桓。

《子夏传》曰:“磐桓,犹桓旋也。”(《汉上易》一)○马融曰:“槃桓,旋也。”(《释文》)○陆绩曰:“屯难之际,盘桓不进之貌。”(《京易》注)

六二 屯如邅如,乘(《子夏传》音绳。《释文》)**马班**(郑本作“般”。同上)**如。匪寇,婚媾**。(郑作“冓”。同上)**女子贞不字,十年乃字**。

《子夏传》曰:“如,辞也。”(《释文》)○马融曰:“邅如,难行不进之貌。”(同上)○郑元曰:“马牝牡曰乘。”(同上)○《子夏传》曰:“班如者,谓相牵不进也。”(《正义》《释文》)○马融曰:“班,班旋不进也。”(《正义》)○王肃曰:“班如,槃桓不进也。”(《文选注》五十五)○马融曰:“重婚曰媾。”(《正义》《释文》)○郑元曰:“冓犹会也。”(同上)○陆绩曰:“媾本作冓。”(《音训》)“字,爱也。时通则道亨,合正匹也。”(《京易》注)

六三 即鹿(王肃作“麓”。《释文》)**无虞,惟入于林中,君子幾**(郑作“机”。同上),**不如舍,往吝**。

王肃曰:“麓,山足也。”(《释文》)○郑元曰:“机,弩牙也。”(同

上）○马融曰："吝，恨也。"（同上）

以从（郑子用反。《释文》）**禽也**。

蒙

蒙，亨，匪我求童蒙，童蒙求我。初筮告，再三渎，渎则不告。利贞。

郑元曰："蒙者，蒙蒙物初生形，是其未开著之名也。人幼稚曰童，未冠之称。亨者，阳也。筮，问也。渎，亵也。互体震而得中，嘉会礼通，自动其中，德施于地道之上，万物应之，而萌芽生，教授之师取象焉，修道艺于其室，而童蒙者求为之弟子，非己乎求之也。弟子初问，则告之以事义，不思其三隅相况以反解而筮者，此勤师而功寡，学者之灾也。渎筮则不复告，欲令思而得之，亦所以利义而干事也。"（《公羊疏》二十六《释文》）○陆绩曰："六五阴爻在蒙暗，又体艮少男，故曰童蒙。"（《京易》注）

初六 用说桎梏。

郑元曰："木在足曰桎，在手曰梏。"（《周礼》疏三十四）

九二 苞（孟、京、陆作"彪"。晁氏）**蒙**。

孟喜曰："彪，文也。"（京、陆同。晁氏）○郑元曰："苞当作彪。彪，文也。"（《释文》）

顺以巽也。

郑元曰："巽当作逊。"（《释文》）

上九 击（马、郑、荀作"繫"。《释文》晁氏）**蒙**。

王肃曰："击，治也。"（《释文》）

需

郑元曰："需读为秀，阳气秀而不直前者，畏上坎也。"（《释文》）

光亨贞吉。（马、郑总为一句。《释文》）

位（郑音涖。《释文》）**乎天位**。

象曰：云上于天，（王肃作"云在天上"。《释文》）**需**。**君子以饮食宴乐**。

干宝曰："上，升也。"（《释文》）○郑元曰："宴，享宴也。"（同上）

九二 需于沙。（郑作"沚"。《释文》）

郑元曰："沚，接水者。"（引作"沙"。《诗》疏十七之二）

致寇（郑、王肃作"戎"。《释文》）**至**。

六四 需于血。

陆绩曰："外卦坎水为险，亦阴称血也。"（《京易》注）

有不速之客三人来。

马融曰："速，召也。"（《释文》）

讼

郑元曰："辩财曰讼。"（《释文》）

有孚，窒（马作"咥"。《释文》）**惕，中**（马丁仲反。同上）**吉**。

马融曰："咥读为踬，犹止也。"（《释文》）○郑元曰："咥，觉悔貌。"（同上）

象曰：天与水违行，讼。

陆绩曰："天道西行，水东流，其路背也。外象乾，西北方之卦；内坎水，正北方之卦，其流东也。二气不交曰讼。"（《京易》注）

九二 归而逋其邑人三百户，无眚。

郑元曰："小国之下，大夫采地方一成，其定税三百家，故三百户也。"（《礼记》疏四十三、五十一）"不易之田岁种之，一易之田休一岁乃种，再易之田休二岁乃种，言至薄也。苟自藏隐，不敢与五相敌，则无灾眚。"（《正义》）○《子夏传》曰："妖祥曰眚。"（《释文》）○马融曰："眚，灾也。"（同上）○郑元曰："眚，过也。"（同上）

患至掇（郑作"惙"。《释文》）**也**。

郑元曰："惙，忧也。"（《释文》）○王肃曰："掇，若手拾掇物然。"（《正义》）

复即命渝，安贞吉。

陆绩曰："讼之复，乾变而巽。"（《汉上易》一）○马融曰："渝，变也。"（《释文》）○郑元曰："渝，然也。"（同上）

上九　或锡之鞶（王肃作"槃"。《释文》）**带，终朝三褫**（郑作"拕"，徒可反。同上）**之**。

马融曰："鞶，大也。旦至食时为终朝。"（《释文》）"鞶带，大带衣也。"（《口诀义》）○郑元曰："鞶带，佩鞶之带。"（《周礼》疏二十七）"三拕，三加之也。"（《易玩辞》一）○王肃曰："褫，解也。"（《释文》）

师

马融曰："二千五百人为师。"（《释文》）○郑元曰："军二千五百人为师（今无此句），多以军为名，次以师为名，少以旅为名。师者，举中之言。"（《诗》疏十六之三。案：《周礼·大司马叙官》疏所引疑亦是郑注，特脱去"注云"二字。）

贞丈人，吉。

京房曰："贞，卜问也。"（此注未知何卦，姑附于此。《说文》三下）

○郑元曰："丈之言长，能御众，有正人之德，以法度为人之长（一作"能以法度长于人"），吉而无咎，谓天子诸侯主军者。"（《周礼》疏二十《释文》）○陆绩曰："师为众首，法而长行。"（《口诀义》）

以此毒天下而民从之。

孟喜曰："年二十行役，三十受兵，六十还兵。"（此注未知何卦，姑附于此。《礼记》疏十三）○马融曰："毒，治也。"（《释文》）

君子以容民畜（王肃许六反。《释文》）**众。**

王肃曰："畜，养也。"（《释文》）

否（马、郑、王肃方有反，《释文》。荀、刘、陆作"不"。晁氏）**臧凶。**

九二 在师中，吉无咎。王三锡（郑作"赐"。《释文》）**命。**

陆绩曰："在师中吉，阳居九二也。"（《京易》注）

承天宠（王肃作"龙"。《释文》）**也。**

郑元曰："宠，光耀也。"（《释文》）○王肃曰："龙，宠也。"（同上）

上六 大君有命。

郑元曰："命，所受天命也。"（《文选》注二十四）

比

陆绩曰："比卦，一阳五阴，少者为贵，众之所尊者也。"（《京易》注）

初六 有孚盈缶，终来有他，吉。

郑元曰："爻辰在未，上值东井，井之水，人所汲用缶。缶，汲器也。"（《诗》疏七之一《尔雅》疏四《释文》）○《子夏传》曰："非应称他也。"（《汉上易》一 程迥《古占法》下《会通》）○陆绩曰："变而

得正，故吉。”（《汉上易》一）

六三 比之匪人。（王肃作“匪人凶”。《释文》）

子夏传曰：“处非其位，非人道也。”（《汉上易》一）〇马融曰：“匪，非也。”（《释文》）

王用三驱（郑作“敺”。《释文》），**失前禽**。

马融曰：“三驱者，一曰乾豆，二曰宾客，三曰君庖。”（《释文》）〇郑元曰：“王因天下显，习兵于搜狩焉。（一作“王者习兵于搜狩”）驱禽而射之三，则已法（一作“发”）军礼也。失前禽者，谓禽在前，来者不逆而射之，旁去又不射，唯背走者顺而射之，不中则（一作“亦”）已。是皆（一作“其”）所以失之用兵之法，亦如之降者不杀，奔者不禁（一作“御”），皆为敌不敌已（王本作“背者不杀”），加以仁恩养威之道。”（《周礼》疏三十五《左传》疏六《汉上易》一）

小畜（郑许六反。《释文》）

郑元曰：“畜，养也。”（《释文》，王肃同。《丙子学易编》）

密云不雨，尚往也。

陆绩曰：“一阴劣，不能固阳，是以往也。”（《京易》注）

九三 舆说辐（《子夏传》、虞翻本作“輹”。《汉上易》一《玩辞》二引作《释文》）

《子夏传》曰：“辐，车剧也。”（《正义》）“輹，车下伏兔也。”（《左传》疏十四）〇马融曰：“辐，车下缚也。”（《释文》）〇郑元曰：“辐，伏兔。”（同上）“谓舆下缚木与轴相连钩心之木是也。”（《正义》）

六四 有孚，血去。

马融曰：“血当作恤，忧也。”（《释文》）

九五 有孚挛（《子夏传》作“恋”。《释文》）**如**。

《子夏传》曰：“恋，思也。”（《释文》）○马融曰：“挛，连也。”（同上）

尚德（《子夏传》、京、虞作“得”。《释文》）**载**。

月幾（《子夏传》、京房、刘表作“近”。《释文》晁氏）**望**。

既雨既处，德积载也。

荀爽曰：“卦以一阴畜四阳，故密云不雨，上处畜之极，故阳德上通，犹畜不已，泽乃行也。泽行则物安，故既雨既处也。既，尽也。尽雨泽，尽安处之，此乃上畜德能积载，与三阳同志，而无私应也。”（《义海撮要》一）

履

不咥（郑作“噬”。《文选》注十）**人，亨**。

马融曰：“咥，龁也。”（《释文》）○郑元曰：“噬，啮也。”（《文选》注十）

履帝位而不疚。（陆作“疾”。《释文》）

马融曰：“疚，病也。”（《释文》）○陆绩曰：“当履之时。”（《京易》注）

六三 眇能视，跛能履，履虎尾，咥人凶。

陆绩曰：“此履非其位，六三也。”（《京易》注）

愬愬（马本作“虩虩”，音许逆反。《释文》），**终吉**。

《子夏传》曰：“愬愬，恐惧之貌也。”（《释文》《口诀义》）○马融曰：“虩虩，恐惧也。”（《释文》）

上九 视履考祥。（郑、荀皆作“详”。晁氏）

郑元曰："履道之终，考正详备。"（晁氏）○荀爽曰："详，审也。"（晁氏《学易编》）

泰

马融曰："泰，大也。"（《释文》）○郑元曰："通也。"（同上）

后以财（荀作"裁"。《释文》）**成天地之道**。

初九 拔茅（郑音苗。《释文》《群经音辨》一）**茹**（王肃音如。《释文》）**以其汇**。（董遇作"夤"，《释文》。郑作"夤"。《音训》）

郑元曰："汇，勤也。"（《释文》。案：王本郑《易》引《汉·刘向传》注一条，系注释《汉书》，晋灼谓不知其名，臣瓒以为郑德，并非康成说，今不采。）董遇曰："夤（一作"黄"），出也。"（同上）

九二 苞荒。

郑元曰："荒读为康，虚也。"（《释文》）

无往不复（宋衷本上有"无平不陂"。晁氏），**天地际也**。

六四 翩翩。（《子夏传》，向秀同。《释文》）

向秀曰："翩翩，轻举貌。"（《释文》）

六五 帝乙归妹，以祉元吉。

《子夏传》曰："帝乙归妹，谓汤之归妹也。"（《汉上易》二《易辑闻》一《困学纪闻》一）○孟喜曰："易有周人五号，帝天称一也；王美称二也；天子爵号三也；大君者，兴盛行异，四也；大人者，圣人德备，五也。"（京房同。《礼记》疏二）○京房曰："汤嫁妹之辞曰：无以天子之尊，而乘诸侯；无以天子之富，而骄诸侯。阴之从阳，女之顺夫，本天地之义也。往事尔夫，必以礼义。"（《汉上易》二《困学纪闻》一）○郑元曰："五爻辰在卯，春为阳中，万物以生。生育者，嫁娶之贵。仲春之月，嫁娶男女之礼，福禄大吉。”（《周礼》疏十四）○荀爽曰：“妇人谓嫁曰归，言汤以娶礼归其妹于诸侯也。”（《后汉书》本传）

上六 城复于隍。（《子夏传》作“堭”，姚信作“湟”。《释文》）

《子夏传》曰：“隍（当作“堭”），是城下池也。城之为体，由基土培扶，乃得为城。今下不培扶，城则损坏，以此崩倒，反复于隍，犹君之为体，由臣之辅翼。今上下不交，臣不扶君，君道倾危，故云城复于隍。”（《正义》）○郑元曰：“隍，壑也。”（《诗》疏十八之四）○陆绩曰：“三阳务上，坤顺而往，往而不已，否道至。”（《京易》注）

否

小人道长，君子道消也。

陆绩曰：“阴，小人；阳，君子。”（《京易》注）

畴离祉。（郑作古“𠷎”字。《释文》）

九五 休否。

郑元曰：“休，美也。”（《文选》注二十五）

其亡其亡，系于苞桑。

郑元曰：“苞，植也。否世之人，不知圣人有命，咸曰其将亡矣、其将亡矣，而圣乃自系于植桑，不亡也。”（《文选》注五十二）○陆绩曰：“苞桑，则丛桑也。”（《京易》注）

否终则倾，何可长也。

陆绩曰：“否极则泰来。”（《京易》注）

同人

君子以类族辩（王肃卜免反。《释文》）**物**。

六二 同人于宗。

郑元曰："天子、诸侯、后夫人无子（《诗》疏脱"无子"二字）不出。"（《诗》疏三之三《仪礼》疏二《礼记》疏二十七）

九三 伏戎于莽（王肃冥党反。《释文》），**升其高陵。**

郑元曰："莽，丛木也。"（《释文》）"大阜曰陵。"（《学易编》）○刘瓛曰："三居下体之上，故谓之陵，有凭上之志，故谓之升。"（《会通》四）

九四 乘其墉。（郑作"庸"。《释文》）

九五 同人先号咷而后笑。

陆绩曰："隔于阳位，不能决胜，故曰先号咷；后获合方喜，故曰后笑。"（《京易》注）

大有

火在天上，大有。

陆绩曰："离为火、为日，故曰大有。"（《京易》注）

九二 大车（王肃刚余反，蜀才作"舆"，《释文》。《子夏传》作"舆"。晁氏）**以载。**

九三 公用亨于天子。

京房曰："亨，献也。"（《释文》《汉上易》二）○干宝曰："享，宴也。"（《释文》）○姚信曰："享，祀也。"（同上）

九四 匪其彭。（子夏作"旁"。《释文》《汉上易》二）

《子夏传》曰："旁，盛满貌。"（《汉上易》二）○干宝曰："彭亨，骄（一作盛）满貌。"（《释文》《玩辞》三）○王肃曰："彭，壮也。"（《释文》）○姚信曰："彭，旁也。"（同上）

明辩哲（王廙作“晣”，音章舌反。鄭作“遰”，陸作“逝”。《釋文》）**也**。

郑元曰：“遰，读如‘明星晢晢’。”（《释文》）

谦（子夏作“嗛”。《释文》）

《子夏传》曰：“嗛，谦也。”（《释文》）

大道亏盈（马作“毁盈”。《释文》）**而益谦**[①]。

鬼神害盈而福（京房作“富”。《释文》）**谦**。

象曰：地中有山，谦。君子以裒（郑、荀、董、蜀才作“捊”。《释文》《汉上易》二）**多益寡**。

《九家易》曰：“山至高，地至卑，以高下卑，故云谦也。所以言地中者，以明多之与少俱行其谦也。”（《口诀义》）○郑元曰：“捊，取也。”（荀同。《释文》）

卑以自牧也。

郑元曰：“牧，养也。”（《释文》《文选》注十六）

六四 扐谦。

《子夏传》曰：“扐谦，化谦也。言上下化其谦也。”（《汉上易》二）○京房曰：“上下皆通曰挥谦。”（同上《义海撮要》二）○马融曰：“扐，犹离也。”（《释文》）○郑元曰：“扐，读为宣。”（同上）

六五 利用侵（王廙作“寑”。《释文》）**伐**。

豫

马融曰：“豫，乐也。”（《释文》）

① “大”：读画斋本作“天”。

天地以顺动，故日月不过，而四时不忒。（京作“貣”。《释文》）

陆绩曰：“坤顺震动。”（《京易》注）〇郑元曰：“忒，差也。”（《释文》）

先王以作乐崇德，殷（京作“隐”。《释文》）**荐之上帝。**

荀爽曰：“乐者，圣人因人之豫而节之，所以养其正而闲其邪。其和可以感鬼神，而况于人乎？”（《义海撮要》二）〇马融曰：“殷，盛也。”（《释文》）〇郑元曰：“上帝，天帝也。”（《旧唐书》二十一《文苑英华》七百六十二）

六二 介（马作“扴”，郑作“砎”，古八反。《释文》）**于石。**

马融曰：“扴，触小石声。”（《释文》）〇郑元曰：“砎，谓磨砎也。”（同上）

六三 盱（子夏、陆绩作“纡”，京作“汙”，姚作“盱”。《释文》）**豫。**

郑元曰：“盱，夸也。”（《释文》）〇王肃曰：“盱，大也。”（同上）〇姚信曰：“盱，日始出。《诗》‘盱日始旦’。”（同上）

九四 由（马作“犹”，《释文》）**豫，大有得。勿疑，朋盍簪。**（京作“撍”，马作“臧”，荀作“宗”，虞作“戠”。王肃音祖感反。蜀才本同，京义从郑，《释文》。王肃“簪”，子感切，《类篇》。《六经正误》作祖咸反，误。）

马融曰：“犹豫，疑也。”（《释文》）〇郑元曰：“由，用也。簪，速也。”（同上）〇《子夏传》曰：“簪，疾也。”（同上）〇虞翻曰：“戠，从合（疑“聚会”二字之误）也。”（同上）

上六 冥豫。

马融曰：“冥，昧，耽于乐也。”（《释文》）〇郑元曰：“冥，读为

鸣。”（同上）○王廙曰：“冥，深也。”（同上）

随

动而说，随。

陆绩曰：“震一阳二阴，阳君阴民，得其正也。”（《京易》注）

而天下随时（王肃、陆绩作“随之”。《释文》《汉上易》二 晁氏），**随时之义**（王肃作“随之时义”。同上）**大矣哉**。

君子以向（王肃作“乡”，音同。《释文》）**晦入宴**（王肃乌显反。同上）**息**。

郑元曰：“晦，宴也。犹人君既夕之后，入于宴寝而止息。”（《正义》）

初九 官（蜀才作“馆”。《释文》）**有渝**。

上六 王用亨（陆许两反，《释文》。京、虞作“享”。晁氏）**于西山**。

陆绩曰：“亨，祭也。”（《释文》，京、虞同。晁氏）

蛊

先甲三日，后甲三日。

郑元曰：“甲者，宣令之日。先之三日而用辛也，欲取改新之义。后之三日而用丁也，取其丁宁之义。”（《正义》序）“甲者，造作新令之日。甲前三日，取改过自新，故用辛也。甲后三日，取丁宁之义，故用丁也。”（《正义》）

君子以振民育（王肃作“毓”。《释文》）**德**。

初六 有子考（马、王肃以“考”绝句。《释文》）**无咎**。

六四 裕父之蛊。

马融曰："裕，宽也。"（《释文》）

上九 不事王侯，高尚其事。

郑元曰："上九，艮爻。艮为山，辰在戌，得乾气，父老之象，是臣之致事也。故不事王侯，是不得事君，君犹高尚其所为之事。"（《礼记》疏五十四）

临

至于八月有凶。

荀爽曰："八月为否。"（《汉上易》卦图下）○陆绩曰："建丑至未，至于八月入遁。"（《京易》注）

志行正也。

虞翻曰："初在卦下，四当临之，阳升之世，阴亦下降。初动而说，往感于四,四顺其欲，相与志行其正，犹贤人思治，愿奉其上。上能用之，以为临者也。"（《义海撮要》二）

观

观盥而不荐。（王肃本作"而观荐"。《释文》《音训》）

郑元曰："诸侯贡士于天子，乡大夫贡士于其君，必以礼宾之。唯主人盥而献宾，宾盥而酢主人。设荐俎，则弟子也。"（《仪礼》疏四）

大观（王肃音官。《释文》）**在上。**

风行地上。

陆绩曰："君子之德，风；小人之德，草也。"（《京易》注）

初六 童观。

马融曰："童，犹独也。"（《释文》）○郑元曰："童，稚也。"（同上）

六三 观我生。

陆绩曰："我生即道也。"（《京易》注）

利用宾于王。

陆绩曰："臣道出于六四爻也。"（《京易》注）

尚（京、陆作"上"。晁氏）**宾也**。

噬嗑

动而明。

陆绩曰："象雷电也。"（《京易》注）

先王以明罚敕法。

郑元曰："敕，犹理也。"（《释文》）

初九 屦校（马音教。《释文》）**灭趾**。

六二 噬肤灭鼻。

马融曰："柔脆肥美曰肤。"（《释文》）

六三 噬腊肉。

马融："晞于阳而炀于火曰腊肉。"（《释文》）○郑元曰："小物全干曰腊"。（同上《周礼》四）

九四 噬干胏（子夏作"脯"，荀、董同。（《释文》），**得金矢**。

马融曰："有骨谓之胏。"（《释文》）○郑元曰："胏，箦也。"（同上）○陆绩曰："肉有骨谓之胏。"（《义海撮要》三《易辑闻》二）○王肃曰："四体离阴卦（一作"位"），骨之象。骨在乾，肉脯之象。金矢，所以获野禽，故食之反得金矢。君子于味必思其毒，于利必备其难也。"（《初学记》二十六《太平御览》八百六十二）

上九　何校灭耳。

王肃曰："何，荷担也。"（《释文》）

聪不明也。

马融曰："耳无所闻。"（《释文》）〇郑元曰："目不明，耳不聪。"（同上）〇王肃曰："言其聪之不明。"（同上）

贲（王肃符文反。《释文》）

郑元曰："贲，变也，文饰之貌。"《释文》）〇王肃曰："有文饰，黄白色。"（同上）

柔来而文刚。

虞翻曰："刚者，阳爻也。柔者，阴爻也。刚柔之爻，或谓之来，或谓之分，或谓之上下，所谓惟变所适也"。（蔡景君、伏曼容、蜀才同。《汉上丛说》）

君子以明（蜀才本作"命"。《释文》）**庶政，无敢折狱。**

郑元曰："折，断也。"（《释文》）

初九　贲其趾，舍车（郑、张本作"舆"。《释文》）**而徒。**

郑元曰："趾，足。"（《释文》）

义弗（郑、王作"不"。晁氏）**乘也。**

六四　贲如皤（董音盘。郑、陆作"蹯"，音烦，荀作"波"。《释文》）**如，白马翰**（郑寒案反。同上）**如。**

郑元曰："六四，巽爻也。有应于初九，欲自饰以适初。既进退未定，故蹯如也。"（《礼记》疏八）"白马翰如谓九三，位在辰，得巽气为白马。翰，犹干也，见六四适初未定，欲干而有之。"（《礼记》疏六《释文》）〇董遇曰："马作足横行曰皤。翰，马举头高卬也"。（《释文》）

○马融曰："翰，高也。"（荀爽同。同上）

六五 贲于丘园，束帛戋戋。（《子夏传》作"残残"。《释文》）

《子夏传》曰："五匹为束，三元二纁，象阴阳。"（《释文》）○马融曰："戋戋，委积貌。"（同上）○王肃曰："失位无应，隐处邱园，盖蒙暗（蒙暗一作"象衡门"）之人。道德弥明，必有束帛之聘。戋戋，委积之貌也。"（《文选》注三、二十、三十七、五十五）

剥

马融曰："剥，落也。"（《释文》）

蔑（荀作"灭"。《释文》）**贞凶。**

马融曰："蔑，无也。"（《释文》）○郑元曰："蔑，轻慢。"（同上）

六二 剥床以辨。（郑符勉反，王肃否勉反。《释文》）

马融曰："辨，足上也。"（《释文》）

六三 剥之（京、荀、刘表无"之"字。晁氏），**无咎。**

六四 剥床以肤。（京作"簠"。《释文》）

京房曰："簠，谓祭器。"（《释文》）

切近灾也。

郑元曰："切，急也。"（《释文》）

上九 君子得舆（京作"德舆"，董作"德车"。《释文》），**小人剥庐。**

郑元曰："小人傲很，当剥彻庐舍而去。"（《周礼》疏十三）○陆绩曰："君子全，得剥道安其位，小人终不可安也。"（《京易》注）

复

复，亨。出入无疾，朋（京作"崩"。《释文》）**来无咎。**

郑元曰：“复，反也，还也。阴气侵阳，阳失其位。至此始还反，起于初，故谓之复。阳，君象，君失国而还反，道德更兴也。”（《左传》疏三十八）

反复（刘芳福反。《释文》）**其道，七日来复**。

京房曰：“剥、复相去三十日。”（《汉上易》卦图下）○郑元曰：“建戌之月，以阳气既尽。建亥之月，纯阴用事。至建子之月，阳气始生，隔此纯阴一卦，卦主六日七分，举其成数言之，而云七日来复。”（《正义》序）○陆绩曰：“七日，阳之称也。七九称阳数也。谓坤上六，阴极阳战之地，阴虽不能胜阳，然正当盛阴，不可轻犯。六阳涉六阴，反下七爻在初，故称七日。日亦阳也。”（《京易》注）

商旅不行。

郑元曰：“资货而行曰商。旅，客也。”（《释文》）

初九 不远复，无祇（马音之是反，韩伯祁支反，王肃作“禔”，时支反，九家本作“敍”，音支。《释文》）**悔**。

京房曰：“祇，安也。”（刘表同。晁氏）○马融曰：“祇，辞也。”（《释文》）○郑元曰：“祇，病也。”（同上）○陆绩曰：“反至初九，阳来阴复。远，违也，禔，安也。”（《京易》注《释文》）

以下仁也。

王肃曰：“下附于仁。”（《释文》）

六三 频（郑作“顰”。《释文》）**复**。

马融曰：“频，忧频也[①]。”（《释文》）

六四 中行独复。

郑元曰：“爻处五阴之中，度中而行，四独应初。”（《汉上易》三）

① “频”：读画斋本作“嚬”。

中以自考也。

郑元曰："考，成也。"（《释文》）〇向秀曰："察也。"（同上）

有灾（郑作"烖"。《释文》）**眚。**

《子夏传》曰："伤害曰灾，妖祥曰眚。"（《释文》）〇郑元曰："异自内生曰眚，自外曰祥，害物曰烖。"（同上）

无妄

马融曰："妄犹望，谓无所希望也。"（郑、王肃皆同。《释文》）

无妄之往，何之矣。

郑元曰："妄之言望，人所望宜正，行必有所望。行而无所望，是失其正，何可往也。"（《后汉书》注十五）

天命不佑。（马作"右"。《释文》）

马融曰："谓天不右行也。"（《释文》）〇郑元曰："佑，助也。"（同上）

先王以茂对时，育万物。

马融曰："茂，勉也。对，配也。"（《释文》）

六二 不耕获，不菑畬。

马融曰："菑，田一岁也，畬，田三岁也。"（《释文》）〇董遇曰："菑，反草也。悉耨曰畬。"（同上）〇郑元曰："田一岁曰菑，二岁曰新田，三岁曰畬。"（《坊记注》作"二岁曰畬，三岁曰新田"，误。《诗疏》十之二《尔雅》疏六）

大畜

不家食吉。

郑元曰："自九三之上九有颐象，居外，是不家食吉而养贤。"（《礼

记》疏五十四）

辉光日新（郑绝句。《释文》），**其德刚上而尚贤**。

君子以多识（刘表作“志”。《释文》）**前言往行**。

初九 有厉，利巳。（姚音纪。《释文》）

九二 舆说輹。（蜀才音福。《释文》）

马融曰：“说，解也。”（《释文》）

九三 良马逐（郑作“逐逐”。《释文》），**利艰贞，曰**（郑人实反。同上）**闲舆卫**。

郑元曰：“逐逐，两马走也。”（《释文》）○姚信曰：“逐逐，疾并驱之貌。”（同上）○刘表曰：“曰，犹言也。”（同上）○马融曰：“闲，习也。”（郑同。同上）○郑元曰：“日习车徒。”（同上）

六四 童牛之梏。（九家作“告”。《释文》）

郑元曰：“牛在手曰梏。牛无手，以前足当之。”（一作“梏者，牛虽无手，谓梏前足也”。《周礼》疏四《左传》疏十）“巽为木，互体震，震为牛之足，足在艮体之中。艮为手持木以就足，是施梏。”（《周礼》疏三十四）○刘表曰：“童，妾也，牿之言角也。”（《释文》）○陆绩曰：“牿当作角。”（同上）

六五 豮豕之牙。

刘表曰：“豕去势曰豮。”（《释文》）○郑元曰：“牙，读为互。”（同上）

上九 何天之衢。

马融曰：“四达谓之衢。”（《释文》）○郑元曰：“艮为手，手上肩也。乾为首，首肩之间荷物处。乾为天，艮为径路，天衢象也。”（《后汉书》注八十二）“人君在上位，负荷天之大道。”（《文选》注十一）

颐

自求口实。

荀爽曰："饮食失宜，患之所起。"(《口诀义》)

天地养万物。

陆绩曰："上下阳位包阴也。"(《京易》注)

观我朵(京作"揣"，刘作"瑞"。《释文》晁氏)**颐。**

京房曰："揣，动也。"(晁氏《集韵》《类篇》)○郑元曰："朵，动也。"(《释文》)○刘表曰："瑞，颐多辨也。"(晁氏)

六二 颠颐拂(《子夏传》、刘表作"弗"。《释文》晁氏)**经于丘颐。**

《子夏传》曰："弗，辅弼也。"(《释文》，刘表同。晁氏)○王肃曰："邱，小山也，物之所聚以养人者也。"(《汉上易》三)

六四 虎视耽耽，其欲逐逐。(《子夏传》作"攸攸"，荀作"悠悠"，刘作"跾"。《释文》)

马融曰："兑为虎。"(《汉上易》三)"耽耽，虎下视貌。"(《释文》)○刘表曰："跾，跾远也。"(《释文》)○虞翻曰："艮为虎。"(《汉上易》三)○《九家易》曰："艮有虎象。"(《会通》)

上九 由颐，厉，吉。

马融曰："厉，危也。"(王肃同。《释文》)

大有庆也。

郑元曰："君以得人为庆。"(《汉上易》三)

大过(王肃音戈。《释文》)

郑元曰："阳爻过也。"(《汉上易》三)

大者过也。

陆绩曰："大者相过。"（《京易》注）

初六 藉用白茅。

马融曰："在下曰藉。"（《释文》）

九二 枯杨生稊（郑作"荑"。《释文》《汉上易》三），**老夫得其女妻。**

郑元曰："枯（音姑），谓无姑山榆（羊朱反）。荑（音夷）木更生，谓山榆之实。"（《释文》）"以丈夫年过，娶二十之女；老妇年过，嫁于三十之男，皆得其子。"（《诗》疏一之二）

坎

习坎（京、刘作"欿"，险也，陷也。《释文》）

孟喜曰："自冬至初，中孚用事。一月之策，九六七八是为三十，而卦以地六，候以天五，五六相成[①]，消息一变，十有二变而岁复初。坎、离、震、兑，二十四气次主一爻，其初则二至二分也。坎以阴包阳，故自北正微阳动于下，升而未达，极于二月，凝涸之气消，坎运终焉。春分出于震，始据万物之元，为主于内，则群阴化而从之，极于南正，而丰大之变穷，震功究焉。离以阳包阴，故自南正微阴生于地下，积而未章。至于八月，文明之质衰，离运终焉。仲秋阴形于兑，始循万物之末，为主于内，群阳降而承之，极于北正，而天泽之施穷，兑功究焉。故阳七之静始于坎，阳九之动始于震，阴八之静始于离，阴六之动始于兑，故四象之变，皆兼六爻，而中节之应备矣。"（《新唐书》二十七上）○刘表曰："水流行不休，故曰习。"（《释文》）○陆绩曰："坎水能深陷于物。处坎之险，不可不习，故曰'习坎'。便习之，

① "成"：读画斋本作"乘"。

习后可履于险而不陷没者，不以刚履柔，不能成坎之道也。”（《京易》注）

维心，亨。乃以刚中也。

陆绩曰：“内外居坎阳，处中而为坎主，纯阴得阳，为明臣得君而安其居也。君得一（一作“臣”）而显其道。”（《京易》注）

水洊（京作“臻”，干作“荐”。《释文》）**至。**

刘表曰：“洊，仍也。”（《释文》）

初六 入于坎窞。（王肃徒感反。《释文》）

王肃曰：“窞，坎底也。”（《释文》）

六三 险（郑、向本作“检”。《释文》）**且枕。**（九家作“玷”，王肃针甚反，《释文》。干宝作“桉”。晁氏）

郑元曰：“木在手曰检，木在首曰枕。”（《释文》）○虞翻曰：“枕，止也。”（晁氏）○陆绩曰：“枕，闲碍险害之貌。”（《释文》，虞翻同。晁氏）○干宝曰：“桉，安也。”（晁氏）

六四 尊酒簋贰用缶，纳（京、陆作“内”。晁氏）**约自牖。**（陆作“诱”。《释文》）

郑元曰：“六四上承九五，又互体在震上，爻辰在丑，丑上值斗，可以斟之象。斗上有建星。建星之形似簋。贰，副也。建星上有弁星。弁星之形又如缶。天子大臣以王命出会诸侯，主国尊于簋副，设元酒而用缶也。”（《诗》疏七之一《礼记》疏二十三《尔雅》疏四）○京房曰：“内自约束。”（晁氏）

祇（京作“禔”。《释文》）**既平。**

郑元曰：“祇，当为坻，小邱也。”（《释文》）

上六 系用徽纆，寘（《子夏传》作“湜”，刘表作“示”，姚作

“寘”，张作“置”。《释文》）**于丛棘，三岁不得，凶**。

郑元曰：“系，拘也。爻辰在巳，巳为蛇。蛇之蟠屈似徽纆也。三五互体艮，又与震同体。艮为门阙，于木为多节。震之所为，有丛拘之类，门阙之内有丛木、多节之木，是天子外朝左右九棘之象也。外朝者，所以询事之处也，左嘉石平，罢民焉；右肺石达，穷民焉。罢民，邪恶之民也。上六乘阳，有邪恶之罪，故缚以（一作“约”）徽纆，寘于丛棘，而使（一作“後”）公卿以下议之。其害人者置之圜土，而施职事焉，以明刑耻之。能复者，上罪三年而赦，中罪二年而赦，下罪一年而赦。不得者，不自思以得正道，终不自改而出诸圜土者杀，故曰凶。”（《公羊》疏十五）○刘表曰：“三股曰（一作“为”，下句同。）徽，两股曰纆，皆索名。（三句《集解》引“曰”字俱作“为”字。）所以禁囚示言众议于九棘之下也。”（《释文》《唐律表》疏注《谷梁》疏十二）○姚信曰：“寘，置也。”（《释文》）○虞（案：《集解》已引虞说，疑当作“庐”。）氏曰：“以置九棘，取改过自新，故曰‘系用徽纆，寘于丛棘’也。若置之九棘之中而不能改过自新，必致罪咎，故曰‘三岁不得，凶’也。”（《口诀义》）

离

百谷草木，丽乎土。（王肃作“地”。《释文》）

明两作，离。大人以继明照于四方。

郑元曰：“作，起也。”（《释文》《汉上易》三）“明两者，取君明，上下以明德相承，其于天下之事，无不见也。”（《文选》注二十一）○荀爽曰：“作，用也。”（《释文》）○王肃曰：“两离相续继（一无继字），明之义也。”（《初学记》十《御览》一百四十六）○陆绩曰：“离卦中

虚，始于乾象，纯刚健不能柔明，故以北方阴气贯中，柔刚而文明也。”(《京易》注》)

初九 履错（马七路反，郑七各反。《释文》）然。

六二 黄离，元吉。

郑元曰：“离，南方之卦。离为火，土托位焉。土色黄，火之子，喻子有明德，能附丽于其父之道。文王之子发旦是也。”（一作“文王太子发是也”，一无此句。）“慎（一作“顺”）成其业则吉矣（一作“故吉也”）。”(《文选》注二十《初学记》十《御览》一百四十六）

九三 日昃之离，不鼓（郑作“击”。《释文》）**缶而歌，则大耋**（王肃他结反。京作“绖”，蜀才作“咥”。同上）**之嗟**（王肃遭哥反。荀作“差”。同上），**凶**。（郑无“凶”字。同上）

郑元曰：“艮爻也，位近丑，丑上值弁星，弁星似缶。诗云：坎其击缶，则乐器亦有缶。”(《诗》疏七之一《尔雅》疏四）“大耋，年踰（一作余）七十也。”(《诗》疏六之三《礼记》疏六十二《尔雅》疏二）○马融曰：“七十曰耋。”(《释文》) ○王肃曰：“八十曰耋。”（同上）

九四 突（王肃唐屑反，郑作“㐬”。《释文》《周礼》疏三十六。京房作“㐬”。晁氏）**如，其来如，焚如，死如，弃如。**

郑元曰：“震为长子，爻失正，又互体兑，兑为附决。子居明法之家而无正，何以自断？其君父不志（一作“忍”）也。㐬如震之失正，不知其所如。又为巽，巽为进退，不知所从。不孝之罪，五刑莫大焉。得用议贵之辟刑之，若如所犯之罪：焚如，杀其亲之刑；死如，杀人之刑；弃如，流宥之刑。”(《周礼》疏三十六）

六五 出涕沱（荀作“池”。《释文》）**若，戚**（《子夏传》作“嘁”。同上）**嗟**（荀作“差”。同上）**若。**

《子夏传》曰："嘁，咨惭也。"（《释文》）〇郑元曰："自目出曰涕。"（《汉上易》三）

离（郑作"丽"。《释文》）**王公也**。

王肃曰："丽王者之后为公。"（《释文》）

王用出征以正邦也。（王肃本此下更"有获匪其丑，大有功也"。《释文》《汉上易》三）

郑元曰："行诛之后致太平。"（此注未知何卦，姑附于此。《诗》疏十八之一）

李氏易解剩义卷第二（下经）

嘉兴李富孙既方 辑

周易下经

咸

取女吉。

《子夏传》曰："妇人学于舅姑者也。"（《汉上易》九）〇陆绩曰："艮少男，兑少女。男下于女，取妇之象。"（《京易》注）

二气感应以相与。

郑元曰："与，犹亲也。"（《释文》）

君子以虚受人

何妥曰："虚心受人，不间不拒，即物来归已，君子之志也。"（《口诀义》）

初六 咸其拇。（子夏作“䢑”，荀作“母”。《释文》）

马融曰：“拇，足大指也。”（郑同，《释文》）○荀爽曰：“母，阴位之尊。”（同上）

六二 咸其腓。（荀作“肥”。《释文》）

郑元曰：“腓，膊肠也。”（《释文》）○荀爽曰：“肥，谓五也。尊盛，故称肥。”（同上）○王廙曰：“腓，腓肠也。动于腓肠，斯则行矣。”（同上，《正义》）

憧憧（京作“憅”。《释文》）**往来**。

马融曰：“憧憧，行貌。”（《释文》）○王肃曰：“往来，不绝貌。”（同上）○刘表曰：“意未定也。”（同上）

九五 咸其脢。（王肃音灰。《释文》）

《子夏传》曰：“在脊曰脢。”（《正义》）○马融曰：“脢，背也。”（同上）○郑元曰：“脢，背（一无“背”字）脊肉也。”（《释文》《正义》）○王肃曰：“脢在背而夹脊”。（《正义》）“脢，夹脊肉。”（晁氏）

上六 咸其辅（虞作“酺”。《释文》）**颊**（孟作“侠”。同上）**舌**。

马融曰：“辅，上颔也。辅颊舌者，言语之具。”（《释文》《正义》）○虞翻曰：“酺，耳目之间。”（《释文》）

滕（九家作“乘”，虞作“媵”，《释文》。郑作“媵”，《正义》。案：《玩辞》引虞说作“腾”，疑误。）**口说也**。

郑元曰：“媵，送也。咸道极薄，徒送口舌，言语相感而已，不复有志于其间。”（《释文》《正义》）

恒

初六 浚（郑作“濬”。《释文》）**恒**。

九三 不恒其德，或（郑作“咸”。《释文》）**承之羞。**

郑元曰：“爻得正，互体为乾。乾有刚健之德，体在巽。巽为进退，不恒其德之象（一作“是不恒其德也”）。又互体兑，兑为毁折，是将（一作“后或”）有羞辱也[①]。”（《礼记》五十五《后汉书》注二十四）〇陆绩曰：“恒者，常也。而九三以阳居位，立于阴阳交互之上。是知不久为失所然。”（《京易》注）

六五 恒其德，贞妇人吉，夫子凶。

郑元曰：“以阴爻而处尊位，是天子之女。又互体兑，兑为和说，至尊主家之女。以和说干其家事，问正于人，故为吉也。应在九二，又男子之象。体在巽，巽为进退，是无所定而妇言是从。故云夫子凶也。”（《礼记》疏五十五）

上六 振（虞、张作“震”。《释文》晁氏）**恒。**

马融曰：“振，动也。”（《释文》，虞、张同。晁氏）〇郑元曰：“振，摇落也。”（《释文》）

遁

陆绩曰：“遁，退也。”（《京易》注）“遁，俟时也。”（同上）

莫之胜说。（王肃如字。《释文》）

王肃曰：“说，解说也。”（《释文》）

有疾惫（王肃作“毙”，荀作“备”。《释文》）**也。**

郑元曰：“惫，困也。”（《释文》）

九四 好遁，君子吉，小人否。（郑、王肃备鄙反。《释文》）

马融曰：“好遁君子吉，言虽身外，乃心在王室，此之谓也。小人

① 此句读画斋本作“后将有羞辱也”，无“一作后或”四字。

则不然，身外，心必怨也。”(《御览》五百一）○郑元曰：“否，塞也。”（王肃同,《释文》)

上九 肥遁。

《子夏传》曰：“肥，饶裕也。”(《释文》《正义》)

大壮

马融曰：“壮，伤也。”(《释文》) ○郑元曰：“壮，气力浸强之名。”（同上）○王肃曰：“壮，盛也。”（同上）○陆绩曰：“内阳升降，二象俱阳曰大壮。”(《京易》注）

君子用罔。

马融曰：“罔，无也。”（王肃同。《释文》)

羝羊触藩，羸（郑、虞作“纍”，王肃作“缧”，音螺；蜀才作“累”，张作“虆”。《释文》）**其角**。

马融曰：“藩，篱落也。羸，大索也。”(《释文》) ○张璠曰：“羝羊，羖羊也。”(同上）

小人用壮，君子罔也。

京房曰：“壮，一也[1]。小人用之，君子有而不用。”(《会通》)

藩决不羸。

虞翻曰：“决，读为‘夬决’之决。”（晁氏）

六五 丧羊于易。(郑音亦，陆作“埸”。《释文》)

郑元曰：“易，谓佼易也。”(《释文》) ○陆绩曰：“埸，谓疆埸也。”（同上）

不详（郑、王肃作“祥”。《释文》）**也**。

① “一”：今按，疑为“大”字之误。

郑元曰：“祥，善也。”（王肃同。《释文》）

晋（孟喜作“齐”，子西反。《释文》）

晋，康侯用锡马蕃（郑发袁反。《释文》）**庶**（郑止奢反。同上）。**昼日三接**（郑音捷。同上）。

孟喜曰：“齐，进也。”（《释文》）○马融曰：“康，安也。”（同上）○郑元曰：“康，尊也，广也。蕃庶，谓蕃遮禽也。接，胜也。”（同上）○陆绩曰：“康，安也，乐也。”（同上）

初六 晋如摧如。

郑元曰：“摧读如‘南山崔崔’之崔。”（《释文》）“摧，退也。”（《集韵》）

六二 晋如愁（郑子小反。《释文》）**如，贞吉，受兹介福，于其王母**。

郑元曰：“愁，变色貌。”（《释文》）○马融曰：“介，大也。”（同上）

九四 晋如鼫鼠。（《子夏传》、翟元作“硕鼠”。《释文》晁氏）

郑元曰：“诗云‘硕鼠硕鼠，无食我黍。’谓大鼠也。”（《正义》）

六五 失（孟、马、郑、虞、王肃作“矢”。《释文》）**得**。

马融曰：“离为矢。”（王肃同。《释文》）

明夷

以蒙大难，文王以之。（郑、荀、向作“似之”，下亦然。《释文》）

郑元曰：“蒙，犹遭也。”（《释文》）○王肃曰：“唯文王能用之。”（同上）

六二 明夷夷（子夏作“睇”，郑、陆同。京作“眱”。《释文》《礼记》注二十七）**于左股**（马、王肃作“般”，姚作“右槃”，《释文》。九家作“明夷于左股”。晁氏）**用拯**（子夏作“抍”，《释文》。九家作“承”。晁氏）**马壮，吉**。

《子夏传》曰：“旁观曰睇。”（陆绩同。《释文》）〇郑元曰：“旁观为睇，六二辰在酉，酉在西方，又下体离，离为目。九三体在震。震，东方。九三又在辰，辰得巽气为股，此谓六二有明德，欲承九三。故云睇于左股。”（《礼记》疏二十七）“拯，承也。”（《释文》）〇马融曰：“般，旋也。日随天左旋也。”（同上）〇姚信曰：“右槃自辰，右旋入丑。”（同上）〇《九家易》曰：“承，升也。”（晁氏）

南狩之志乃大得也。

京房曰：“动乃见志，故曰大得。”（《汉上易》四）

六五 箕（蜀才作“其”。《释文》）**子之明夷**。

王肃曰：“箕子，纣之诸父也。”（《易辑闻》四）〇荀爽曰：“箕为荄，子为滋。”（《释文》）

家人

闲有家

马融曰：“闲，阑也，防也。”（《释文》）〇郑元曰：“闲，习也。”（同上）

六二 无攸遂，在中馈。

郑元曰：“二为阴爻，得正于内；五，阳爻也，得正于外，犹妇人自修正于内，丈夫修正于外。无攸遂，言妇人无敢自遂也。爻体离，又互体坎，火位在下，水在上，饪之象也。中馈，酒食也。故云在中馈也。”（《后汉书》注八十四、七十九）

九三　家人嗃嗃（荀作“确确”，刘作“熇熇”。《释文》晁氏），**悔厉，吉。妇子嘻嘻**（张作“嬉嬉”，陆作“喜喜”。《释文》），**终吝**。

马融曰：“嗃嗃，悦乐自得貌。嘻嘻，笑声。”（《释文》）○郑元曰：“熇熇，苦热之意。嘻嘻，骄佚喜笑之意。”（同上）○京房曰：“治家之道，于此分矣。”（《汉上易》四）

王假有家

马融曰：“假，大也。”（《释文》）○郑元曰：“假，登也。”（同上）

睽（马、郑、王肃并音圭。《释文》）

其志不同行（王肃遐孟反。《释文》），**说而丽乎明**。

陆绩曰：“兑处下，为积阴，暗之象也。离在上，为明，照于下。”（《京易》注）

六二　其牛掣（子夏作“契”，郑作“挈”，荀作“觭”，刘作“𢊁”，《释文》。郑作“𢊁”。《汉上易》四），**其人天且劓**（王肃作“鼽”。《释文》）。

《子夏传》曰：“契，一角仰也。”（《释文》）○郑元曰：“牛角皆踊曰挈。”（刘表同。同上）○马融曰：“剠（一作“刻”）凿其额曰天。”（同上《汉上易》四）

后说（虞音税。《会通》）**之弧**。（京、马、郑、陆、王肃、翟元作“壶”。《释文》《会通》）

陆绩曰：“先疑，暗也。后说，明也。”（《京易》注）

蹇（王肃纪偃反。《释文》）

往得中也。

郑元曰："中，和也。"（《释文》）○王肃曰："中（张仲反），适也。"（同上）

以正邦（荀、陆作"国"，为汉祖讳。《释文》）**也**。

象曰：山上有水，蹇。君子以反身修德。

陆绩曰："水在山上，失流通之性，故曰蹇。通水流下，今在山上，不得下流，蹇之象。"又曰："水本应山下，今在山上，终应反下，故曰反身。处难之时，不可以行，只可反自省察，修己德用，乃除难。君子通达道畅之时，并济天下。处穷之时，则独善其身也。"（《正义》）

宜待时也。（郑本同，张璠作"宜时也"。《释文》）

六四 往蹇来连。（郑如字。《释文》）

马融曰："连亦难也。"（《释文》《正义》）○郑元曰："迟久之意。"（同上）

解

天地解而雷雨作。雷雨作而百果草木皆甲坼。（马、陆作"宅"，郑同。《释文》《文选》注四）

马融曰："宅，根也。"（陆绩同。《释文》）○郑元曰："木实曰果。皆（一作"解"，误。）读如人倦之解，解谓坼嘑。皮曰甲，根曰宅。宅，居也。"（《文选》注四）○陆绩曰："雷雨作。震雷，坎雨。"（《京易》注）

君子以赦过宥（京作"尤"。《释文》）**罪**。

负且乘。（王肃绳证反。《释文》）

九四 解而拇。（荀作"母"。《释文》）

陆绩曰："拇，足大指。"（《释文》）○王肃曰："拇，手大指。"（同

上）

上六 公用射隼于高墉之上。

马融曰："墉，城也。"（《释文》）

损

二簋（蜀才作"轨"。《释文》）**可用亨**（蜀才许庚反。同上）。

郑元曰："四以簋进黍稷于神也。初与二直，其四与五承上，故用二簋。四，巽爻也，巽为木。五，离爻也，离为日。日体圜，木器而圜，簋象也。"（《周礼》疏十六、四十一《仪礼》疏十六《诗》疏六之四）

损下益上

陆绩曰："乾九三变六三，阴柔益上九，臣奉君之象。"（《京易》注）

君子以惩（郑作"徵"，刘作"澂"，蜀才作"澄"。《释文》）**忿窒**（郑、刘作"懫"，孟作"恎"，陆作"咨"。同上）**欲**（孟作"浴"。同上）。

郑元曰："徵，犹清也。懫，止也。"（刘表同。《释文》）

初九 巳事遄（荀作"颛"。《释文》）**往**。

六五 或益之十朋之龟。

郑元曰："案《尔雅》云：十朋之龟者，一曰神龟，二曰灵龟，三曰摄龟，四曰宝龟，五曰文龟，六曰筮龟，七曰山龟，八曰泽龟，九曰水龟，十曰火龟。"（马融同。《正义》《礼记》疏二十三《尔雅》疏十）

益

向秀曰："明王之道，志在惠下。故取下谓之损，与下谓之益。"（《正义》）○宋衷曰："明君之德，必须损己而利人，则下尽益矣。"

(《口诀义》)

象曰：风雷益。

《子夏传》曰："雷以动之，风以散之，万物皆益。"（孟喜同。《正义》）○何晏曰："益，独取风雷者，取其最长可久之义也。"（同上）○陆绩曰："内外顺动，风雷益，四象分明，刚柔定矣。"(《京易》注)

王用亨（王廙许庚反。《释文》）**于帝。**

告公用圭（王肃作"桓圭"。《释文》）。

偏（孟作"遍"。《释文》）**辞也。**

孟喜曰："遍，周匝也。"(《释文》)

夬

初九 壮于前趾。（荀作"止"。《释文》）

九二 惕（荀、翟作"锡"。《释文》）**號**（郑、虞、王廙音号，同上。晁氏）**莫**（郑如字。《释文》）**夜。**

荀爽曰："锡，赐也。"（翟元同。《释文》）○郑元曰："莫，无也。莫夜，非一夜。"（同上）

九二 壮于頄。（郑作"頯"，王肃音龟，蜀才作"仇"。《释文》）

郑元曰："頯，夹面也。"(《释文》) ○翟元曰："頄，面颧颊间骨也。"（同上）

其行次（郑作"趑"，七私反。《释文》）**且**（郑作"趄"，七余反。同上），**牵**（子夏作"掔"。同上）**羊悔亡。**

马融曰："次，却行不前也。且，语助也。"(《释文》) ○王肃曰："趑趄，行止之碍也。"（同上）

九五 苋陆（蜀才作"睦"。《释文》）。

《子夏传》曰："苋陆，木根草茎，刚下柔上也。"（《正义》）○孟喜曰："苋陆，兽名。夬有兑，兑为羊也。"（《路史后纪》注五）○马融曰："苋陆，商陆也。"（一作"一名商陆"，郑、王肃同。《释文》《正义》）"一名章陆。"（《兼明书》二）○宋衷曰："苋，苋菜也。陆，商（一作"当"）陆也。"（《释文》）"苋，蕢；陆，当陆。"（《易辑闻》五）○董遇曰："苋，人苋也。陆，商陆也。"（《正义》）"前人以苋陆、当陆为二草，俱柔脆之物。陆之为叶，差坚于苋。苋根小，陆根大。"（《义海撮要》五（《易辑闻》五）○蜀才曰："睦，亲也，通也。"（《释文》。案毛本《释文》虞说当是转写之误。）"睦，和也。"（晁氏）

姤（郑作"遘"。《释文》）

勿用取女。（京房"以娶"下误增"女"字[①]。《义海撮要》五）

天下有风，姤。后以施命诰（郑作"诘"，起一反。《释文》）**四方**。

郑元曰："诘，止也。"（王肃同。《释文》）○陆绩曰："巽，入也。风入于物皆动也。故知天下有风，动其物也。"（《京易》注）

初六 系于金柅。（子夏作"鑈"，王肃作"抳"，蜀才作"尼"。《释文》）

马融曰："柅者，在车之下，所以止轮令不动者也。"（《正义》）○王肃曰："柅，织绩之器，妇人所用。"（同上）○蜀才曰："尼，止也。"（《释文》）

羸（郑力追反，王肃劣随反，陆读为累，《释文》。郑作"累"。晁氏）**豕孚蹢躅**。

九二 包（郑百交反，荀作"胞"，《释文》。子夏、虞翻皆作"苞"。

① "娶"：读画斋本作"取"。

《玩辞》九）**有鱼**。

九五 以杞包（子夏作“苞”，马、郑百交反。《释文》）**瓜**。

《子夏传》曰：“作杞匏瓜。”（《正义》）“杞梓连抱。瓜，阴实而蔓生，象阴之来绵绵未已。”（《易辑闻》五）○马融曰：“杞，大木也。《左传》云：‘杞梓皮革自楚往。’”（《释文》《正义》）○郑元曰：“杞，柳也。”（《释文》）○张璠曰：“苟杞。”（同上）

萃

萃，亨。（王肃本同，马、郑、陆、虞无此字。《释文》）

聚（荀作“取”。《释文》）**以正也**。

君子以除（荀作“虑”。《释文》）**戎器**。

郑元曰：“除，去也。”（《释文》）○王肃曰：“除犹修治也。”（姚信、陆绩同。同上《学易编》）○陆绩曰：“凡聚众，必慎防闲。假阳为主，成萃之义。伏戎必豫备，众聚去疑心。”（《京易》注）○蜀才曰：“除去戎器，修行文德也。”（《释文》）

若號（马、郑、王肃、王廙户羔反。《释文》），**一握为笑**。

虞翻曰：“號，号令。”（晁氏）○郑元曰：“握当读为‘夫三为屋’之屋。”（蜀才同。《释文》）“握小儿。”（《集韵》）

六二 引吉，无咎。孚乃利用禴。（蜀才作“跃”，刘作“爚”。《释文》）

王肃曰：“六二与九五相应，俱履贞正。引，由迎也，为吉所迎，何咎之有。”（《旧唐书》一百）○马融曰：“禴，殷春祭名。”（王肃同。《释文》）○郑元曰：“夏祭名。”（同上）

上六 齎（王肃将啼反。《释文》）**咨涕洟**。

马融曰：“齎咨，悲声、怨声。”（《释文》）○郑元曰：“齎咨，嗟叹之辞也。自目曰涕，自鼻曰洟。”（同上）

升（郑作“昇”。《释文》）

马融曰：“升，高也。”（《释文》）

君子以顺（何妥作“慎”。《口诀义》）**德**（王肃同，姚本作“得”。《释文》），**积小以高大**。（郑作“以成高大”。《礼记》注五十三）

陆绩曰：“合抱之木，始于豪末。”（《京易》注）○何妥曰：“君子谨习为先，修习道德，积其微小，以至高大。”（《口诀义》）

九三 升虚邑。

马融曰：“虚，邱也。”（《释文》）

六四 王用亨（马、郑、陆、王肃许两反。《释文》）**于岐山**。

马融曰：“亨，祭也。”（《释文》）○郑元曰：“献也。”（同上）

顺事也。

郑元曰：“事之以牛羊。”（《诗》疏十六之二）

困

陆绩曰：“困卦上下不应，阴阳不交。六三阴，上六亦阴，无配。入九五求阳，阳亦无纳也。”（《京易》注）

刚揜（虞作“弇”。《释文》）**也**。

九二 困于酒食，朱韨方来，利用亨祀。

郑元曰：“二据初，辰在未，未为土。此二为大夫，有地之象。未上值天厨，酒食象。困于酒食者，采地薄，不足己用也。二与日（当作“四”）为体离，为镇霍，爻四为诸侯，有明德，受命当王者。离为

火，火色赤，四爻辰在午，时离气赤为朱是也。文王将王，天子制用朱韨。(《仪礼》疏一《学易编》)

九四 来徐徐。(子夏、翟元作“荼荼”，音图。王肃作“余余”。《释文》)

《子夏传》曰：“荼荼，内不定之意。”(翟元同。《释文》) ○马融曰：“徐徐，安行貌。”(同上)

九五 劓刖(荀、王、陆作“臲卼”，京作“劓刽”。《释文》)，**困于赤绂**。

郑元曰：“劓刖当为倪仉。”(《释文》)“朱深云赤。”(《诗》疏十一之二)[①] ○荀爽曰：“臲卼，不安貌。”(王、陆同。同上)

上六 于臲(王肃妍喆反)**臲，曰动悔**。

向秀曰：“曰动悔，言其无不然。”(《释文》)

井

郑元曰：“井，法也。”(《释文》) ○陆绩曰：“井道以澄清见用为功也。井象德不可渝变也。”(《京易》注)

汔(王肃音其乞反。《释文》)**至亦未繘井**。**羸**(蜀才作“累”,《释文》。郑作“虆”。宋作“缧”，陆作“累”。《玩辞》九)**其瓶**。

郑元曰：“繘，绠也。羸读曰虆。”(《释文》)

君子以劳民劝相。(王肃如字。《释文》)

陆绩曰：“井以德立，君正民信。德以其道也。”(《京易》注)

九二 井谷射(郑、王肃音亦，荀作“耶”。《释文》)**鲋**。**瓮**(郑同。同上)**敝**(王肃扶灭反。同上)**漏**。

① 读画斋本无“朱深云赤”句。

《子夏传》曰：“鲋谓虾蟆。”（《释文》）“鲋是虾蟆也。”（《口诀义》）“井中虾蟆呼为鲋鱼也。”（《正义》）○郑元曰：“九二坎爻也。坎为水，上直巽。九三艮爻也，艮为山，山下有井，必因谷水所生，鱼无大鱼，但多鲋鱼耳。言微小也。夫感动天地，此鱼之至大。射鲋井谷，此鱼之至小。故以相况。”（《文选》注五）“射，厌也。”（王肃同）“瓮，停水器也。”（《释文》）○王肃曰：“鲋，小鱼也。”（《御览》九百三十七）

九三 井渫不食，为我心恻，可用汲。王明，并受其福。

郑元曰：“谓已浚渫也。犹臣修正其身，以事君也。”（《文选》注十一）○向秀曰：“渫者，浚治去泥浊也。”（《史记》注八十四）○张璠曰：“可为恻然，伤道未行也。然不食以被任用也。”（同上《文选》注十一）○京房曰：“言我道可汲而用也。上有明王汲我道而用之，天下并受其福，故曰王明并受其福也。”（《史记索隐》二十）

六四 井甃。

《子夏传》曰“甃，修治也。”（《释文》《正义》）○马融曰：“甃为瓦，裹下达上也。”（《释文》）○干宝曰：“以砖垒井曰甃。”（同上）

九五 井洌。（王肃音列[①]。《释文》）

上六 井收。（荀作“甃”。《释文》）**勿**（干作“网”。同上）**幕**。（干作“门”。《汉上易》五）

马融曰：“收，汲也。”（《释文》）○陆绩曰：“收，井干也。”（同上）

革

马融曰：“革，改也。”（《释文》）

巳日乃孚。

① “列”：读画斋本作“例”。

陆绩曰："孚，犹信也。"（《京易》注）○宋衷曰："人性习常，不说改易。及变之后，乐其所成。故即日不孚，巳日乃孚矣。"（《口诀义》）[①]

水火相息。

马融曰："息，灭也。"（《释文》）

初九 巩用黄牛之革。

马融曰："巩，固也。"（《释文》）

其文炳也。

京房曰："虎文疏而著也。"（《汉上易》五）

鼎

荀爽曰："三鼎形同，以足为巽。"（《广川书跋》一）○何妥曰："古者，铸金为此器，能调五味，变故取新，以成烹饪之用，以供宗庙，次养圣贤。天子以天下为鼎，诸侯以国为鼎，变故成新，尤须当理。故先元吉，后乃亨通。故曰元吉亨也。"（《口诀义》）

鼎，象也。

陆绩曰："木见火中发，火木相资，象鼎之兆。卜穴为足，中虚见纳，饪熟之义明矣。"（《京易》注）

君子以正位凝（翟作"拟"。《释文》）**命**。

郑元曰："凝，成也。"（《释文》）○翟元曰："拟，度也。"（同上）

初六 鼎颠趾，利出否，得妾以其子，无咎。

郑元曰："颠，踣也。趾，足也。无事曰趾，陈设曰足。爻体巽为股，初爻在股之下，足象也。足所以承正鼎也。初阴爻而柔，与乾同

① 读画斋本"巳日乃孚矣"，后尚有："故曰巳日乃孚也。巳，竟也。"

体。（一作“不同体”）以否正承乾，乾为君，以喻君夫人事君，若失正礼，踣其为足之道。情无怨则当以和义出之，然如否者嫁于天子，虽失礼无出道，废远之而已。若其无子，不废远之，后尊如故。其犯六出，则废之远之，子废。坤为顺，又为子母牛，今在后妃之旁，侧妾之例也。有顺德子必贤。贤而立，以为世子，又何咎也。”（《仪礼》疏二《礼记》疏二十七《诗》疏三之三《御览》一百四十六）

我仇有疾。

《子夏传》曰:“仇谓四也。”（《汉上易》五）○郑元曰:“怨耦曰仇。”（《释文》）“九四为九二仇。”（《汉上丛说》）

九三 鼎耳革，其行塞。雉膏不食。

陆绩曰:“九三成鼎之德。”（《京易》注）○郑元曰:“雉膏，食之美也。”（《释文》）

九四 鼎折足，覆公餗。其形（郑作“刑”，《周礼》注三十六。九家、京、荀、虞同。晁氏）**渥**。（郑作“剭”，音屋，《释文》。《子夏传》作“握”，京、虞、九家作“剭”。《汉上易》五 晁氏）

马融曰:“餗，健也。”（《释文》）“餗谓糜也。”（《谷梁》疏九）○郑元曰:“糁谓之餗。震为竹，竹萌曰笋。笋者，餗之为菜也。餗（一作“蔌”），美馔。是（一作“具”）八珍之食。鼎三足，三公象，若三公倾覆王之美道，屋中刑之。”（若三公二句一作“臣下旷官，失君之美道，当刑之于屋中”。《周礼》疏六、三十六《诗》疏十八之四）“餗，菜也。”（《释文》）○虞翻曰:“餗，八珍之具也。”（同上）“剭，重刑也。”（晁氏）○京房曰:“刑在頄为剭。”（同上）

六五 鼎黄耳金铉。

陆绩曰:“六五委任贤臣，假之位也。”（《京易》注）○马融曰:

“铉，扛鼎而举之也。”（《释文》）○郑元曰：“金铉，喻明道能举君之官职也。”（《文选》注十、二十四、四十六、五十八《唐律疏义》一）

震

震来虩虩（荀作“愬愬”。《释文》），**笑言哑哑，震惊百里，不丧匕鬯**。

马融曰：“虩虩，恐惧貌。（郑氏同）哑哑，笑声。”（《释文》）○郑元曰：“哑哑，乐也。”（同上）“惊之言警戒也。”（《诗》疏一之四）“鬯者，秬黍之酒，其气调畅，故谓之鬯。人君于祭祀之礼，尚牲荐鬯而已，其余不足观也。”（《正义》）○虞翻曰：“百里，阳爻三十六，阴爻二十四，震初九、九四，二阳二阴为百二十，举其大数也。”（今本《集解》似有脱误。《汉上易》卦图下）○陆绩曰：“震为雷声，惊于百里。春发秋收，顺天行也。取象定吉凶。”（《京易》注）“匕者，棘匕，挠鼎之器。”（《正义》）

出可以守宗庙社稷，以为祭主也。

王肃曰：“在有灵而尊者，莫若于天。有灵而贵者，莫若于王。有声而威者，莫若于雷。有政而严者，莫若于侯。是以天子当乾，诸侯用震。地不过一同，雷不过百里。政行百里，则匕鬯亦不丧。祭祀，国家大事，不丧，宗庙安矣。处则诸侯执其政，出则长子掌其祀。”（《御览》一百四十六）

亿（郑于力反，《释文》。虞作“噫”，于其反[①]。《汉上易》五）**丧**（荀如字。《释文》）**贝**。（荀作“败”[②]。同上）

① 读画斋本“噫”下有“惜也”二字，无“于其反”三字。
② “荀作败”：读画斋本作“荀音败”。

郑元曰："十万曰亿。"（《释文》）○荀爽曰："贝，覆也。"（《群经音辩》）

六三 震苏苏。

马融曰："苏苏，尸禄素餐貌。"（《释文》）○郑元曰："不安也。"（同上）○王肃曰："躁动貌。"（同上）

九四 震遂（荀作"队"，《释文》。又作"隧"。《汉上易》五）**泥**。（荀音乃低反。《释文》）

亿（虞作"噫"。《汉上易》五）**无丧有事**。

上六 震索索，视矍矍。

马融曰："索索，内不安貌。矍矍，中未得之貌。"（《释文》）○郑元曰："索索犹缩缩，足不正也。矍矍，目不正。"（同上）

艮

郑元曰："艮之言很也。"（《释文》）

初六 艮其趾。（荀作"止"。《释文》）

不拯（孟、京、陆、王作"承"，晁氏。马作"抍"。《汉上易》五）**其随**。

马融曰："承（当作"抍"），举也。"（《释文》）

艮其限，列（孟作"裂"。晁氏）**其夤**，（孟、京作"朋"，晁氏。郑作"膑"，荀作"肾"。《释文》）**厉薰**（荀作"动"，《释文》。《子夏传》作"薰"，孟喜、京房、马融、王肃作"熏"。汉上易》五）**心**。

马融曰："限，要也。（郑、荀、虞同）夤，夹脊肉也。"（《释文》）○荀爽曰："互体有坎，坎为肾；互体有震，震为动。"（同上）○王肃曰："熏，灼其心。"（《汉上易》五）

渐

女归吉也。（王肃本作“女归吉利贞”，《释文》。虞本无“也”字。晁氏）

进得位，往有功也。

陆绩曰：“艮变八，卦终于渐。渐，终降纯阴入坤分，长女三阴之兆也。柔道行也。”（《京易》注）

君子以居贤德善俗。（王肃本作“善风俗”。《释文》）

侯果曰：“贤者，德成之名。德是资贤之实也。”（《口诀义》）

初六 鸿渐于干。

郑元曰：“干谓大水之旁，故停水处者。”（《诗》疏五之三、十一之二《释文》）○陆绩曰：“水畔称干。”（《释文》）○荀爽曰：“干，山间涧水也。”（王肃同，同上）○翟元曰：“涯也。”（同上）

六二 鸿渐于磐，饮食衎衎。

马融曰：“山中石磐纡，故称磐也。”（《释文》《正义》）“衎衎，饶衍。”（《释文》）○王肃曰：“衎衎，宽饶之貌也。”（《文选》注六）○陆绩曰：“于磐，贤人进位也。”（《京易》注）

九三 鸿渐于陆，夫征不复，妇孕（荀作“乘”。《释文》）**不育。**

马融曰：“山上高平曰陆。”（《释文》）○郑元曰：“九三上与九五互体为离，离为大腹，孕之象也。又互体为坎，坎为丈夫。坎为水，水流而去，是夫征不复也。夫既不复，则妇人之道颠覆，故孕而不育。”（《礼记》疏二十五）“孕，犹娠也。”（《释文》）

离群丑也。

郑元曰：“离，犹去也。”（《释文》）

或得其桷。

马融曰："桷，榱也。"（陆绩同。《释文》）〇翟元曰："方曰桷。桷，椽也。"（同上）

六五 鸿渐于陵。

陆绩曰："陆、陵，俱是高处，然陵卑于陆也。"（《口诀义》）

归妹

虞翻曰："九女者，贵其男。女继嗣宗，享不绝也。"（《口诀义》）

归妹，征凶。

陆绩曰："归者，嫁也。震长男，兑少女，少女匹长男，气非合也。"（《京易》注）

归妹以娣，以（京房无"以"字。晁氏）**恒也。**

利幽人之（《子夏传》无"之"字。晁氏）**贞。**

六三 归妹以须。（《子夏传》、孟、京作"嬃"，晁氏。荀、陆作"嬬"。《释文》）

《子夏传》曰："嬃，媵之妾也。"（孟、京同。晁氏）〇郑元曰："须，有才智之称。天文有须女[①]，屈原之姊（一作"妹"）名女须。"（《释文》《诗》疏十四之二《周礼》疏一）〇陆绩曰："嬬，妾也。"（《释文》）

九四 归妹愆期，迟归有时。

马融曰："愆，过也。"（《释文》，王肃同。《文选》注二十八）〇陆绩曰："迟，待也。"（《释文》）

六五 帝乙归妹。

《子夏传》曰："汤之嫁妹也。"（《汉上易》五）

① "天文"：今按，疑指《楚辞》之《天问》篇。

月幾（荀作“既”。《释文》）**望**。

上六 女承筐（郑作“匡”。《释文》）**无实；士刲羊无血**。

郑元曰：“宗庙之礼，主妇奉匡米。”（《仪礼》疏十五）“《士昏礼》云：妇入三月而后祭行。”（《诗》疏五之三）〇《子夏传》曰：“血谓四，士刲羊三而无血。”（《汉上易》五）〇马融曰：“刲，刺也。”（《释文》）

丰

郑元曰：“丰之言腆，充满意也。”（《释文》）

王假（马古雅反。《释文》）**之**。

马融曰：“假，大也。”（《释文》）

日中则昃（孟作“稷”。《释文》），**月盈则食**。

郑元曰：“言皆有休已，无常盛也。”（《公羊》疏二十六）

初九 遇其配（郑作“妃”，《释文》。孟作“妃”。《汉上易》六）**主，虽旬**（王肃尚纯反，荀作“均”。《释文》）**无咎**。

郑元曰：“嘉耦曰妃。”（《释文》，孟喜同。《汉上易》六）“初修礼上朝四。四以匹敌恩厚待之，虽留十日不为咎。正以十日者，朝聘之礼，止于主国以为限。聘礼毕归。大礼曰：旬而稍。旬之外为稍。久留非常。”（《诗》疏十九之三）

六二 丰其蔀（王廙蒲户反，王肃蒲苟反。郑作“菩”。《释文》），**日中见斗**。（孟作“主”。同上）

马融曰：“蔀，小也。”（《释文》）〇郑元曰：“菩，小席。”（同上）

九三 丰其沛（王廙丰盖反，子夏作“芾”，郑、干作“芾”。依宋本。《释文》），**日中见沬**（王肃音妹，马、郑作“昧”。《释文》《广韵》。

《子夏传》作“昧”。《汉上易》六）。**折其右肱**。（姚作“股”。《释文》）

《子夏传》曰：“芾，小也。昧，星之小者。”（马同。《释文》）○郑元曰：“芾，祭祀之蔽膝。”（干宝同。同上）“三艮爻。艮为手，互体为巽，巽又为进退。手而便于进退，右肱也。犹大臣用事于君，君能诛之，故无咎。”（《仪礼》疏十）○姚信曰：“沛，滂沛也。”（《释文》）

窥其户，阒（孟作“窒”，姚作“阋”。《释文》）**其无人**。

马融曰：“阒，无人貌。”（郑同。《释文》）○陆绩曰：“上六积暗而动，凶之于上，反下见阴之兆。”（《京易》注）

天际翔（郑、王肃作“祥”。《释文》）**也**。

郑元曰：“际当为瘵。瘵，病也。”（《释文》）

自藏（众家作“戕”。《释文》）**也**。

马融曰：“戕，残也。”（王肃同。《释文》）○郑元曰：“戕，伤也。”（同上）

旅（王肃以为“军旅”。《释文》）

象曰：山上有火，旅。

陆绩曰：“火在上，无止象，旅之义。”（《京易》注）

初六　旅琐琐，斯其所取灾。

马融曰：“琐琐，疲弊貌。”（《释文》）○郑元曰：“琐琐，犹小小也。爻互体艮，艮小石，小小之象。三为聘客，初与二其介也。介当以笃实之人为之，而用小人琐琐然。客主人为言不能辞曰非礼，不能对曰非礼。每者不能以礼行之，则其所以得罪。”（《释文》《仪礼》疏八）“艮为小，动而之四，复成艮，小之又小，琐琐也。”（《汉上易》六）○王肃曰：“琐琐，细小貌。”（《释文》）

得其资斧。(《子夏传》及众家并作“齐”。《释文》)

丧牛于易。(王肃音亦。《释文》)

其义焚也。

马融曰:“义,宜也。”(《释文》)

巽

陆绩曰:“本乾象,阴来荡成巽。巽者,顺也。”(《京易》注)

九三 频巽。(郑意同王弼。《释文》)

兑

说以先民。

陆绩曰:“兑下六阴,凝艮上于阳健。纳兑为妻,二气合也。”(《京易》注)

象曰:丽(郑作“离”。《释文》)**泽**。

郑元曰:“离犹并也。”(《释文》)

九四 商兑未宁,介疾有喜。

郑元曰:“商,隐度也。”(《释文》)○马融曰:“介,大也。”(同上)

涣

陆绩曰:“涣,散也。”(《京易》注)

乘木有功也。

陆绩曰:“虚舟行也。”(《京易》注)

象曰:风行水上,涣。

陆绩曰:“木浮于水也。”(《京易》注)

初六 用拯（《子夏传》作“抍”。《释文》）**马壮吉**。（虞作“壮吉悔亡”。《汉上易》六）

《子夏传》曰：“抍，取也。”（《释文》）○马融曰：“拯，举也。”（同上）○伏曼容曰：“济也。”（同上）○王肃曰：“拔也。”（同上）

涣有丘（姚作“近”。《释文》），**匪夷**（荀作“弟”。同上）**所思**。

九五 涣汗其大號。

郑元曰：“號，令也。”（《文选》注三）○王肃曰：“王者出令，不可复返，喻如身出汗，出不可反也。”（《北堂书抄》一百三）

节

节以制度，不伤财，不害民。

郑元曰：“空府藏则伤财，力役繁则害民。二者奢泰之所致。”（《后汉书》注七十九）

中孚

中孚，豚鱼吉。

陆绩曰：“中孚，信也。”（《京易》注）○荀爽曰：“两巽对合，外实中虚。”（《汉上丛说》）○郑元曰：“三辰在亥，亥为豕。爻失正，故变而从小名，言豚耳。四辰在丑，丑为鳖蟹。鳖蟹，鱼之微者。爻得正，故变而从大名，言鱼耳。互（一作“三”）体兑，兑为泽，四上值天渊。二五皆坎爻，坎为水，二浸泽则豚利。五亦以水灌渊，则鱼利。豚鱼，以喻小民也，而为明君贤臣恩意所供养，故吉。”（《诗》疏十一之二）○虞翻曰：“孚，实之象。”（《汉上丛说》）“巽为鱼，何也？曰：鱼多白眼，而巽乎泽者也。”（《汉上易》九）

信及豚鱼也。

陆绩曰："豚鱼，幽微之物，信尙及之，何况于人乎？"（《京易》注）

乘木舟虚也。

郑元曰："舟谓集板。如今自空大木为之曰虚。"（《诗》疏二之二）

九二 鸣鹤在阴，其子和之。我有好（王肃呼报反。《释文》）**爵，我与尔靡**（京作"劘"，《子夏传》、孟、干、陆绩作"縻"。《释文》《汉上易》六）**之。**

京房曰："九二处和体震。"（《汉上易》九）〇孟喜曰："好，小也。縻（亡彼反），共也。"（《释文》）〇干宝曰："縻（亡池反），散也。"（同上）

六三 得敌，或鼓或罢。（王肃音皮。《释文》）

《子夏传》曰："三与四为敌。"（《汉上易》六）

六四 月幾（京作"近"，荀作"既"，《释文》。孟作"既"。晁氏）**望。**

孟喜曰："既望，十六日也。"（晁氏）

小过（王肃音戈。《释文》）

小过，亨利贞。

郑元曰："《中孚》为阳，贞于十一月子。《小过》为阴，贞于六月未。法于乾坤。"（《汉上易》六）

不宜上。（郑如字。《释文》）

郑元曰："上，谓君也。"（《释文》）

已上（郑作"尚"。《释文》）**也。**

郑元曰："尚，庶几也。"（《释文》）

既济

《子夏传》曰："阳已下阴，万物既成。"（《汉上易》六）○郑元曰："既，已也，尽也。济，渡也。"（《释文》）○陆绩曰："离坎分子午，水上火下，性相交敌不间隔，是曰既济也。"（《京易》注）

六二 妇丧其茀。（子夏作"髴"，荀作"绂"，董作"髢"，《释文》。孟喜作"髴"。晁氏）

孟喜曰："髴，鬓发也。"（晁氏）○马融曰："茀，首饰也。"（《释文》）○郑元曰："茀，车蔽也。"（同上）○干宝曰："马髴也。"（同上）

惫（陆作"备"。《释文》）**也**。

郑元曰："惫，劣弱也。"（《释文》）○陆绩曰："备当为惫。惫，困劣也。"（同上）

六四 繻（郑、王肃音须，子夏作"襦"，王廙同。《释文》）**有衣袽**。（王肃音如，子夏作"茹"，京作"絮"。同上）

九五 东邻杀牛不如西邻之禴祭。

郑元曰："互体为坎，又互体为离。离为日，坎为月。日出东方，东邻象也。月出西方，西邻象也。"（《礼记》疏五十一。案：《坊记注》云：东邻谓纣国中也，西邻谓文王国中也。既济离下坎上。离为牛，坎为豕。西邻禴祭则用豕，与言杀牛而凶，不如杀豕受福，喻奢而慢，不如俭而敬也。）"禴，夏祭之名。"（《诗》疏九之三《尔雅》疏五）

未济

陆绩曰："离炎上，坎务下，二象不合，各殊阴阳也。"（《京易》

注）

小狐汔济。

《子夏传》曰："坎称小狐。"（《汉上易》九《丛说》）○孟喜曰："坎，穴也。狐穴居。"（《汉上易》九）"小狐济水，未济一步，下其尾。"（《汉上易》六）○郑元曰："汔，几也。"（《释文》）○王肃曰："坎为水，为险，为隐伏。物之在险，穴居隐伏，往来水间者，狐也。"（《汉上易》九）

震用伐鬼方。

孟喜曰："震，敬也。"（京、虞同。晁氏）

李氏易解剩义卷第三（系辞上 系辞下 说卦 序卦 杂卦）

嘉兴李富孙既方 辑

周易系辞上（王肃本作"系辞上传"，讫《杂卦》皆有"传"字，《释文》。诸儒分一十二章，马融、荀爽、姚信等又分"白茅"章，后取"负且乘"更为别章，成十三章。虞翻分为十一章，合"大衍之数"并"知变化之道"共为一章。《正义》）

天尊地卑，乾坤定矣；卑高以陈，贵贱位矣。

郑元曰："君臣尊卑之贵贱，如山泽之有高卑也。"（《礼记》疏三十七）

动静有常，刚柔断矣。

郑元曰："动静，雷风也。阳动阴静，刚柔之断也。"（《礼记》疏三十七《谷梁》疏五）

方以类聚，物以群分。

郑元曰："类聚群分，谓水火也。"（《礼记》疏三十七）

在天成象。

马融曰："象者，日月星。"（王肃同。《礼记》疏三十七）○郑元曰："日月星辰也。"（同上）

在地成形。

马融曰："植物、动物也。"（《礼记》疏三十七）○郑元曰："谓草木鸟兽也。"（同上《御览》三十六）○王肃曰："山川群（一作"泽"）物也。"（《礼记》疏三十七）○王廙曰："谓山川等。"（《御览》三十六）

刚柔相摩。

京房曰："相硙切也。"（《释文》）○马融曰："摩，切也。"（同上）○郑元曰："迫也。"（同上《礼记》疏三十七）

八卦相荡。（众家作"荡"，王肃音唐党反。《释文》）

京房曰："以阴荡阳，以阳荡阴，阴阳二气，荡而成象。"又曰："荡阴入阳，荡阳入阴，阴阳交互，内外适变，八卦回巡，至极则反。"（《汉上易》卦图中）○马融曰："除也。"（《释文》）

鼓之以雷霆。（王肃音庭。《释文》）

虞翻曰："鼓，鼓动也。"（陆、董同。《释文》）○京房曰："霆者，雷之余气，挺生万物也。"（同上）○蜀才曰："凝为电。"（同上）○刘瓛曰："霆，雷也。震为雷，离为电。"（《一切经音义》九）

日月运（姚作"违"。《释文》）**行。**

乾知大（王肃作"泰"。《释文》）**始。**

坤作（虞、姚作“坤化”。《释文》）**成物**。

姚信曰：“化当为‘作’。”（《释文》）

乾以易（郑、荀、董并音亦。《释文》）**知**。

坤以简能。

姚信曰：“能当为‘从’。”（《释文》）

而成位乎其中矣。（马、王肃作“而易成位乎其中”。《释文》）

系辞焉而明吉凶。（虞本更有“悔吝”二字。《释文》）

刚柔者，昼夜之象也。（虞作“昼夜者，刚柔之象”。《释文》）

六爻之动，三极之道也。

虞翻曰：“阴阳失位则变，得位则否，故以阴居阳位、阳居阴位则动。”（《易禆传》外篇）○陆绩曰：“极，至也。”（《释文》）○马融曰：“三，统也。”（同上）○王肃曰：“阴阳、刚柔、仁义为三极。”（同上）“三极之道，三才极至之理。”（《丙子学易编》《小学绀珠》一）

易之序（虞本作“象”。《释文》）**也**。

京房曰：“序，次也。”（《释文》）○陆绩曰：“象也。”（同上）

所乐（虞本作“变”。《释文》）**而玩**（郑作“翫”。同上）**者**。

马融曰：“玩，贪也。”（《释文》）

言乎其小疵也。

马融曰：“疵，瑕也。”（《释文》）

辩吉凶者存乎辞。

京房曰：“辩，明也。”（《释文》）○虞翻曰：“别也。”（董、姚、蜀才同。同上）○陆绩曰：“吉凶之兆见于爻象。”（《京易》注）

忧悔吝者存乎介。

王肃曰：“纤介也。”（干宝同。《释文》）○刘瓛曰：“介，微也。”

（《一切经音义》十五）

震无咎者存乎悔。

马融曰："震，惊也。"（《释文》）〇郑元曰："惧也。"（同上）〇王肃曰："动也。"（同上）

辞有险易。

京房曰："险，恶也。易，善也。"（《释文》）

易与天地准。

京房曰："准，等也。"（《释文》）〇郑元曰："中也，平也。"（同上）

故能弥纶天地之道。

京房曰："弥，遍。纶，知也。"（《释文》）〇王肃曰："弥纶，缠裹也。"（同上《文选》注十七）〇荀爽曰："弥，终也。纶，迹也。"（《释文》）〇刘瓛曰："弥，广也。"（《文选》注十一）

原始反（郑、虞作"及"。《释文》）**终，故知死生之说**。（宋衷始锐反。同上）

宋衷曰："说，舍也。"（《释文》）

精气为物，游魂为变。

郑元曰："精气谓七八，游魂谓九六。游魂谓之鬼，物终所归；精气谓之神，物生所信也。言木火之神，生物东南；金水之鬼，终物西北。二者之情其（"其"字疑衍）状与春夏生物、秋冬终物相似。"（此条与《集解》所引异。《礼记》疏十四、三十七、五十二、五十三《周礼》疏二十）

而道济天下。

郑元曰："道当作'导'。"（《释文》）

旁行而不流（京作"留"。《释文》），**乐**（虞作"变"。同上）**天知**

命。

范围（马、王肃、张作“犯违”。《释文》）**天地之化**。

郑元曰：“范，法也。”（《释文》）○张璠曰：“犯违犹裁成也。”（同上）

通乎昼夜之道而知。（荀爽音智。《释文》）

故君子之道鲜（马、郑、王作“尟”。《释文》）**矣**。

马融曰：“少也。”（郑、王肃同。《释文》）

藏（郑作“臧”。《释文》）**诸用**。

郑元曰：“臧，善也。”（《释文》）

成（蜀才作“盛”。《释文》）**象之谓乾，爻**（马如字，蜀才作“效”。同上）**法之谓坤**。

马融曰：“爻，放也。”（《释文》）

其静也专。（陆作“抟”，音同。《释文》）

《易》其至矣乎。

刘瓛曰：“至，极也。”（《文选》注三十九）

知崇礼（蜀才作“体”。《释文》）**卑**。

圣人有以见天下之赜。（九家作“册”，京作“啧”。《释文》）

京房曰：“啧，情也。”（《释文》）

以行其典礼。（京作“等礼”，姚作“典体”[①]。《释文》）

而不可恶（荀作“亚”。亚，次也。马、郑乌洛反。《释文》）**也**。

言天下之至动。（郑本作“至赜”，九家亦作“册”。《释文》）

郑元曰：“赜当为动。”（《释文》）

议（陆、姚作“仪”。《释文》）**之而后动**。

---

① “典体”：读画斋本作“典礼”。

我与尔靡（京作“劘”。《释文》）**之**。

枢机之发，荣辱之主也。

郑元曰：“枢谓户枢（一作“户枢也”）。机谓弩牙（一作“弩牙也”）。户枢之发，或明或暗；弩牙之发，或中或否。以喻君子之言，或荣或辱。”（一作“以譬言语之发，有荣有辱”。《礼记》疏一《左传》疏三十六）○王廙曰：“枢，户枢也。机，弩牙也。”（《释文》）

二人同心，其利断（王肃丁管反。《释文》）**金。同心之言，其臭如兰**。

王廙曰：“金，至坚矣。同心者，其利无不入。兰，芳物也，无不乐者，言其同心者，物无不乐也。”（《世说新语》言语篇注）○郑元曰：“兰，香草也。”（《文选》注三）

慎（郑、干时震反。《释文》）**斯术也**。

郑元曰：“术，道。”（《释文》）

有功而不德。（郑、陆、蜀才作“置”。《释文》）

郑元曰：“置当为德。”（《释文》）

则言语以为阶（姚作“机”。《释文》），**君不密则失臣，臣不密则失身，幾事不密则害成**。

郑元曰：“幾，微也。密，静也。言不慎于微而以动作，则祸变必成。（《公羊》疏十三）

致寇至。

宋衷曰：“作‘戎’误。”（《释文》）

慢藏诲（虞作“悔”，谓悔恨。《释文》）**盗，冶**（郑、陆、虞、姚、王肃作“野”。同上）**容诲淫**。

郑元曰：“饰其容而见于外曰野。”（《后汉书》注八十二）“言妖野容仪，教诲淫佚也。”（陆、虞、姚、王肃同。《释文》）○王肃曰：“作野，音也。”（同上）○刘瓛曰：“冶，妖冶也。谓傲雅自得、庄饰鲜明之貌也。”（《一切经音义》）“谓恣态之貌也。”（《一切经音义》八十二、十六）

大衍之数五十，其用四十有九。

京房曰：“五十者，谓十日、十二辰、二十八宿也。凡五十，其一不用者，天之生气，将欲以虚求（一作“来”，误。）实，故用四十九焉。”（《正义》《义海撮要》《汉上丛说》易卦图中《筮宗》《礼书》七十三《玉海》三十六《群书考索别集》三）○马融曰：“易有太极，谓北辰也。太极（一作“北辰”）生两仪，两仪生日月，日月生四时，四时生五行，五行生十二月，十二月生二十四气。（一尚有“为五十”三字）北辰居位不动，其余四十九转运而用也。”（同上）○荀爽曰：“卦各有六爻，六八四十八，加乾、坤二用，凡有五十。乾：初九‘潜龙勿用’，故用四十九也。”（同上）○郑元曰：“天地之数五十有五（一有“者”字），以五行气通。凡五行减五（一作“以五行气通于万物故减五”），大衍又减一，故四十九也。”（同上）“衍，演也。揲，取也。”（《释文》）“天一生水于北，地二生火于南，天三生木于东，地四生金于西，天五生土于中。阳无耦，阴无配，未得相成。地六成水于北，与天一并；天七成火于南，与地二并；地八成木于东，与天三并；天九成金于西，与地四并；地十成土于中，与天五并也。大衍之数五十有五，五行各气并，气并而减五，惟有五十。以五十之数，不可以为七八九六卜筮之占以用之，故更减其一，故四十有九也。”（《礼记》疏十四）○姚信曰：“天地之数五十有五者，其六以象六画之数，故减之而用四十九。”（董遇同。《正义》《汉上丛说》《筮宗》《山堂考索》前

集一、别集三《礼书》七十三《玉海》三十六）○王廙曰："衍，广也。"（蜀才同。《释文》）

挂（王肃音卦。《释文》）**一以象三。**

揲之以四，以象四时。

郑元曰："揲，取也。"（《释文》）

归奇于扐。

马融曰："扐，指间也。"（《释文》）

故再扐而后挂。（京作"卦"。《释文》）

京房曰："再扐而后布卦。"（《释文》）

天数五，地数五，五位相得，而各有合。

郑元曰："天地之气各有五。五行之次：一曰水，天数也；二曰火，地数也；三曰木，天数也；四曰金，地数也；五曰土，天数也。此五者，阴无匹，阳无耦，故又合之。地六为天一匹也，天七为地二耦也，地八为天三匹也，天九为地四耦也，地十为天五匹也。二五阴阳各有合，然后气相得，施化行也。"（《左传》疏四十五）

凡三百有六十，当期之日。

虞翻曰："阳爻三十六，阴爻二十四，三爻一百二十，曰三百者，举大概也。"（《汉上丛说》）○郑元曰："四正卦之爻，减二十四之数，与当期之日相契。"（同上）

是故可与酬酢（京作"醋"。《释文》），**可与祐**（荀作"侑"。同上）**神矣。**

马融曰："祐，配也。"（《释文》）

子曰：知变化之道者，其知神之所为乎。

虞翻曰：“此本美大衍四象之作，而荀谓上为首章[1]，尤可怪笑。”（《三国·吴志》注十二《学易编》）

以制器者尚其象。

郑元曰：“此四者（一无此三字），存于器象，可得而用。一切器物及造立皆是。”（《周礼》疏二十四）

错综其数。

王肃曰：“错，交也。综，理事也。”（《文选》注十二、十六、二十四、三十四、五十八）

遂成天地之文。（虞、陆本作“爻”。《释文》）

圣人之所以极深而研（蜀才作“揅”。《释文》）**幾**（郑作“机”。同上）**也**。

郑元曰：“研，喻思虑也。”（《文选》注三十五、六十）“机，当作幾。幾，微也。”（《释文》）

开（王肃作“闿”，音同。《释文》）**物成务**。

蓍之德圆而神。

郑元曰：“蓍，形圆而可以立变化之数，故谓之神也。”（《仪礼》疏十六）

六爻之义易以贡。（京、陆、虞作“工”，荀作“功”。《释文》）

圣人以此洗（刘瓛悉殄反，尽也。王肃悉礼反。京、荀、董、虞、张、蜀才作“先”。《释文》）**心**。

知以藏（刘作“臧”，善也。《释文》）**往**。

神武而不杀（马、郑、王肃、干所戒反，陆如字。《释文》）**者夫**。

郑元曰：“不意杀也。”（晁氏）

① “而荀谓上为首章”：读画斋本作“而荀谓上为章首”。

以神明其德夫。（荀、虞绝句。《释文》）

辟（王肃甫亦反。《释文》）**户谓之乾**。

是故《易》有太极，是生两仪，两仪生四象。

马融曰："太极，北辰也。"（《释文》）○郑元曰："极中之道，淳和未分之气也。"（《文选》注十九）"布六于北方以象水；布八于东方以象木；布九于西方以象金；布七于南方以象火。"（《汉上丛说》）○王肃曰："此章首独言是故者，总众章之意。"（《释文》）"两仪，天地也。"（《文选》注二十四、二十六）

探赜（九家作"册"。《释文》）**索隐**。

定天下之吉凶，成天下之亹亹者，莫大乎蓍龟。

郑元曰："凡天下之善恶及没没（一作"汲汲"，非。）之众事，皆成定之，言其广大无不包也。"（《公羊》疏二十六）○王弼曰："亹亹，微妙之意也。"（《文选》注五十五）

河出图，洛（王肃作"雒"。《释文》）**出书**。

王肃曰："河图，八卦也。"（《书》疏十八）

又（郑本作"有"。《释文》）**以尚贤也**。

乾坤，其易之缊（王肃于问反。《释文》）**邪**。

默而成之。（九家无"之"字。晁氏）

周易系辞下（刘瓛为十二章，以对《上系》十二章也。《正义》）

八卦成列。

郑元曰："虙羲作十言之教，曰乾坤震巽坎离艮兑消息，无文字，谓之《易》。"（《汉上易》八）"作十言之教，以厚君民之别。"（《路史后纪》注一）○姚信曰："连山氏得河图，夏人因之曰《连山》。归藏氏得河图，商人因之曰《归藏》。伏羲氏得河图，周人因之曰《周易》。连山，神农氏也。归藏，黄帝氏也。其经卦皆八，本伏羲也。其别卦皆六十有四，因八卦也。”（《汉上易》八《玉海》三十五）

因而重之。

马融曰：“伏羲得河图而作《易》。”（王肃、姚信同。《正义》序《玉海》三十五）〇郑元曰：“神农重卦。”（《正义》序《周礼》疏二十四《汉上易》卦图上）〇虞翻曰：“重卦，伏羲也。”（《易辑闻》一《汉上丛说》）〇王弼曰：“伏羲重卦。”（《正义》序）

系辞焉而命（孟作“明”。《释文》）**之。**

贞胜（姚本作“称”。《释文》）**者也。**

夫乾，确然示人易矣；夫坤，隤（孟作“退”，陆、董、姚作“妥”。《释文》）**然示人简矣。**

马融曰：“确，刚貌也。隤，柔貌也。”（《释文》）

圣人之大宝（孟作“保”。《释文》）**曰位，何以守位曰人**（王肃作“仁”。同上）。

郑元曰：“持一不惑曰守。”（《诗》疏十七之二）

古者包牺（孟、京作“伏戏”。《释文》）**氏之王天下也。**

孟喜曰：“伏，服也。戏，化也。”（京房同。《释文》）〇郑元曰：“包，取（一作“聚”）也。鸟兽全具曰牺。”（同上）

作结绳而为罔罟，以佃以渔。

马融曰：“罟，犹网也。（姚信同）取兽曰佃，取鱼曰渔。”（《释文》）

斲木为耜，揉木为耒。

京房曰：“耜，耒下耓也。耒，耜上句木也。”（《释文》）〇陆绩曰：“耜，耒下耓也，广五寸。”（《京易》注《释文》）

耒耨之利。

马融曰："耒，鉏也。"（《释文》）○孟喜曰："耨，耘除草也。"（同上《学易编》）

黄帝尧舜垂衣裳。

郑元曰："始去羽毛。"（《公羊》疏四）"金天、高阳、高辛，遵黄帝之道，无所改作，故不述焉。"（《周礼》疏二十二）

盖取诸乾坤。

郑元曰："乾为天，坤为地。天色元，地色黄。故元以为衣，黄以为裳，象天在上、地在下。"（《诗》疏八之一）"乾为天，其色元；坤为地，其色黄。但土无正位，托于南方，南方色赤，黄而兼赤，故为纁也。"（《礼记》疏十一 聂氏《三礼图》二十）

重门击柝，以待暴（郑作"虣"。《释文》）**客**。

马融曰："柝，两木相击以行夜。"（《释文》）○郑元曰："豫，坤下震上。九四体震，又互体有艮。艮为门。震日所出，亦为门，重门象。艮又为手。初，巽爻也，应在四，皆木也，手持二木也。手持二木以相敲，是为击柝，击柝为守备，惊（一作"警"）戒也。四又互体为坎，坎为盗；五离爻，为甲胄戈兵。盗甲胄，持戈兵，是虣客也。又以其卦为豫，有守备则不可自佚。"（《周礼》疏三《左传》疏五十八）

后世圣人易之以棺椁，盖取诸《大过》。

郑元曰："大过者，巽下兑上之卦。初六在巽体，巽为木，上六位在巳，巳当巽位，巽又为木，二木在外以夹四阳。四阳互体为二乾。乾为君，为父，二木夹君父，是棺椁之象。"（《礼记》疏六）

上古结绳而治。

郑元曰："结绳（一尚有"为约"二字）：事大，大结其绳；事小，

小结（一无二“结”字）其绳。”（《正义》《书》疏一）○王肃曰：“结绳识其政事。”（《书》疏一）

后世圣人易之以书契。

郑元曰：“书契，书之于木，刻其侧为契，各持其一，后以相考合。”（《书》疏一）“以书书木边，言其事，刻其木，谓之书契也。”（《书》《释文》一 马氏《通考》经籍一）

象也者，像（孟、京、虞、董、姚还作“象”。《释文》）**也。**

阳一君而二民，君子之道也。阴二君而一民，小人之道也。

郑元曰：“一君二民，谓黄帝、尧、舜。谓地方万里，为方千里者百。中国之民居七千里，七七四十九，方千里者四十九。四裔之民居千里者五十一，是中国四裔二民共事一君。二君一民，谓三代之末，以地方五千里一君，有五千里之土，五五二十五，更足以一君。二十五始满千里之方五十，乃当尧、舜一民之地，故云二君一民。”（《礼记》疏十一）

覆公餗。（马作“粥”。《释文》）

介（王廙古黠反。《释文》）**于石。**

君子知微知章。

郑元曰：“知微，谓幽昧。知章，谓明显也。”（《文选》注十）

无祇（王廙、辅嗣音支。《释文》）**悔。**

男女构（郑作“觏”。《诗》笺一之四）**精。**

郑元曰：“觏，合也。男女以阴阳合其精气。”（《诗》疏一之四）

乾坤其易之门（郑作“门户”。《正义》序）**邪。**

以体天地之撰。（王肃士眷反。《释文》）

因贰而济民行。

郑元曰："贰当为'式'。"（《释文》）

作《易》者其有忧患乎。

郑元曰："文王囚而演《易》。"（《正义》序）

损德之修（马作"循"。《释文》）**也。**

郑元曰："修，治也。"（《释文》）

德之辩（王肃卜免反。《释文》）**也。**

益长裕而不设。

郑元曰："设，大也。《周礼·考工》曰：中其茎，设其后。"（《周礼》疏四十）

《易》之为书也，不可远。（马、王肃袁万反。《释文》）

为道也屡（郑作"娄"。《正义》序）**迁。**

而揆其方。

马融曰："方，道。"（《释文》）

若夫杂物撰（郑作"算"。《释文》）**德。**

郑元曰："算，数也。"（《释文》）

则非其中爻不备。

京房曰："互体是也。"（《汉上易》八）"二至四为互体，三至五为约象。"（《困学纪闻》一）○崔憬曰："二三四五也。"（《汉上易》八）

噫（王肃于力反，辞也，马同。《释文》），**亦要存亡吉凶，则居**（马如字，处也。郑、王肃音基。同上）**可知矣。**

知者观其彖辞。

马融曰："彖辞，卦辞也。"（《释文》）○郑元曰："爻辞也。"（同上）○王肃曰："彖，举象之要也。"（同上）

当文王与纣之事邪。

郑元曰："据此言，以《易》是文王所作，断可知矣。"（《左传》疏一、四十二）

成天下之亹亹者。

郑元曰："亹亹，没没也。"（《释文》）〇王肃曰："勉也。"（同上）〇刘瓛曰："亹亹，犹微微也。"（《一切经音义》九）

人谋鬼谋。

郑元曰："鬼谋，谓谋卜筮于庙门。"（《仪礼》疏一）

爱恶（郑乌洛反。《释文》）**相攻**。

周易说卦

昔者圣人之作《易》也。

郑元曰："易者，阴阳之象，天地之所变化，政教之所生，自人皇初起。"（《礼记》疏一《路史前纪》注五）"昔者圣人，谓伏牺、文王也。"（《书》疏一）

参天两地而倚（王肃其绮反，虞同。蜀才作"奇"，通，《释文》。郑作"奇"，于绮反。《周礼》注十四）**数**。

马融曰："天数五，地数五。五位相得而各有合，以为五位相合。以阴从阳，天得三合，谓一三与五也。地得两合，谓二与四也。"（王肃同。《正义》）〇郑元曰："天地之数，备于十，乃三之以天，两之以地，而奇托。大演之数，五十也。必三之以天，两之以地者，天三覆，地二载。必极于数，庶几得吉凶之审也。"（同上）〇马融曰："倚，依也。"（《释文》）"立也。"（《汉上易》九）〇王肃曰："立也。"（虞同。《释文》）

发挥于刚柔。

郑元曰："挥，扬也。"（《释文》）〇王廙曰："散也。"（同上）

穷理尽性，以至于命。

郑元曰："言穷其义理，尽其人之情性，以至于命，吉凶所定。"（《文选》注六十）

兼三才而两之，故《易》六画而成卦。

郑元曰："三才，天、地、人之道；六画，画六爻。"（《仪礼》疏一）

雷风相薄，水火不相射。（虞、陆、董、姚、王肃音亦。《释文》）

马融曰："薄，入也。"（郑同。《释文》）〇陆绩曰："相附薄也。"（同上）〇虞翻曰："射，厌也。"（陆、董、姚、王肃同。同上）

八卦相错。

虞翻曰："六子皆以乾坤相易而成。艮、兑以终相易，坎、离以中相易，震、巽以初相易。终则有始，往来不穷。不穷，所谓通也。"（蔡景君、伏曼容同。《汉上丛说》）

雷以动之，风以散之，雨以润之，日以晅之。

王肃曰："上四举象、下四举卦者，互相备也。"（《正义》）〇京房曰："晅，干也。"（《释文》）

帝出乎震。

陆绩曰："安为动主，静为躁君。"（《京易》注）

万物出乎震，震，东方也。齐乎巽，巽，东南也。齐也者，言万物之絜齐也。离也者，明也，万物皆相见，南方之卦也。圣人南面而听天下，向明而治，盖取诸此也。坤也者，地也，万物皆致养焉。故曰致役乎坤。兑，正秋也，万物之所说也，故曰说言乎兑。战乎乾，乾，西北之卦也，言阴阳相薄也。坎者，水也，正北方之卦也，劳卦也，万物之所归也，故曰劳乎坎。艮，东北之卦也，万物之所成终而

所成始也，故曰成言乎艮。

郑元曰："万物出乎（一作"于"，非。）震，雷发声以生之也。齐乎巽，风摇动以齐之也。絜，犹新也。相见于离（此句旧在"齐乎巽"下，非。），万物皆相见，日照之使光大。万物皆致养焉，地气含养使有秀实也。万物之所说，草木皆老，犹以泽气说成之。战，言阴阳相薄。西北，阴也，而乾以纯阳临之，犹君臣对合也。坎，劳卦也，水性劳而不倦，万物之所归也。万物自春出生于地，冬气闭藏，还皆入地。万物之所成终而所成始，言万物阴气终、阳气始，皆艮之用事也。"（《汉上易》九）"坤不言方者，所言地（一作"坤"）之养物不专一（一多"时"字）也。"（《正义》《汉上易》九）

神也者，妙（王肃作"眇"，音妙。《释文》）**万物而为言者也。**

郑元曰："共成万物，物不可得而分，故合谓之神。"（《汉上易》九）○董遇曰："眇，成也。"（《释文》，王肃同。《集韵》）

挠（王肃乃教反。《释文》）**万物者，莫疾乎风。燥万物者，莫熯**（王肃呼旦反。同上）**乎火。**

王肃曰："熯，火气也。"（《释文》）

莫盛（郑音成。《释文》）**乎艮。**

郑元曰："盛，裹也。"（《释文》）○崔憬曰："山于终始万物之义，不若艮字之明也。"（《玩辞》十五）

故水火相逮。（一作"不相逮"。郑、宋、陆、王肃、王廙无"不"字。《释文》）

乾为马。

陆绩曰："天行运转不息。"（《京易》注）

坎为豕。（京作"彘"。《释文》）

艮为狗。

《子夏传》曰："斗主狗。斗止而动，艮之象也。"（《玩辞》十五）

兑为羊。

郑元曰："其畜好刚卤。"（《周礼》疏二十八）○王廙曰："羊者，顺之畜，故为羊也。"（《正义》）

乾为首。

京房曰："上爻为头目。"（《汉上易》九）

坤为腹。

陆绩曰："坤，顺容于物。"（《京易》注）

兑为口。

郑元曰："上开似口。"（《汉上易》九）

故称乎母。

陆绩曰："坤称母，取含养也。"（《御览》三十六）

震一索而得男。

马融曰："索，数也。"（《释文》）○王肃曰："索，求也。以乾坤为父母，而求其子也。得父气者为男，得母气者为女。"（同上《正义》）

乾为天。

郑元曰："天清明无形。"（《汉上易》九）

为君为父。

陆绩曰："乾为首也。乾象坚刚，天地之尊，故曰君父。"（《京易》注）

为瘠（京、荀作"柴"。《释文》）**马，为驳马。**

京房曰："柴马，多筋干。"（荀同。《释文》）○郑元曰："凡骨为阳，肉为阴。"（《汉上易》九）○王廙曰："瘠，健之甚者，为多骨也。"

(《释文》)“驳马能食虎豹，取其至健也。”(《正义》)

为吝（京作“遴”。《释文》）**啬**。

为龙。（干作“駹”。《释文》）

郑元曰：“龙读为龙，取日出时色杂也。”(《汉上易》九）○干宝曰：“駹，杂色。”(《释文》)

为旉（王肃音孚，姚作“专”，郑市恋反。《释文》)，**为大涂**。

干宝曰：“旉，花之通名。铺为花貌，谓之藪。”(《释文》《集韵》《类篇》) ○姚信曰：“专，一也。”(《释文》) ○郑元曰：“国中三道曰涂。震上值房心，涂而大者，取房有三涂焉。”(《汉上易》九）○王廙曰：“大涂，万物所生。”(《御览》一百九十五）

为萑苇。

郑元曰：“竹类。”(《汉上易》九）

为馵（京作“朱”。荀同。《释文》《汉上丛说》) **足**。

京房曰：“阳在下。”（荀同。《释文》)

为反（虞作“阪”。《释文》《汉上丛说》) **生**。

郑元曰：“生而反出也。反其生者，有生有不生。”(《汉上易》九）○虞翻曰：“阪，陵阪也。”(《释文》) ○陆绩曰：“阪，当为反。”（同上）

为工。（郑作“墨”。晁氏）

为臭。（王肃作“为香臭”。《释文》《正义》)

为寡（郑作“宣”。《周礼》注四十二）**发**，**为广**（郑作“黄”。《释文》《汉上丛说》) **颡**。

郑元曰：“宣发，取四月靡草死，发在人体，犹靡草在地。”(《周礼》疏四十二）

为矫輮。（王肃奴又反。马、郑、陆、王肃本作“楺”，宋衷、王

廙作“揉”，京作“柔”，荀作“桡”。《释文》）

宋衷曰：“使曲者直、直者曲为揉。”（《释文》）〇陆绩曰：“鞣读为柔。”（《京易》注）

为弓轮。（姚作“伦”。《释文》）

为亟（王肃去记反，荀作“极”。《释文》）**心**。

荀爽曰：“极，中也。”（《释文》）

为多眚。

王廙曰：“眚，病也。”（《释文》）

为月。

郑元曰：“月，臣象也。”（《文选》注十三）

为乾（董作“幹”。《释文》）**卦**。

郑元曰：“乾当为幹。阳在外，能干正也。”（《释文》《汉上丛说》）

为鳖，为蟹，为蠃（京作“螺”，姚作“蠡”。《释文》《汉上丛说》），**为蚌，为龟**。

郑元曰：“皆骨在外。”（《周礼》疏四十一）

为科上槁。（郑作“稿”，干作“熇”。《释文》）

郑元曰：“科上者，阴在内为疾。”（《汉上易》九）

为径路。

郑元曰：“田间之道，曰径路。艮为之者，取山间鹿兔之蹊。”（《初学记》二十四《锦绣万花谷后集》二十五）〇王廙曰：“物始，故为径路。”（《御览》一百九十五）

为果蓏。（京本作“果堕”之字。《释文》《汉上丛说》）

马融曰：“果，桃李之属；蓏，瓜瓠之属。”（《释文》）

为指。（郑作“为小指”。晁氏）

为黔（王肃其严反，郑作“黚”。《释文》《汉上丛说》）**喙之属**。

郑元曰：“黚谓虎豹之属，贪冒之类。取其为山兽。”（《释文》《汉上易》九）

为羊。（郑作“阳”。《汉上易》九）

郑元曰：“此阳谓养[①]。无家女行赁炊爨，今时有之，贱于妾也。”（《汉上易》九 晁氏）“羊，（误，当作“阳”。）女使。”（《玩辞》十五）〇荀爽、九家《集解》本乾后有“为龙、为直、为衣、为言”；巛后有“为牝、为迷、为方、为囊、为裳、为黄、为帛、为浆”；震后有“为王、为鹄、为鼓”；巽后有“为杨、为鹳”；坎后有“为宫、为律、为可、为栋、为丛棘、为狐、为蒺藜、为桎梏”；离后有“为牝牛”；艮后有“为鼻、为虎、为狐”；兑后有“为常、为辅颊”。注云：“常，四方神也。”（《释文》）

周易序卦

屯者，物之始生也。

王肃曰：“屯，刚柔始交而难生，故为物始生也。”（《正义》）〇卢氏曰：“物之始生，故屯难。”（同上）

饮食必有讼。

孟喜曰：“阴阳养万物，必讼而成之；君臣养万民，亦讼而成之。”（《古占法》下《困学纪闻》一《汉艺文志考证》一）

履而泰（郑无“而泰”二字。晁氏），**然后安**。

有大者（郑作“有”。晁氏），**不可以盈**。

豫必有随。

① “此阳谓养”：读画斋本作“此阳谓（当作读）为养。”

郑元曰："喜乐而出，人则随从。孟子曰：吾君不游，吾何以休。吾君不豫，吾何以助。此之谓也。"（《正义》）〇王肃曰："欢豫，人必有随。"（同上）

可观而后有所合。

郑元曰："《易乾凿度》曰：阳起于子，阴起于午。天数大分，以阳出离，以阴入坎。坎为中男，离为中女。太乙之行，出从中男，入从中女。因阴阳男女之偶为终始也。"（《后汉书》注八十二《汉上易》卦图中）

致饰然后亨（郑许两反。《释文》），**则尽矣。**

剥，穷上反下。

京房曰："八卦相生，变而成六十四卦也。"（《汉上丛说》）

有《无妄》，然后可畜。（郑作"物然后可畜"。《玩辞》十六 晁氏）

故受之以《大过》。

郑元曰："以养贤者，宜过于厚。"（《正义》）〇王肃曰："过莫大于不养。"（同上）

物不可以久居（"久居"郑作"终久于"。晁氏）**其所。**

主器者莫若长子。

郑元曰："谓父退居田里，不能备祭宗庙，长子当亲视涤濯鼎俎。"（《礼记》疏一）

周易杂卦

孟喜曰："杂，乱也。"（《释文》）〇虞翻曰："杂卦者，杂六十四卦以为义，其于《序卦》之外别言也。昔者圣人之兴，因时而作，随其时宜，不必皆相因袭，当有损益之意也。故《归藏》名卦之次，亦多

异。于时王道踳驳，圣人之意，或欲错综以济之，故次《序卦》以其杂也。(《正义》《汉上丛说》)

屯见（郑如字。《释文》）**而不失其居**。

损益，盛衰（郑作“衰盛”,《释文》。引见《会通》，今本无。）**之始也**。

谦轻而豫怠（姚如字，京作“治”。《释文》）**也**。

兑见（郑作“说”。晁氏）**而巽伏也**。

蛊则饬（郑、王肃作“饰”。《释文》）**也**。

明夷，诛也。

荀爽曰:“诛，灭也。”(《释文》) ○陆绩曰:“伤也。”（同上）

大有众（荀作“终”。《释文》）**也**。

亲寡旅也。（荀本“丰多故亲”绝句，“寡旅也”别为句。《释文》)

大过颠也。

郑元曰:“自此以下，卦音不协，似错乱失正，弗敢改耳。”（晁氏）

小人道忧（郑作“消”。晁氏）**也**。

是编向为桐溪顾氏刻《读画斋丛书》中，然尚有脱漏舛误处。今重加订补，或可免疏陋之失。近阳湖孙观察渊如先生纂《周易集解》，于资州《易解》之外，复采汉魏晋唐诸人《易》说，最有功于古学。顷以参校三十余家之说，予本得多一百余条。至资州之书，有海盐胡氏、常熟毛氏、德州卢氏诸雕本，亥豕之讹，均所不免。予悉为校正，拟重付梓，即以是编附于后，庶几汉儒师说具见于此。第剞劂功巨，力有未暇，再俟异日合镘以行于世云。

富孙并识

嘉庆庚午冬日

后 记

我和《周易》研究结缘，起始于异文。我早期研究《周易》的几篇文章，切入点都是帛书异文，其中《从帛书异文看〈周易〉训诂中存在的问题》《帛书〈周易〉〈老子〉虚词札记》两文还被刘大钧先生任总主编的《百年易学菁华集成（初编）》“出土易学文献”卷收录。后来由帛书异文延伸到汉简、楚简《周易》异文，撰有《楚简〈周易〉“不家而食”新解》《楚竹书〈周易〉训诂札记》《楚竹书〈周易·大畜〉卦异文辨证（二则）》等文，发表于《周易研究》《古文字研究》等刊物上。后来又由简帛《周易》扩展到简帛典籍，申请完成了“出土简帛典籍与传世本异文研究”“简帛典籍异文集录与考订”两个国家社科基金项目和广东省社科规划项目“新出简帛典籍异文研究”，出版了《简帛典籍异文研究》一书。这就是我和《周易》及异文研究的不解之缘。

我在本世纪初曾撰写出版了《〈周易〉异文校证》一书，其中对李富孙的《易经异文释》多有征引。当时就萌生了点校该书甚至整理李氏《五经异文释》的念头，后因各种原因始终未能进行，殊觉遗憾。这次林忠军教授邀请我为“易学名著导读”系列丛书撰写《〈易经异文释〉导读》，我毫不犹豫就接受了，觉得这是给我一个一偿夙愿的机会。非常感谢忠军教授的抬爱与鼓励，同时也感谢杨耀文先生对我写作的敦促和对我拖延的包容。

这本书是集体劳动的成果。《易经异文释》及《李氏易解剩义》至今尚无现代标点整理本，里面僻字怪字非常多，点校工作难度比较大，且相关研究也比较欠缺。为此，我以布置训诂学课程作业的方式请华南师范大学文学院2015级本科生黄芷欣、郑志群、陆婵映、刘丹霞、罗婷婷、吴秋珏、张翠森、曾子凌、林佳锐、古映珊、杨彤、黄晓珊、吴尚远等同学分担了部分文字录入和标点工作，请吴锦平同学帮助收集整理了有关李富孙生平及著述的资料，并指导硕士生阮丽珍同学围绕《易经异文释》训诂问题撰写了学位论文。此外，2018级研究生陈楷森同学协助收集了有关电子资料。同学们的工作为我进行文本整理及撰写导读内容提供了不少便利，在此一并表示谢意。

书中瑕疵谬误在所难免，欢迎专家、读者批评指正。

吴辛丑

记于2019年10月1日

中华人民共和国70周年华诞